国家社科基金项目"马克思和维特根斯坦语言观对哲学革命深化的比较研究"结题成果

马克思和维特根斯坦语言观比较研究

基于哲学革命的视角

李包庚 / 著

A COMPARATIVE STUDY ON
THE LINGUISTIC VIEWS OF

MARX & WITTGENSTEIN

社会科学文献出版社
SOCIAL SCIENCES ACADEMIC PRESS (CHINA)

前言　哲学危机与哲学革命：马克思哲学与西方哲学的历史交汇点

一　哲学的危机

古希腊哲人认为，哲学就是爱智慧。那么什么是智慧？智慧就是去探究发现宇宙万物运行的法则，即所谓"逻各斯"（logos）。用中国古代哲学家的话来说就是探究万事万物的"道"，在马克思那里就是"规律"。无论是探究"逻各斯"，还是发现"道"，抑或认识"规律"，都不是一件容易的事情，需要有开拓创新的精神与能力。墨守成规、固执己见从来就不是哲学的作风。几千年来的哲学史，就是哲学家们不断发现、挖掘新问题，研究新问题的历史。在这个过程中，"一些强大的王国产生了，又匆匆消逝了，瞬息之间出现了许多英雄，但是马上又因为出现了更勇敢更强悍的对手而销声匿迹……一些原则为另一些原则所代替，一些思想勇士为另一些思想勇士所歼灭"①。难怪黑格尔说，全部哲学史就是一个堆满死人骨骼的战场。哲学的生命就在于不断推陈出新，不断发现新问题，不断提出解决问题的新方案。也正是由于这样，几千年来的哲学发展之路一直充满危机。一方面是由于哲学自身需要不断突破既有知识与规则的束缚，在新旧知识体系、规则体系之间产生冲突在所难免；另一方面是由于社会变化发展过程中产生的危机，必然会反映到哲学中来，使得哲学本身也发生深刻的变化。从根本上说，哲学危机就是社会危机的反映。

---

① 《马克思恩格斯选集》第1卷，人民出版社，2012，第142页。

近代以来，资产阶级革命的胜利，科技革命的爆发，使得整个人类社会产生了空前的历史巨变。特别是在以互联网为标志的新技术革命驱动下，世界变革的节奏明显加快、范围更广、影响更加深刻，明显超过雅斯贝尔斯所谓的"轴心时期"①。在此期间各大文明相继产生了原创性的思想，这些巨变无情地冲击着以往既定的社会秩序与社会规则，无情地粉碎着旧有的社会上层建筑，颠覆着人们的知识体系、信仰体系与价值观念，给一些人带来希望的同时也使一些人陷于绝望，不可避免地产生了深刻的社会危机。种种社会危机反映到哲学领域中来，旧哲学那套"解释世界"的方法，明显无所适从、无能为力，于是产生哲学危机。

二　哲学的革命

时代呼唤新的哲学，时代造就新的哲学。当黑格尔用他的"绝对精神"精心构建一套庞大的唯心主义哲学体系的时候，其实也把哲学引向了一条不归路。"老年黑格尔派"由于其保守性局限没能引领哲学走出危机，"青年黑格尔派"尽管高喊着"革命"的口号，利用黑格尔的辩证法批判封建专制制度、批判宗教，但实际上也不过是延续了黑格尔形而上学的衣钵。在《德意志意识形态》中，马克思用一个形象的比喻来讽刺青年黑格尔派，他说："有一个好汉忽然想到，人们之所以溺死，是因为他们被重力思想迷住了。如果他们从头脑中抛掉这个观念，比方说，宣称它是迷信观念，是宗教观念，他们就会避免任何溺死的危险。他一生都在同重力的幻想作斗争，各种统计给他提供大量有关这种幻想的有害后果的新证据。这位好汉就是现代德国革命哲学家们的标本。"②

黑格尔哲学学派的分崩离析，从表面上看是由于对黑格尔哲学的理解不同，实际上是当时深刻的阶级矛盾与冲突的反映，是新兴的资产阶级对封建贵族、地主的革命性诉求的反映。遗憾的是，无论费希特还是费尔巴

---

① 德国哲学家雅斯贝尔斯（也译作雅斯贝斯）在《历史的起源与目标》一书中，把公元前800年至公元前200年这一时期称为"轴心时代"，当时希腊、中国、印度等国家都产生了伟大的思想家，塑造了不同文化传统，并一直影响着人类生活。
② 《马克思恩格斯文集》第1卷，人民出版社，2009，第510页。

哈，都没有找到正确的道路。黑格尔之后，西方哲学家们"消灭哲学"的努力一直没有停止过。这些努力，在不同程度上变革了哲学，所以也往往被称为"哲学的革命"。

在时代需要新的哲学之际，马克思、恩格斯吹响了"消灭哲学"的号角隆重出场。如果说黑格尔的学生、青年黑格尔派的重要成员费尔巴哈主要是从宗教哲学角度去批判黑格尔的唯心主义哲学的话，那么马克思则是从为劳苦大众求解放的角度，成功地把哲学变革为"批判的武器"，用哲学的立场、观点、方法去武装现实的政治斗争，实现了"哲学的革命"与"革命的哲学"的双重变革。

三 语言哲学

现代西方哲学是沿着两条路径发展的：一是科学主义，二是人文主义。科学主义源于近代英国经验主义，其代表是贝克莱和休谟。科学主义拒斥形而上学，主张运用科学方法来研究人文社会科学，甚至把哲学定义为语言哲学，衍生出人工语言学派和日常语言学派，他们推动了"语言转向"。弗雷格、罗素和维特根斯坦是"语言转向"强有力的推动者，其中维特根斯坦的影响最大。罗素在《我们关于外间世界的知识——哲学上科学方法应用的一个领域》中说，"每一个哲学问题，当它接受必要的分析和净化时，都可以发现它要么根本不是哲学问题，要么在我们使用逻辑一词的意义上说是逻辑问题"①。而逻辑原子主义者维特根斯坦（早期）则更进一步，主张构建科学的、理想的"逻辑语言"以反对形而上学推动"人工语言学派"发展，晚期的维特根斯坦则主张"语言游戏"才是防止形而上学的"正道"，为"自然语言学派"发展作出贡献。人文主义起源于近代理性主义，以康德的主体性哲学和费希特的非理性主义为代表。意志主义、生命哲学把整个世界归结为客观的意志与生命，胡塞尔用"先验的自我"构建出纯粹经验的"生活世界"，海德格尔用"此在"来反对逻各斯中心主义，但并不成功。德里达致力于解构哲学中的一切确定性，消解哲

---

① 〔英〕罗素：《我们关于外间世界的知识——哲学上科学方法应用的一个领域》，陈启伟译，上海译文出版社，1990，第28页。

学的形而上学性，成为后现代主义的先驱。

科学主义重视语言问题的研究，甚至把语言本身当作哲学研究的对象，极大地改变了哲学的旨趣。无论是"人工语言学派"还是"自然语言学派"，都把哲学"降格"为语言学，企图通过正确使用语言来实现消除"哲学病"的目的。从卡西勒的符号学、狄尔泰的解释学开始，人本主义逐渐向语言学靠近。狄尔泰认为，文本意义是否具有客观性与确定性取决于理解者的态度。海德格尔则把狄尔泰的客观主义解释学转变成相对主义解释学，并接受科学主义者维特根斯坦关于语句的意义并不是客观的、确定的这一观点，推动语言转向。伽达默尔持类似观点，认为人只有通过语言才能拥有世界，世界也只有进入语言才有意义。这样，科学主义和人本主义尽管观点各异甚至一度是对立的，但是在"语言"这个问题上，二者具有"通约性"，找到了共鸣点。

四　语言观：马克思和维特根斯坦

马克思认为"思维本身的要素，思想的生命表现的要素，即语言，是感性的自然界"①，把语言作为一种实践方式和社会产物来理解，强调语言的物质性、实践性、社会性、交往性，指出"哲学语言的秘密"就在于把"从思想世界降到现实世界的问题，变成了从语言降到生活中的问题"②，揭露了有的哲学凭借语言"将思想、观念、精神等诸如此类的东西实体化、客观化、神秘化"的实质。

马克思之后，西方哲学发生了"语言转向"，语言哲学在整个 20 世纪哲学中占据重要位置。20 世纪西方几乎所有重要哲学思想流派，都在语言论上交汇了，语言观成为理解哲学革命深化逻辑的钥匙之一。维特根斯坦诉诸语言分析的方法，建立以"语言图像论""语言游戏说"为核心的"语言实践观"，推进了哲学革命的进程，其本质上是"语言实践"或"逻辑实践"。马克思通过语言观上的革命，把"语言"变革为无产阶级的感性物质实践的"阿基米德点"，实现对"理念""上帝""纯粹理性""绝

---

① 《马克思恩格斯全集》第 3 卷，人民出版社，2002，第 308 页。
② 《马克思恩格斯全集》第 3 卷，人民出版社，1960，第 525 页。

对精神"等种种形而上学（特别是语言形而上学）的解构与超越，完成"哲学的革命"与"革命的哲学"的双重变革。维特根斯坦语言分析方法也是对哲学革命的深化，但是仅靠维特根斯坦式的"语言分析"，既不能"走出语言的迷宫"，也难以"治愈哲学'疾病'"，更不可能摧毁不合理的社会制度。

目录

第一章　哲学革命历史谱系中的马克思和维特根斯坦

哲学是把握在思想中的时代，是人类智慧的体现。在哲学的历史长河中，涌现出无数的哲学思想，或短暂或永恒，记载着人类特定历史阶段的思想精华，反映了特定历史时期的社会现实。作为本书研究的对象，马克思、维特根斯坦究竟是怎样的历史存在？本章对此予以必要交代。

第一节　核心概念界定

马克思哲学和维特根斯坦哲学代表两类差异很大的哲学典型，都深度解构了传统形而上学，分别开启了哲学革命的新路向，但二者出场的历史背景、哲学风格以及价值取向迥异。将这两次哲学革命进行比较研究，具有现实意义和理论价值。对两位思想大家哲学思想的比较总是避免不了对哲学革命这一主题的对比分析，更无法做到不提及实践观、语言观、语言转向等概念。因此，为了便于读者理解，本节将立足于整个西方哲学的宏观架构，从宏观角度对上述核心概念作出基本界定，以深化我们对哲学革命和马克思主义哲学的理解。

一　什么是"哲学革命"

在过去关于哲学史的阐释中，人们总是会有意无意地提及"哲学革命"一词，它似乎是分析与描述哲学变迁、评价哲学界先贤绕不开的概念，是学界公认的常识性词语。但是对于"哲学革命"这个基本概念的确切含义，却很少有人作出系统的阐述。"哲学革命"是一个复合词语，由

"哲学"和"革命"两部分构成。首先,"哲学"是一个历史范畴,"哲学革命"也是哲学史的革命。纵观哲学史可以看出,哲学界对于"哲学"一词的定义从未形成过完全一致的看法。不同的时代、民族与思想流派对于"哲学"的认识有很大的不同,体现在"哲学"的定义上可谓仁者见仁、智者见智。在西方传统哲学看来,"哲学"就是"爱智慧",代表着最高的智慧,是"一切知识之源";西方现代人本主义哲学家则认为,"哲学"关注的重点应该是人类,它要解决的是人的信仰、精神乃至人生等方面的问题;相对应的西方现代科学主义者认为,"哲学"是一种用以确定或澄清某一命题的活动,用石里克的话来说,"科学研究的是命题的真理性,'哲学'研究的是命题的真正意义"①。马克思哲学传入俄国后,"哲学"概念获得了新的发展,俄国哲学家认为"哲学"是科学的世界观与方法论,是关于自然、社会与人的思维的一般规律的科学。西方马克思主义学者则更多地强调哲学批判的价值与功能。这印证了进行哲学研究时多维度考察有其利亦有其弊,这是因为对于哲学的本质到底是什么,以及"对于它应该完成和能够完成的任务",不同的哲学家有不同的观点和看法,这既是哲学的"显著的特点,也可说是一个缺点"②。

其实,对于"哲学"的定义本身并不存在任何先验性的规定,对于什么是"哲学",马克思曾这样阐述:"理论在一个国家实现的程度,总是取决于理论满足这个国家的需要的程度。"③ 对哲学的定义同样遵循历史唯物主义的观点,由社会实践的需要所决定,哲学在不同的历史阶段具有不同的内涵,每一个时代的知识结构与认识水平以及实践需要决定了各自时代的"哲学"内容。这里需要强调的是,上述观点并不是说哲学之间没有共通、相融之处,哲学区别于一般科学的独特之处在于"它使用最普遍,最抽象的概念来把握人与世界的关系"④。

在中国"革命"一词很早便出现了,本义是指变革天命。最早出自

---

① 杨耕:《哲学的位置在哪里?》,《齐鲁学刊》2019 年第 1 期。
② 〔德〕黑格尔:《哲学史讲演录》第 1 卷,贺麟、王太庆等译,商务印书馆,1959,第 5 页。
③ 《马克思恩格斯选集》第 1 卷,人民出版社,2012,第 11 页。
④ 杨耕:《哲学的位置在哪里?》,《齐鲁学刊》2019 年第 1 期。

《周易·革卦·象传》:"天地革而四时成,汤武革命,顺乎天而应乎人,革之时大矣哉!"① 它的意思是,天地这些客观事物的变化是四季形成的原因,夏桀与商纣的统治被商汤、周武推翻,这既顺从"天"意,也符合民情,由此可见"变革"之功效。因此,革命最初的意思是指改朝换代、王朝更替。关于"革命"的意义,在西方,有许多说法和解释。从柏拉图到亚里士多德再到当代的不少政治学家、思想家以及社会学家,都对"革命"进行了不同维度的阐释,主要有以下几种观点。第一种观点认为,"革命"是一种用以恢复社会秩序、实现社会公平正义的行为,具有道德层面的含义。第二种观点认为,"革命"就是一种权力对另一种权力的代替,是权力在政治层面而不是经济或者社会层面的转移,是政权的更替。第三种观点认为,"革命"是一个群体表达社会情绪、意图改变生活状况的重要途径和方式。亚里士多德是这样解释的:人们内心的不平情绪实际上源于人们内心的等级观念,"有些人看到和他们相等的他人占着便宜",但是他们自己并没有占到便宜,这时他们的内心就会产生强烈的不公平感,"企图同样达到平等的境界";相对应地,有一些人本身条件就相对优越,但是"看到那些不能和自己相比拟的人们却所得相等,甚至反而更多",心中也会愤愤不平。② 因此,地位低的人为了追求公平会努力去"革命"。第四种观点则认为,"革命"是社会变革必须要经历的一个重要过程。上述关于"革命"的阐述为我们从不同维度理解"革命"提供了借鉴,具有较高的参考价值。但是,要综合系统地了解"革命"的社会意义与政治价值,我们需要站在马克思主义角度来分析"革命"的深层含义。

所谓"革命",在不同的时代、不同的主体视域下有不同的理解,但是,其本质含义是没有变化的,即在一定生产方式基础上的变革与更替,是现在对过去的否定与不满、批评与指正。在社会、政治意义上体现为权力的转移、王朝的更替,在思想领域则体现为现代对过去不同维度的超越与批判。

综上所述不难发现,"哲学"具有时代性和阶级性,超越时空限制的

---

① 黄寿祺、张善文撰《周易译注》,上海古籍出版社,2004,第377页。
② 〔古希腊〕亚里士多德:《政治学》,吴寿彭译,商务印书馆,1996,第236页。

所谓"绝对的哲学"是不可能存在的，只有符合历史进步的哲学才是真正的哲学。因此，考察与审视"哲学革命"，应该从历史范畴出发，把具体的哲学理论放到既定的历史阶段去分析其出场背景、研究主体、基本立场、依靠对象等，运用历史唯物主义的观点进行横向、纵向的多维度对话、交流，探讨属于这一时期的思想变化、更替的内在逻辑。只有这样，才能准确掌握"哲学革命"的本质内核和基本特征。

二 什么是"语言"

什么是"语言"？语言是怎样起源的？这些问题一直都是困扰思想界的万古常新的难题。它们不仅是语言学问题，更是哲学问题。其实，早在远古时期就有人关注宇宙起源、生命的由来、人类以及语言的产生等问题。直到近代，随着科学技术的发展，人们开始尝试用科学理论和实证方法解释这些问题。在天文、物理、人文等各界学者专家的共同努力之下，对宇宙、生命、人类起源的探究都取得了巨大的进步，各界也都给出了自己的答案。但是，对语言起源的解释仍然没有任何实质性的依据，没有根本性的突破。

关于"语言"的起源问题，不应该仅仅局限于人的范围内而应该在空间上进行横向与纵向的扩展与延伸，从单纯地考量人的内部世界，发展到观察、分析人与自然、社会的关系。正如维特根斯坦所言："我的语言的界限意味着我的世界的界限。"① 到目前为止，学界关于语言起源大致有以下几种观点：神授说、近代的人类本源说、契约说、拟声说、拟象说，等等。不同时代的学者依据自己的知识和时代特点，以自己所处的时代为基础，不断为世人更新着"语言"起源的探索记录。

虽然古希腊时期哲学家思考的主要对象是宇宙和自然界，但一直没有离开"人"的问题这个论域。而"语言"的主体是人，语言问题本质上是关于人的问题，因此，古希腊哲学家思考宇宙、自然和思考"人"及其语言的起源是同一的。据相关记载，古希腊时期的"logos"（逻各斯）是指

---

① 〔奥〕路德维希·维特根斯坦：《逻辑哲学论》，贺绍甲译，商务印书馆，1996，第85页。

世界的可理解的规律，但同时这一词语还有多重含义，与"话语和理性、规律是同一个词"，这一点在基督教的圣经中也有所印证，即"语言和世界的开端是合二为一的"①。关于"语言"，西方哲学界泰斗柏拉图曾这样认为，语言是先天的，是上帝所赐予的，"上帝曾经给宇宙万物命名，但人们忘记了这种最初的、完善的语言"，因此人类的责任就是重新将这些忘记的语言寻回。柏拉图把世界划分为理念世界和现象世界，而"语言"是理念世界的东西，因此只有那高居于天上的灵魂才拥有它。由此，我们可以说，在西方哲学史上，是柏拉图首先提出了关于先验论的问题，尽管他只是以"回忆说"的粗糙形式来阐述的，柏拉图"将其同善、美等无法看到的东西一起划归到只有上帝、灵魂才能看到的理念世界里"②。最早对"语言"进行定义的是亚里士多德，这也证明了一切问题都源于哲学的思考。古希腊著名哲学家们在哲学中找到了问题的答案，语言才会从哲学中分离出去。但是，"语言"概念到底如何界定，哲学家们一直未能形成一个统一的观念，这也为后来的哲学家思考"语言"问题提供了空间。亚里士多德认为"语言"就是一种模仿工具，他说："（1）口语是思想的符号。（2）孤立的思想或用语既不是正确的也不是错误的。（3）正确和错误只是思想或词语的某些结合的属性"③，"口语是心灵的经验符号，而文字则是口语的符号"④。即"语言"是人类表达思想的工具，而这种表达正确与否则取决于表达"语言"的词语结合形成的段落属性。在这里"语言"发挥了联结现实与思想的纽带作用，是人类表达自身思想的工具，与此同时我们需要强调的一点是，人类也是所有物种中唯一具有使用语言这种特殊技能的高级动物。

在哲学研究中，任何哲学家的观点都是在批判继承前人的基础上获得自身的发展的。到了古希腊晚期，在亚里士多德的影响之下，学术研究向

---

① 张能为：《现当代哲学的语言转向、问题与新方向》，《广西大学学报》（哲学社会科学版）2019 年第 1 期。

② 刘思妗：《对语言起源的哲学思考：从柏拉图到马克思》，《苏州科技学院学报》（社会科学版）2014 年第 3 期。

③ 〔古希腊〕亚里士多德：《范畴篇　解释篇》，方书春译，商务印书馆，1959，第 52 页。

④ 〔古希腊〕亚里士多德：《范畴篇　解释篇》，方书春译，商务印书馆，1959，第 55 页。

学科化发展，随着自然科学的发展，古希腊哲学有了微小的进展。这一时期，研究"语言"起源问题的代表学派是伊壁鸠鲁学派和斯多亚学派。卢克莱修在批判继承伊壁鸠鲁学派思想的基础上，将朴素唯物主义观点贯彻到了自然、社会、思维领域，在《物性论》中提出语言并非由谁创造出来的，而是自然在人类背后给人的舌头以巨大的推力，从而使人类发出各种不同的声音，用以做"需要和使用"的"事物的名称"①。这一时期，哲学家对人与自然关系的描述已经不再依赖于神的存在。而斯多亚学派认为，事物的名称源自人类对自然界声音的模仿。对比斯多亚学派和伊壁鸠鲁学派就会发现，前者认为人类是主动学习自然，后者则认为人类是被迫学习自然，二者都包含着朴素的唯物主义思想。

哲学发展至近代，由于文艺复兴、宗教改革，人们开始将关注的重点转移到人身上。在理性主义的影响之下，人们试图用理性来代替神学的权威，这一时期，研究"语言"起源问题的代表人物是孔狄亚克、卢梭、赫尔德和洪堡特。孔狄亚克在前人的影响下指出人的感觉的万能作用，"人们的一切都起源于感觉"，同样的人类的语言也是源自人类的感觉。他还指出动物也有自己的感觉，因此动物也具有自己的语言，在这一点上，人类和动物是一样的，"比如痛苦的呻吟来源于痛苦的感觉，惊恐的喊叫来源于害怕的感觉"②。在孔狄亚克看来，外部世界只是为"语言"的产生提供了基本条件与动力，但是，"语言"是人自然产生的。卢梭认为，"语言"源于激情，即源于人类的一种情感。语言能力是在一定刺激下被激发出来的潜在能力，适应个人之间交往的需要。到18世纪中叶，赫尔德出版了《论语言的起源》一书，他对孔狄亚克和卢梭进行了批判，提出"语言"来自理性，而并非来自感觉或者是激情，人的语言的产生实际上是人们对实际需要的取舍，也并非感性经验。而洪堡特则认为"语言产生自人类本性的底层"③。从上述分析我们可以看到，虽然哲学家们未能就"语

---

① 〔古罗马〕卢克莱修：《物性论》，方书春译，商务印书馆，1981，第6页。

② 刘思妤：《对语言起源的哲学思考：从柏拉图到马克思》，《苏州科技学院学报》（社会科学版）2014年第3期。

③ 〔德〕洪堡特：《论人类语言结构的差异及其对人类精神发展的影响》，姚小平译，商务印书馆，1999，第72页。

言"起源形成一致的观点，但是到洪堡特时期，"语言"研究的方法已经基本系统化。此外，其他领域的进步也为哲学研究提供了更加丰富的方法与途径。

到了现代，哲学家们明确指出对"语言"的研究就是对人的探究。我们都知道，海德格尔是20世纪存在主义哲学的创始人，他从来没有明确提到过语言起源的相关问题。那是因为在他看来，"话语同现身、领会在生存论上同样原始"[1]，语言实际上就是人们生来便具有的一种能力，他从存在主义哲学出发阐释语言的重要性，"语言是存在之家"，"语言让存在显现出来，是语言让一切存在获得了其存在"。[2] 虽然马克思比海德格尔要早出生70多年，但是，马克思关于"语言"的探索要比海德格尔深刻得多。我们不能因为马克思没有专门关于"语言"问题的论述而否定马克思的语言观，相反，马克思开创了一条独特的"语言"哲学研究路径。马克思将"语言"与社会生产实践相结合，运用历史唯物主义的研究方法，从"语言"的起源、本质及其发展等方面，回答了这个长久以来困扰哲学家们的问题。马克思、恩格斯在《德意志意识形态》中指出，语言的产生实质上是基于人类的"需要"，人类的实践活动包含针对自然的生产实践活动和人与人之间的交往实践活动，而语言就是"由于和他人交往的迫切需要才产生的"[3]。在他们看来"语言"是从人类最基本的社会生产活动——劳动中产生的。首先在生理方面，分音节的出现是人类"语言"使用的重要标志。"由于音调的抑扬顿挫的不断加多"，人类的发声器官也缓慢而肯定地得到了改造，随着发声器官得到改造以及人类对语言使用的增加，口等器官也逐渐发生了改变，随后便能"发出一个个清晰的音节"[4]。在社会方面，"语言"是在人们社会交往活动过程中形成的，并在实践活动中得到逐步的完善和发展。马克思反对将"语言"形而上学化，认为"语言"具

---

①　〔德〕海德格尔：《存在与时间》，陈嘉映、王庆节合译，生活·读书·新知三联书店，2006，第4页。

②　刘思妤：《对语言起源的哲学思考：从柏拉图到马克思》，《苏州科技学院学报》（社会科学版）2014年第3期。

③　《马克思恩格斯选集》第1卷，人民出版社，1972，第35页。

④　《马克思恩格斯选集》第3卷，人民出版社，1972，第511页。

有客观性，这是由实践活动的客观性所决定的。马克思从历史唯物主义角度出发，把"语言"同社会生产和交往活动联系起来考察，这就明显区别于旧哲学把"语言"看作人与生俱来的能力，更加具有说服力，这也是学术界迄今为止就语言起源问题给出的最令人信服的答案。

三 什么是"实践"

"实践"由于亚里士多德而进入哲学范畴。而此后"实践"也被很多哲学家所重视，实践概念"经历从'分'到'合'的发展过程"。亚里士多德主张"实践与创制（劳动）二分"，到了近代，康德则认为创制（技术）实际上从属于理论的范畴，而实践则属于"纯粹的道德本体领域"，随后黑格尔又提出"实践是精神的外化活动"，后来直到马克思那里，实践才真正被人们正确理解，"作为创制的物质资料的生产活动"实际上是"最基本的实践"，从而实现了"实践的手段性和目的性的统一"。也正是由于对于实践的正确解读，实践成为哲学中最为核心的概念，也正是因为实践将"哲学从'天国'拉向了'人间'"，并逐渐形成了实践思维范式，人类也从简单的"认识和解释世界的旨趣走向了改变世界的旨趣"，基于此"开启了现代西方哲学的开端"。[①]

"实践"首次进入大众视野是因为亚里士多德，他指出，人的活动包括理论活动、实践活动以及制作（创制）活动这三大类，其中理论活动的对象是"不变的、必然的事物或者事物的本性"，是对这些对象的思考和沉思的活动；实践活动所要达到的是一种改变，从而实现某一目的，其中既包含了"以自身为目的的道德的或政治的活动"，又包含了"人对于可因自身努力而改变的事物的、基于某种善的目的的行动的活动"。[②] 亚里士多德把"实践"与创制二分，指出"实践"是个人为我的具有目的性的活动，而创制则是为他的手段性活动。此外，他强调，"实践"旨在求善，因此亚里士多德从价值维度和自由向度出发指出理论活动应当高于实践活

---

① 张梅艳：《实践概念的嬗变与发展——基于哲学思维方式变迁的视角》，《浙江社会科学》2017 年第 2 期。

② 〔古希腊〕亚里士多德：《尼各马可伦理学》，廖申白译注，商务印书馆，2003，第 xxi 页。

动。而康德在《判断力批判》一书中指出，人们在自然概念上和道德概念上对"实践"有不同程度的混淆，并对技术实践和道德实践做了区分。他对规定因果关系的概念的属性进行划分，从而将相关概念分为自然概念和自由概念：在自然概念之下，"哲学原理就是技术地实践"；而在自由概念之下，"这些原理就是道德地实践的"。同时又因为基于对象之间的歧义性所进行的理性科学分类中的歧义，他又将自然概念下的哲学原理归为"理论哲学（作为自然的理论）"，而将自由概念下的哲学原理单独划归为"（作为道德理论的）实践哲学"。[①] 康德将亚里士多德的创制纳入了理论哲学的研究范畴，将理论和创制置于同一解释之下。康德认为，"实践"是一种特殊的活动，是一种道德活动，其根本特点在于自由；"实践"通过人的意志而支配人的道德活动，并最终达到自由。但是康德反对将"实践"滥用，把"实践"局限在道德领域，但对于道德实践如何解决现实问题并未做出任何回答，这在一定程度上造成了后来的哲学发展的二元对立。

康德之后的黑格尔，在康德所解释的实践概念的基础上，以思辨的否定辩证法对"实践"进行了丰富和发展，并对理论概念和实践概念进行了划分。黑格尔首先对形而上学进行了批判，他认为形而上学最致命的弱点就在于"片面地坚持概念的抽象发展，缺乏丰富的现实内容，脱离经验和实践活动"，而这也就注定了形而上学最终只能成为"抽象的、空洞的、静止的理论形态"。由此他引申出了实践的作用，精神"通过'自否定'打开自身，实现自身的外化"，而这个外化的活动过程可以被称为实践。[②] 在黑格尔的影响下，后来的哲学家开始在认识论中强调社会劳动的重要性。在黑格尔那里，"实践"和理论是不断辩证发展的，而"绝对精神"的自我实现即达到最终的自由与最高的善。黑格尔这种认识论的精神哲学是对康德的二元对立的发展，这不仅揭开了"实践"的神秘面纱，更为马克思哲学革命奠定了重要基础。此外，费尔巴哈对实践的理解也超越了前

---

① 〔德〕康德：《判断力批判》上卷，宗白华译，商务印书馆，1964，第 9 页。
② 张梅艳：《实践概念的嬗变与发展——基于哲学思维方式变迁的视角》，《浙江社会科学》2017 年第 2 期。

人，在费尔巴哈看来，实践是最低下的、不洁的，是"利己主义所玷污的直观"……同时，费尔巴哈将实践和理论相对比，认为理论较实践是"美学的直观"。① 费尔巴哈虽然尝试摆脱形而上学思维方式的束缚，但是，他对"实践"有一种拒斥心理，认为理论高于"实践"，马克思也曾经对费尔巴哈的实践观进行过评价，认为费尔巴哈只"把理论的活动看作是真正人的活动"，但是对于人类实践的活动他则"从它的卑污的犹太人的表现形式去理解和确定"②。马克思在《1844年经济学哲学手稿》中指出，在对劳动的本质的理解上，"黑格尔把人的自我产生看作一个过程……他抓住了劳动的本质，把对象性的人、现实的因而是真正的人理解为他自己的劳动的结果"③。这也就说明黑格尔认为人的本质是劳动，并认为劳动是"人的自我确证的本质"④。从这一方面来看，黑格尔确实抓住了劳动的本质，但是从另一方面来看，黑格尔哲学理论和体系存在致命的矛盾，而这就导致其实践观念及其思维方式存在局限性，即他"唯一知道并承认的劳动是抽象的精神的劳动"⑤。

在《1844年经济学哲学手稿》中，马克思进一步发展了黑格尔的实践观，第一次进行了把"实践"与生产、劳动结合起来的尝试。其实在这里，马克思已经把"实践"等同于劳动了，他将劳动从抽象概念中解放出来，指出个体的自由的劳动是人区别于动物的类本质。但需要强调的是，这一时期马克思的劳动概念仍然具有人本主义色彩，没能彻底摆脱抽象性。在《德意志意识形态》时期，马克思深化了自己对于"劳动"的理解。他认为人和动物最本质的区别就在于人能从事劳动，是能够"生产自己的生活资料"的，这是由人的肉体组织所决定的，虽然我们也可以"根据意识、宗教或随便别的什么来区别人和动物"，但是这绝不是人与动物的根本区别，人与动物的根本区别是人可以进行生活资料生产，但是动物不能。⑥ 但是，这

① 〔德〕费尔巴哈：《基督教的本质》，荣震华译，商务印书馆，1984，第164页。
② 《马克思恩格斯选集》第1卷，人民出版社，1995，第54页。
③ 《马克思恩格斯全集》第3卷，人民出版社，2002，第320页。
④ 《马克思恩格斯全集》第42卷，人民出版社，1979，第163页。
⑤ 《马克思恩格斯全集》第42卷，人民出版社，1979，第163页。
⑥ 《马克思恩格斯选集》第1卷，人民出版社，1995，第67页。

并不意味着"实践""劳动""物质资料的生产活动"是可以不加区别地随意使用的。在《1844 年经济学哲学手稿》时期，马克思实践的着眼点在于自然，与此相对应，马克思这一时期的历史观也主要表现为对自然而非对社会的改造，故而马克思这一时期的实践观未能上升到世界观与历史观的层面。到了《关于费尔巴哈的提纲》时期，马克思进一步明确了自己的立场和观点，认为人的全部"社会生活在本质上是实践的"，那么形而上学中将理论引到神秘主义中的东西，实质上都可以"在人的实践中以及对这个实践的理解中得到合理的解决"。① 到了《德意志意识形态》时期，马克思的思想基本成熟，他指出，劳动就是实践的一种基本形式、具体形式。故而《德意志意识形态》后，马克思便从多维视角来考察实践，指出实践不仅仅是指人的劳动活动，同时包括广义上的"人的全部社会生活"。也就是在此基础上，马克思开创了以实践为基础的唯物主义历史观。②

四　什么是"语言转向"

"语言转向"（the linguistic turn）一词最早由古斯塔夫·伯格曼在其著作《逻辑与实在》（1964 年）中作为一个哲学术语提出，国内学者将其翻译为"语言学转向"或"语言转向"。陈嘉映认为从本体论—认识论—语言哲学的逻辑上来讲，用"语言转向"一词对译更加合适。"语言转向"是 20 世纪西方哲学史上必定会提到的一个话题，也是学界大致认可的基本论断。学界认为西方哲学经历了两次转向，将之划分为三个阶段。第一阶段就是由柏拉图开创的本体论阶段，注重对存在、客体以及对象的研究，他把人的一切活动都归结为对理念本体的认识；第二阶段是由笛卡尔开创的认识论阶段，他使哲学研究焦点从"存在"转向认识的主客体及其关系，试图借助探究人的认识能力及其限度来解决知识的基础及其来源问题，这一认识过程被学界称为西方哲学的认识论转向；第三阶段即第二次

---

① 《马克思恩格斯选集》第 1 卷，人民出版社，1995，第 56 页。
② 张梅艳：《实践概念的嬗变与发展——基于哲学思维方式变迁的视角》，《浙江社会科学》2017 年第 2 期。

转向是本节讨论的重点，"语言转向"即西方哲学研究重点从主体认识能力及其限度转向主体间的交流和传达问题。

首先，"认识论转向"的内在动机和深层旨趣是本体论。而本体论是古代哲学的思维范式，它的核心问题是：世界的统一性的根据在哪里？如何看待和把握运动、变化、发展的事物背后发挥关键作用的动力及原因？这一时期哲学家研究的是事物成其为事物的根据，为了探究世界的统一性来源，将世界分为"可见经验世界"和不可见的超验本体世界即"可知超验世界"，然后又根据"可知的本体世界"，"来统一和说明经验的可感世界"①。"数""逻各斯""存在""理念世界"等，这些都不是人类可感知的存在，可以说，哲学自诞生就处在一个"破裂的领域——双向度的领域之中"②。可知同不可知的这种对立，后来在中世纪基督教神学的催化之下发展为天堂与尘世的对立。哲学家们的出发点是找到世界统一的答案，结果却把世界一分为二，初衷是把握"存在"的真谛，结果造成了人与超感性世界的对立。这种对立和分裂状态使人们不由发问，我们该如何跨越彼岸世界同此岸世界之间的鸿沟？长期以来我们所信仰的那个超自然的"本体世界"的依据在哪里？此岸世界的人应该通过何种方式到达彼岸世界？在当时生产力水平以及人们思维方式的限制之下，除了宗教信仰没有其他任何方案可以有效解决这些问题，但学界迫切需要一种非宗教的、理性的方式来跨过这一鸿沟。正是解决本体论内在的理论困难的需要为"认识论转向"提供了土壤。近代哲学家认识到，自然世界和超自然世界实质上都和人的主观认识密切相关，是与人相关的"存在"。当人们说某一个东西存在的时候，那么这个东西肯定是之前已经进入人们的意识领域，并被人们所了解、认识和定义，因此无论是从物质方面来看还是从精神方面来看，存在和人密切相关。③ 哲学家开始意识到要解决这个问题，应该首先从人本身的认识出发去进行自我反省，在形成关于世界的理论之前需要有

---

① 贺来：《"认识论转向"的本体论意蕴》，《社会科学战线》2005 年第 3 期。
② 〔美〕马尔库塞：《单向度的人——发达工业社会意识形态研究》，刘继译，上海译文出版社，1989，第 113 页。
③ 贺来：《"认识论转向"的本体论意蕴》，《社会科学战线》2005 年第 3 期。

关于认识的理论来为其提供依据和保证，即本体论不能离开认识论。因此，本体论意义上的对立转化为主客观的对立、物质与精神的对立、思维同存在的对立。正是在这样的基础上，哲学家尝试通过人与世界关系研究来解决本体论遗留下来的难题。

其次，西方近代哲学家出于反对神学的目的，实现了"认识论转向"，使得认识论问题成为哲学界的重要问题。他们普遍认为，一切"存在"都是为人所认识到了的存在，离开了认识论的存在论是独断的、不合理的，思考存在问题的首要关键就是要解决思维和存在的同一性问题。西方近代哲学家们立足于物质与精神的关系，以此为逻辑起点来探究社会存在，从而提升了"精神"在哲学界的地位，哲学家们的行为旨在确保认识思维和存在在认识论中的主体地位，最终为物质世界的基本知识提供基本保障。理性主义大师笛卡尔作为西方近代认识论的重要奠基人，通过对内在心理过程的反省与自察提出了"我思故我在"的著名论断。笛卡尔的相关论述为认识论提供了精神层面的依据和保障。实质上，在世界上所有的存在物中，只有人有能力，并且在不断探索万物。因为人具有其他存在物所没有的自我意识，而这也就决定了人是"万物尺度"①，而自然也包括了真理在内，即"真理的本质和存在的解释都是由人来规定的"②。与此同时，人并不是随意解释真理的本质和存在的，而是根据"思"来实现的，"思"体现的就是人类所特有的理性，人发挥主观能动性去掌握真理，所以笛卡尔是"以'我思'为大前提来演绎出整个'存在'"③。在近代西方哲学的历史长河之中，很多哲学家都受到了笛卡尔的影响，包括休谟、贝克莱、洛克等，都是在笛卡尔思想基础上建立了自身的哲学体系，他们均以诉诸心理的方式为基调。发展到 19 世纪后期，这种心理主义已经延伸到了其他学科。就连穆勒、埃德曼等人也将逻辑学归到心理学范畴当中，认为人的

---

① 源自古希腊哲学家普罗泰戈拉之言："人是万物的尺度，是存在的事物的存在的尺度，也是不存在的事物的不存在的尺度。"（北京大学哲学系外国哲学史教研室编译《古希腊罗马哲学》，商务印书馆，1961，第 138 页。）

② 李新博：《"语言是存在之家"："语言论转向"的方法论缘由和本体论意蕴》，《外语学刊》2012 年第 6 期。

③ 贺来：《"认识论转向"的本体论意蕴》，《社会科学战线》2005 年第 3 期。

心灵对于逻辑的形成和逻辑的推理起着决定作用；而数学家斯特里克等人也曾经试图"把人们关于数的观念通过心理而还原为肌肉感觉"①。这种过分极端的心理主义倾向，逐渐引起一些遭受心理主义侵蚀的学者专家的愤懑，所以，我们可以说现代西方哲学"语言转向"的最直接原因就在于克服这种泛滥的、过分极端的心理主义倾向，"语言转向"的最终目的就是实现研究重点的转移，将研究的视角从心理层面转向语言层面，从而为真理研究奠定心理之外的客观性基础。真正开启"语言转向"的人是弗雷格，他在研究过程中发现，只有独立于主观的客观存在的真理和逻辑理论才能在数学研究中真正发挥客观效用，因此弗雷格就想方设法将数理逻辑和数学真理的性质应用到语言学研究之中，从而为语言学的发展开辟了新的路径，推动了西方哲学的语言转向。②

第二节　哲学革命的历史谱系及马克思和维特根斯坦的定位

哲学史就是哲学革命的历史。纵观整个西方哲学发展过程就会发现，它是哲学不断革命的历程。哲学是一个时代科学文化成就的高度概括与总结，它既是具体精神的结晶，更是时代精神的精华，要想厘清马克思和维特根斯坦在哲学史上的重要地位，就要把握西方哲学的基本思想脉络，也只有这样才能更好地理解马克思和维特根斯坦。

一　西方哲学革命的历史谱系

哲学史一直都是"长江后浪推前浪"般不断发展着，不同的时期呈现出截然不同的景象，恰如马克思所言，"一些强大的王国产生了，又匆匆消逝了，瞬息之间出现了许多英雄，但是马上又因为出现了更勇敢更强悍的对手而销声匿迹……一些原则为另一些原则所代替，一些思想勇士为另

---

① 杨佑文：《海德格尔的"语言转向"及其语言观》，《理论月刊》2011 年第 3 期。
② 杨佑文：《海德格尔的"语言转向"及其语言观》，《理论月刊》2011 年第 3 期。

一些思想勇士所歼灭"。①

首先，西方哲学史上的第一次哲学革命实现从"始基"向"存在"的飞跃。古希腊城邦制度的建立打破了以往隔绝的社会状态，使得奴隶制生产方式成为可能。这是哲学得以产生的客观条件。从人类自身来看，就像亚里士多德所说的哲学起源于人们"对自然万物的惊异"，正是由于对自然界事物的好奇，人们进行理论探索和研究。② 从最初对具体事物的迷惑与不解再到慢慢探索纷繁复杂的世界，如日月星辰的现象以及宇宙万物的生存与发展，再到世界有没有一个统一的本源。人们从产生问题到惊异与好奇，从惊异、好奇到意识到自己的无知，人们为了摆脱无知的状态，开始逐渐走上了"爱智慧"的道路。在希腊文中"哲学"（philosophia）的本义就是指"爱智慧""追求智慧"。在古希腊早期的自然哲学家们看来，只有具有智慧的人才能把握真理，找到世界的本原，他们普遍认为哲学就是关于智慧的学问。正如黑格尔所言："什么地方普遍者被认作是无所不包的存在，或什么地方存在者在普遍的方式下被把握或思想之思想出现时，则哲学便从那里开始。"③ 古希腊自然哲学家们一直在追求和寻找智慧，探寻事物的"逻各斯"（λόγος），希望能够把握和拥有智慧。在这一信念的支撑下，早期自然哲学家们走上了各自的"爱智慧"之路，使得古希腊哲学呈现出一派异彩纷呈的美好局面。

古希腊早期的哲学学派被称为前苏格拉底学派，他们是从本体论出发也就是从寻找世界本源出发去"爱智慧"的。亚里士多德曾对之前的哲学研究者的研究成果进行归纳总结："那些最早的哲学研究者们，大都仅仅把物质性的本原当做万物的本原，因为在他们看来，一样东西，万物都由它构成的，都是首先从它产生，最后又化为它（实体始终不变，只变换它的形态），那就是万物的元素、万物的本原了。"④ 就如同泰勒斯认为世界

---

① 《马克思恩格斯选集》第 1 卷，人民出版社，1995，第 62 页。
② 〔古希腊〕亚里士多德：《形而上学》，吴寿彭译，商务印书馆，1959，982ᵇ14。
③ 〔德〕黑格尔：《哲学史讲演录》第 1 卷，贺麟、王太庆等译，商务印书馆，1959，第 93 页。
④ 北京大学哲学系外国哲学史教研室编译《西方哲学原著选读》上卷，商务印书馆，1984，第 1 页。

的本原是水，世界上的万事万物都是由水所构成的，水这一实体始终是不变的，仅仅通过变换自身的形态从而产生万事万物，而万事万物到最后又会归为水。其他将世界本原归为一种物质性的东西的哲学家也都是这样来展开自己的理论，因此这些哲学研究者都认为，"既然那样一种本体是常存的，也就没有什么东西产生和消灭了"①。亚里士多德也说："一个东西，如果一切存在物都由它构成，最初由它产生，最后又都复归于它，在他们看来，那就是存在物的元素和始基。"② 米利都学派的创始人泰勒斯经过千百次地观察具体事物，从感性经验的基础上抽象地概括出"水"是万物本原，首先提出"水是万物的始基"这一命题，提出世界具有物质统一性。这不仅代表着元素论自然哲学派别的诞生，更是古希腊人民追求"智慧"的起点，标志着古希腊早期人类思维的萌芽与人类早期哲学的产生。在泰勒斯的启迪下，他的学生阿那克西曼德提出了"无限"来取代泰勒斯的"水"，后来阿那克西曼德的学生阿那克西美尼提出"气"是万物始基，毕达哥拉斯提出"数"是万物始基，赫拉克利特提出"火"是万物始基，其他自然哲学家纷纷提出关于世界"始基"的其他设想。虽然在今天看来这种朴素的唯物主义自然观是错误的，但是这代表着那一时期哲学文化的最高成就，为后来哲学的发展奠定了朴素唯物主义基础。

在广泛接触了米利都学派以及后来的南意大利学派、爱非斯学派的成果之后，爱利亚学派的创始人巴门尼德提出，之前的哲学家从感性世界出发去探寻世界的"始基"这一做法是错误的，认为思维与存在是不可分割的，二者应该是同一的，"能被思维者和能被存在者是同一的"。在巴门尼德看来，始基是万事万物应该共有的性质，虽然感性世界中的万事万物各不相同，但它们都是"being"（"是"或者"存在"）。所谓"being"就是指万事万物首先必须是存在者，不存在是无法被思维的，因此，在巴门尼德看来"存在"才是万事万物的"始基"。他认为"存在"应该具备如

① 北京大学哲学系外国哲学史教研室编译《西方哲学原著选读》上卷，商务印书馆，1984，第15页。

② 〔古希腊〕亚里士多德：《形而上学》，吴寿彭译，商务印书馆，1959，983b；北京大学哲学系外国哲学史教研室编译《古希腊罗马哲学》，商务印书馆，1961，第4页。

下特性：第一，存在是永恒不变的，无始无终的；第二，"存在"是连续的、唯一的，不可分割的；第三，"存在"是静止的、不动的、有界限的。巴门尼德吸收了之前学派的研究成果，又发展了毕达哥拉斯的判断推理的逻辑思维能力，开始了把"始基"从具体的物质形态上升到普遍性"始基"的尝试，标志着古代世界人们"爱智慧"的第一次飞跃。巴门尼德所谓不生不灭的"存在"其实是超验的存在，而我们实际看到的具体的、可感知的"存在"在巴门尼德看来是不存在的，因为它并不满足"存在"的基本特性，而只有抽象的"being"才是真正的"存在"。巴门尼德的这一思想为西方哲学插上了"形而上学"的翅膀，对其后西方哲学发展产生了深远的影响。

其次，西方哲学史上的第二次哲学革命是"形而上学"的独立与完善。苏格拉底以前的哲学是以自然观为中心的自然哲学，即探寻世界的本原是什么，这也是哲学最初的定义。苏格拉底的思想让哲学家们开始将关注的焦点从早期自然哲学所关注的世界本原问题转移到了现实的人的生存状态，把哲学从"天上"拉回了"人间"。人们开始注重对人与人之间的关系的探讨，关注"善"的问题，这也逐渐成为哲学关注的新焦点，苏格拉底因此开辟了哲学研究的新方向。后来柏拉图继承了苏格拉底的伦理哲学，提出"知识即回忆""哲学王"等观点，认为理念世界与现实世界二分。柏拉图的理念论被称为古希腊哲学史上第一个比较完整的客观唯心主义体系，以至于后来海德格尔指出："纵观整个哲学史，柏拉图的思想以有所变化的形态始终起着决定性的作用。形而上学就是柏拉图主义。"①

柏拉图之后，亚里士多德总结了古希腊的各项科学成就，对知识进行了系统全面的整理和分类，根据研究对象的差别，"把'哲学'看作是与'应用知识'相对的抽象理论知识的总汇。他所指的'应用知识'主要包括伦理学、经济学、政治学、美术、修辞学，而'哲学'也主要包括了'第一哲学''神学''数学''物理学'等，其中的'第一哲学'就特指

---

① 〔德〕海德格尔：《哲学的终结和思的任务》，载《面向思的事情》，陈小文、孙周兴译，商务印书馆，1999，第70页。

狭义上的'哲学'"①。他的研究内容被划归为研究有形之物的"物理学"和研究无形之物的"物理学之后"或者为"第一哲学"（用中国古代的哲学用语来表达就是"形而上学"）。《形而上学》是后人根据亚里士多德的研究内容而命名的，全书共 14 卷，包括对柏拉图"理念论"的批判以及存在与本体、"四因说"、质料和形式等基本理论。亚里士多德在前人基础上创立了探究经验问题与超验问题的思想体系。在探究经验问题方面，他基本继承了早期自然哲学运用经验理性解决问题的方式；在探究超验问题方面，亚里士多德强调"形上之思"，主张追求最完满的"善"。在《范畴篇》中，亚里士多德提出了十种范畴，其中实体范畴是其他范畴的主体和中心。他又把"实体"分成"第一实体"（个别事物）和"第二实体"（事物的属和种）。亚里士多德曾明确指出"第二实体"是不能离开"第一实体"而存在的，对此，列宁指出亚里士多德其实没能弄清楚一般与个别的关系，"这个人就是弄不清一般和个别、概念和感觉、本质和现象等等的辩证法"②。亚里士多德哲学中经验和超验的矛盾导致哲学内部的分化与重组，研究形而下的经验事物的"科学"逐渐从"哲学"的母胎中脱离出来。因此，可以说亚里士多德使得"哲学"即"形而上学"从"哲学"中独立出来，实现了"形而上学"的腾飞。

到古希腊晚期以及古罗马时期，频繁的战争与社会动乱导致阶级矛盾、民族矛盾复杂而尖锐，与此相适应，这一时期哲学界派别林立，出现了各种唯心主义和宗教神秘主义流派。哲学家们总体上继承了苏格拉底、柏拉图等人的思想，他们主张追求超验世界的美好，普遍对现实的经验世界持排斥、厌恶的态度，而对所谓宿命论、神秘主义、禁欲主义等过分宣扬。这种哲学环境在一定程度上为中世纪基督教哲学的诞生奠定了基础，也标志着哲学开始向神秘主义的宗教屈服。到了中世纪，哲学逐渐沦为基督教神学的"婢女"，为宗教所主宰，异化为人们用来认识上帝和圣经的工具。基督教的直接思想来源是犹太教和斯多亚主义以及新柏拉图主义

---

① 李包庚：《解构与超越：马克思和维特根斯坦哲学革命路向比较研究》，中国社会科学出版社，2014，第 4~5 页。

② 列宁：《哲学笔记》，人民出版社，1960，第 418 页。

等。在基督教影响之下的哲学又被称为"经院哲学"，其主要功能就是论证上帝存在，并因此引起了"唯名论"和"唯实论"之争。这一阶段的主流哲学主张坚持对上帝的信仰，热爱上帝，坚持信仰，要穷尽一生去追逐彼岸世界的美好，认为哲学的任务就是要为宗教信仰提供合理性证明，甚至出现了所谓论证上帝存在的"本体论证明"。总体说来，为基督教神学所扭曲的中世纪哲学观在相当长一段时间内影响了人们的思想观念，甚至渗透到社会生活的各个角落，严重阻碍了社会科学精神的发展与生产的进步。

最后，西方哲学史上的第三次哲学革命体现在哲学开始向思辨的道路迈进。西欧文艺复兴时期是资本主义关系基本形成的时期，随着人文主义、自然哲学、宗教改革三大思潮的逐渐形成，在中世纪占据着统治地位的经院哲学和宗教神学开始走向崩溃的边缘。哲学家把人们关注的焦点从宗教神学的虚幻中拉回到现实世界的人的状况和境遇。14~16世纪哲学最重要的主题就是"知识论"，即认识的本质及其产生发展的规律。弗兰西斯·培根作为现代实验科学的始祖而著称于西方近代哲学史，提出了"知识就是力量"的著名口号，这也从侧面反映了近代西方追求知识与渴望知识的现实。培根一反亚里士多德所推崇的求知可以摆脱愚昧但并无任何实用的说法，强调知识的实用价值，并创立了归纳法，认为科学归纳法是寻求知识的唯一途径。他认为知识源于经验，经验是知识的基础，开创了经验主义的道路，成为唯物主义经验论的先驱。但是，培根的经验论哲学就其思维方式来说是形而上学的，过分追求归纳法的唯一性，忽视了演绎逻辑的重要性，必然难以经受住不可知论的攻击。培根之后的笛卡尔是现代理性主义的创始人，提出了许多具有现代科学精神的概念、命题、原理等，与培根不同，他认为知识的基础是某种先天的形式。笛卡尔曾经把自己的哲学体系比作一棵树，其中"形而上学"是树根，"物理学"是树干，其他学科是树枝。但仔细分析就会发现笛卡尔的这种比喻是存在严重问题的。他的比喻其实是把哲学看作具体科学之科学，实际上颠倒了科学与哲学二者之间的关系，因为哲学需要具体科学来做支撑。这一时期"理性主义"和"天赋观念"受到人们的普遍推崇，哲学在这样的过程中逐渐成为高高在上的存在，被认为是知识的基础和真理框架。但是，理性主义、经验主义自身的先天缺陷导致了以传统知识论为核心的近代西方哲学不可避免地陷入困境。

康德在看到西方哲学的困境之后，开启了自己的"哥白尼式革命"，康德将世界划分为现象世界和本体世界，抬高人的地位，把人看作认识的主体、道德的主体和审美的主体来加以研究，所以他的哲学又可以称为主体哲学。在康德看来，经验与主体之于知识的作用是不同的：经验为知识的发展丰富提供材料积累，而主体则为知识提供加工材料的形式。知识的内容是经验的，但是其形式是先天的。由此，科学知识的普遍性得到了证明。这就是被人们称为"哥白尼式革命"的康德的哲学革命，其核心思想就是将知识与对象之间的关系"颠倒"，主张不是主体围绕客体而是客体围绕主体。在他之前的哲学（形而上学）都不能称为科学，科学的哲学应该属于未来，康德的哲学被认为是"任何一种能够作为科学出现的未来形而上学导论"①。康德哲学革命内容主要体现在两个方面，一是他通过主体先天的认识形式来确立科学的普遍必然性，二是通过对认识能力的限制为自由开辟道路。其中，第二点更能体现康德哲学的根本精神。康德在《实践理性批判》中提到，"有两种东西，我们越是对它们反复思考，它们所引起的敬畏和赞叹越是充溢我们的心灵，这就是我们头上的星空和内心的道德法则"②。康德所说的"头上的星空"其实就是指我们所面对的"自然"或者"理性"，而"内心的道德法则"则是"自由"的代表。"理性"与"自由"是康德哲学的两大主题，而且在康德心目中"自由高于自然，道德高于科学"③。海涅说："德国被康德引入了哲学的道路，因而哲学变成了一件民族的事业。一群出色的大思想家突然出现在德国国土上，就像用魔法呼唤出来一样。"④ 康德哲学预示着西方近代哲学的终结，也激励着费希特、谢林等人去发展理性、开拓理性，而理性辩证法科学体系的构建

---

① 〔德〕康德：《任何一种能够作为科学出现的未来形而上学导论》，庞景仁译，商务印书馆，1978，前言。

② 〔德〕康德：《实践理性批判》，关文运译，商务印书馆，1960，第164页。

③ 赵锦荣：《对康德先验哲学中形而上学及其相关问题的探析》，《兰州学刊》2012年第11期。

④ 〔德〕亨利希·海涅：《论德国》，薛华、海安译，商务印书馆，1980，第307页。

为马克思主义哲学奠定了直接的理论基础。

费希特的早期思想是康德哲学内容的延续，他把自己的哲学视为康德哲学的更加系统化、完备化的成果。事实上，费希特哲学是对康德哲学的批判与继承，并形成了彻底的主观唯心主义体系。黑格尔在评价费希特时指出："康德哲学中缺乏思想性和一贯性的地方使得它的整个系统缺乏思辨的统一性，这一缺点为费希特克服了。"① 费希特虽然也认同康德的哲学乃科学之基观点，不过费希特不认同康德将世界二重化的观点，不认同康德关于"自在之物"的观点。首先，费希特从"自我"出发构建了自己的哲学体系，认为"自我"是"唯一的、绝对的、完全无条件的原理"。其次，费希特认为"自我"与"非我"是相对立的。最后，费希特指出"自我设定自我与非我的统一"原理，这是前两个原理的综合，即"自我"与"非我"在自我范围内相互依存、相互制约，即在绝对无限的自我内部既对立又统一。费希特的哲学就其体系而言是主观唯心主义的，但是其中包含着丰富的唯心主义辩证法思想，对整个西方哲学的发展产生了重要影响。谢林在费希特的影响下，走向了更加彻底的唯心主义，他的思想可以分为早期的同一哲学与晚期的天启哲学。"谢林自认为他的同一哲学超越了唯物主义和唯心主义哲学，实际上它是客观唯心主义哲学。他的'无差别的同一'不过是上帝的别名而已。他的晚年走向天启神学并非是偶然而是有深刻的思想基础的。"② 受谢林"同一哲学"的启示，黑格尔构造了一个庞大且严密的客观唯心主义哲学体系，第一次系统全面地将辩证法的一般形式运用于本体论和认识论之中，因此黑格尔哲学成为德国哲学史上一颗耀眼的明珠，马克思也深受其影响。黑格尔认为哲学就是"绝对精神"的自我反思，"绝对精神"是永恒存在的唯一的实体、是主观精神与客观精神的统一，在黑格尔哲学体系中，辩证法思想得到了高度发展。此外，黑格尔在试图克服旧哲学缺陷的基础上着手重建了本体论思想即《逻辑学》，构建了西方哲学史上形态最典型、内容最完整的本体论哲学，其哲学曾获得普鲁士政府官方哲学的殊荣。

---

① 〔德〕黑格尔：《哲学史讲演录》第4卷，贺麟、王太庆译，商务印书馆，1978，第309页。
② 蒋永福、周贵莲、岳长龄主编《西方哲学》上册，中共中央党校出版社，1990，第465页。

有人说柏拉图与黑格尔在西方传统哲学史上是遥相呼应的，二者分别标志着西方传统哲学的起点与终结。黑格尔之后，西方哲学开始走向分化，马克思主义和现代西方哲学得以产生，并走上了不同道路，但二者都建立在对黑格尔哲学批判与继承的基础之上。

二　马克思和维特根斯坦的历史定位

马克思（1818～1883 年）和维特根斯坦（1889～1951 年）分别代表各自时代哲学发展的最高峰，都深度解构了形而上学，超越了传统哲学，都在哲学领域开启了哲学革命。如何准确认识与评价这两次哲学革命的关系，是当下一个紧迫的理论任务。马克思是否终结了哲学革命的世界进程？在马克思之后世界范围内的哲学革命是否仍然在继续，还是消失殆尽？相对应的形而上学是否善罢甘休，早已消失？这些追问就促使我们对马克思所发动的哲学革命和当代西方哲学进行梳理和研究，探讨当代西方哲学是否对马克思的哲学革命进行继承和发展，而这也"涉及马克思哲学革命的当代意义问题"。[①]

（一）维特根斯坦哲学是资产阶级的改良性哲学

1. 维特根斯坦哲学是对传统思辨哲学的反叛

与罗素相似，维特根斯坦认为，传统哲学问题是由于误用语言而产生的，哲学问题说到底就是语言问题。他认为要消除哲学的困难和问题，必须研究语言的逻辑结构或逻辑句法，通过对语言进行逻辑分析来消除传统哲学问题，并把语言分析作为自己哲学的任务。他说："哲学的目的是从逻辑上澄清思想。哲学不是一门学说，而是一项活动。哲学的成果不是一些'哲学命题'，而是命题的澄清。可以说，没有哲学，思想就会模糊下滑；哲学应该使思想清晰，并且为思想划定明确的界限。"[②]

维特根斯坦哲学是西方哲学"语言转向"过程中的一个典型。在《逻辑哲学论》中，他指出："凡是可以说的东西都可以说得清楚；对于不能

---

① 任平：《马克思之后的哲学革命：当代路向及其意义》，《学术月刊》2009 年第 10 期。
② 〔奥〕路德维希·维特根斯坦：《逻辑哲学论》，贺绍甲译，商务印书馆，1996，第 112 页。

谈论的东西必须保持沉默。"这就把几千年来的哲学主题给消解了。在中后期，维特根斯坦放弃"逻辑语言"的路径，改从"日常语言分析"入手，继续宣扬这种哲学观："哲学是一场反对语言困惑思想的战斗"①，实现思想表达的"完全明晰性"；"哲学问题的形态是：'我不知道出路何在'"②。哲学的目的在于"给捕蝇瓶里的苍蝇指出一条出路"③。维特根斯坦还说"哲学的目的在于治疗"，意思是从语言误用回到语言日常用法上来。这样，哲学问题就消除了，哲学病也就治好了。

传统形而上学的致命缺陷就在于，这些哲学都是在现实世界之外，虚拟地构建一个超感性的"本体"世界，并把它作为哲学的主题。这就不可避免地造成哲学和现实生活相脱节，使哲学成为凌驾于现实生活之上的精神王国。而维特根斯坦，无论是前期还是后期，都把建构一种理想语言作为其哲学追求的目标。这种将纷繁芜杂的世界简单地还原为纯粹的语言世界，再将其抽象化为一种逻辑架构的做法，至少在思维方式上讲，其实没有超出传统形而上学的范畴，或者是传统哲学思维模式的翻版。由于未能对传统形而上学本体论哲学的这个根本错误予以正确认识，维特根斯坦在"解构"传统形而上学的本体时，不知不觉又建构了一个新的语言本体或逻辑本体。这样一来，分析哲学就重新建构了一个"本体"世界，即理想语言的世界。这其实正是形而上学思维方式的延续。总之，分析哲学虽然标榜自身是反形而上学的旗手，但实际上却不自觉地在思维范式上延续了传统形而上学的衣钵。

2. 维特根斯坦哲学的价值关怀

哲学来自现实而非现实本身。哲学作为主观对客观的提炼，它以概念方式反映客观世界，哲学是一个时代思想的精华，是人类理性自觉的系统表现，是理论的自我意识和意识的自我理论。哲学高度凝练且极具抽象性，一般经由范畴、概念等诉诸和规范人的思维与价值。此外，哲学也经常以一种理论化、系统化的世界观与方法论方式作用于现实，相比之下，

---

① 〔奥〕路德维希·维特根斯坦：《哲学研究》，李步楼译，商务印书馆，1996，第109页。

② 〔奥〕路德维希·维特根斯坦：《哲学研究》，李步楼译，商务印书馆，1996，第123页。

③ L. Wittgenstein, *Philosophical Investigations*, Oxford：Wiley-Blackwell, 2009, p. 110.

意识形态就像是空中楼阁，距离经济基础最远，似乎有为了理论而理论、为了信仰而信仰之嫌。"这种'纯理论'和'纯信仰'看起来很美，其实是空中楼阁，缺乏坚实的现实基础和群众基础，充其量是一种海市蜃楼的幻境。"①

评价一种哲学是否建立在现实基础之上，关键要看它是否能让绝大多数人获益，是否能使尽可能多的人得到好处，是否有利于最广大人民群众的身心发展。维特根斯坦所构建的哲学，是以"语言"为哲学基础的。他的前、后期哲学分别根植于理想语言和日常语言，通过对这两种语言进行分析，确定我们关于世界的知识到底有多少是真实可信的。他的哲学工具是逻辑的方法，用逻辑分析方法来确定这些命题的意义。他取消传统哲学家对于哲学本体、本质、价值、意义等观念，对后来的分析哲学甚至后现代哲学的发展产生重大影响。他片面强调哲学研究的科学性与精确性，把大部分精力用于研究某些细小问题，忽视或者拒绝研究哲学基本问题，致使他的研究背离哲学的本质，并与现实社会生活脱节，流于纯粹学院式的研究。这样，哲学关怀人、关怀人类未来命运的兴趣被关怀语言、关怀逻辑的兴趣所压倒，对经验可靠性和精确性的追求消解了哲学为人类价值选择提供合理价值理念的功能。哲学问题的出现，固然有些是与语言有关的，但是最根本的原因还在于哲学思想所代表的现实性矛盾。社会存在决定社会意识，哲学不能脱离现实而独立存在。哲学危机反映的一定是时代的危机。如果把哲学危机或错谬的根源归结为语言，这是没抓"主犯"却抓了个"从犯"，或者说是找了个小喽啰来做"替罪羊"。这就不可避免地使哲学越来越远离人类生活，越来越被边缘化。

维特根斯坦哲学反映了人们对几千年来的西方哲学围绕着同样的问题争论不休而未能解决任何实质性问题的思辨和论辩传统的失望态度。从价值关怀上讲，维特根斯坦哲学属于资产阶级哲学，受其阶级局限性的束缚，没能跳出制约其哲学的阶级基础来看哲学。这一点，类似于马克思批判青年黑格尔派时所描述的情形：实质上青年黑格尔派同老年黑格尔派一

---

① 李包庚：《解构与超越——马克思和维特根斯坦哲学革命的价值论考察》，《西南大学学报》（社会科学版）2013年第2期。

样，只不过在老年黑格尔派看来"某种独立东西的意识"是一切的产物，是人类社会的真正镣铐，而在青年黑格尔派看来，既然某种独立东西的意识是一切的产物，是人类的真正枷锁，所以说，"青年黑格尔派只要同意识的这些幻想进行斗争就行了"①。正如马克思在《德意志意识形态》中生动描述的那样："有一个好汉一天忽然想到，人们之所以溺死，是因为他们被关于重力的思想迷住了。如果他们从头脑中抛掉这个观念，比方说，宣称它是宗教迷信的观念，那末他们就会避免任何溺死的危险。他一生都在同重力的幻想作斗争，统计学给他提供愈来愈多的有关这种幻想的有害后果的证明。这位好汉就是现代德国革命哲学家们的标本。"② 其实维特根斯坦哲学也与这个"好汉"很类似，只不过他诉诸的是语言分析罢了。这种典型的本末倒置的思维方式，当然无法与马克思哲学相提并论，其哲学理论也不可能成为真正的改造世界的"精神武器"，不可能为人类的彻底解放找到一条现实的路径。虽然现代西方哲学也关注社会现实生活，也关注资本主义社会中人的异化问题，但是他们对资本主义社会的批判不能触及社会的根基，因为他们并不主张摧毁或撼动资本主义制度存在的基础，也不主张废除资本主义社会建立的社会制度。无论现代西方哲学对资本主义的批判多么激烈尖锐，其实都是在资本主义所许可的范围之内进行的。所以，维特根斯坦等人的现代西方哲学其实是资产阶级改良性哲学。

（二）马克思哲学是追求无产阶级与全人类解放的革命哲学

马克思深刻洞察到形而上学的问题所在，他并不像传统哲学那样把精力浪费在无聊的精神思辨活动中，而是再三主张"取消""消灭""实现"哲学，自觉地把"哲学"（他变革后的哲学）与无产阶级解放的伟大历史实践有机结合，真正做到"哲学把无产阶级当作物质武器"和"无产阶级把哲学当作精神武器"，强化了哲学的现实基础。

1. 马克思哲学的阶级基础

马克思哲学以人的具体的历史的交往实践为基础，从从事实际交往活

---

① 《马克思恩格斯全集》第3卷，人民出版社，1960，第22页。
② 《马克思恩格斯全集》第3卷，人民出版社，1960，第16页。

动的人及主体尺度出发，反省和批判现实世界的不合理性，借助无产阶级的物质力量，实现哲学对现实世界的革命。马克思哲学具有坚实的阶级基础，并且从一开始就旗帜鲜明标榜自己的阶级属性，就自觉地将哲学革命与引领无产阶级的解放斗争紧密地结合在一起，以现实的革命斗争的需要为导向，使哲学成为现实的社会制度革命的"精神武器"，并在具体实践中不断丰富和发展。马克思在《〈黑格尔法哲学批判〉导言》中指出："哲学把无产阶级当做自己的物质武器，同样地，无产阶级也把哲学当做自己的精神武器。"① 他还指出，"德国唯一实际可能的解放是从宣布人本身是人的最高本质这个理论出发的解放"，这是因为在德国如果不能消灭压迫和剥削、不能铲除奴役制，德国的革命就不算彻底的、完全的革命，也就不能算是完成了革命，所以说"德国人的解放就是人的解放"，"这个解放的头脑是哲学，它的心脏是无产阶级"。② 马克思的哲学革命经历了一个从追求"精神解放"到"政治解放"，再到"人类解放"的发展过程。马克思主义哲学以解放全人类为自己的根本价值目标。因此，为了一切人和一切为了人构成了马克思哲学价值目标的根本内容，也奠定了马克思哲学革命的坚实群众基础。

2. 马克思哲学的目的

马克思旨在帮助无产阶级推翻旧的、落后的社会制度，为实现无产阶级和全人类的彻底解放而努力奋斗。就如恩格斯对马克思的评价一样，"马克思首先是一个革命家"，"斗争是他的生命要素"。③ 马克思哲学的最终目标是推翻资本主义及其所建立的国家机器，并指导无产阶级带领全人类实现自由和解放。④ 马克思的哲学革命的逻辑结果是建立"革命哲学"，但这不是他的根本目的；他的根本目的在于使现代无产阶级从哲学上觉醒，意识到自身的地位和需要，意识到自身解放的条件，进而推翻旧世界、建立新世界。因此，对马克思的哲学革命及思想的理解，也必须以马

①　《马克思恩格斯全集》第1卷，人民出版社，1956，第467页。
②　《马克思恩格斯全集》第1卷，人民出版社，1956，第467页。
③　《马克思恩格斯选集》第3卷，人民出版社，2012，第1003页。
④　《马克思恩格斯全集》第19卷，人民出版社，1963，第375页。

克思首先是一个革命家为坐标。

就实现人的解放这个目标而言，革命的无产阶级与现实的哲学的关系是心脏和头脑的关系。无产阶级的彻底解放意味着无产阶级地位的根本性变化，也就是使无产阶级不再作为无产阶级而存在，或者说消灭无产阶级本身。无产阶级只有解放全人类才能彻底解放自己，而哲学是无产阶级实现自身解放与全人类解放的重要理论武器。此外，哲学也只有为无产阶级所用，才能摆脱各种滥用与扭曲，成为真正意义上的哲学。

3. 马克思哲学的内容

作为马克思革命思想最集中、最直接的体现，《共产党宣言》深刻阐述了马克思的革命性哲学的基本思想："无产者只有废除自己的现存的占有方式，从而废除全部现存的占有方式，才能取得社会生产力。"[1] 无产阶级一贫如洗，几乎没有什么东西能够失去，所以无产阶级才是最彻底、最有可能"摧毁至今保护和保障私有财产的一切"[2] 的群体。"无产阶级的运动是绝大多数人的，为绝大多数人谋利益的独立的运动。无产阶级，现今社会的最下层，如果不炸毁构成官方社会的整个上层，就不能抬起头来，挺起胸来。"[3] 而随着资本主义的高速发展，无产阶级所受的压迫越来越重，到这个时候，如果被压迫的无产阶级还不能站出来，"不同时使整个社会永远摆脱剥削、压迫和阶级斗争，就不再能使自己从剥削它压迫它的那个阶级（资产阶级）下解放出来"[4]。"共产党人到处都支持一切反对现存的社会制度和政治制度的革命运动……他们的目的只有用暴力推翻全部现存的社会制度才能达到。"[5] 无产阶级只有把哲学（马克思主义哲学）作为"精神武器"，用以武装自己的头脑，才有可能消灭一切剥削和奴役制度，实现无产阶级和全人类的解放；哲学也只有把革命无产阶级当作自己的"物质武器"，才能成为促进人类解放的真正现实的哲学。也就是说马克思认为哲学的任务并不在于思辨，哲学有更重要的事情要做，哲学需要

---

[1]　《马克思恩格斯选集》第 1 卷，人民出版社，2012，第 411 页。
[2]　《马克思恩格斯选集》第 1 卷，人民出版社，2012，第 411 页。
[3]　《马克思恩格斯选集》第 1 卷，人民出版社，2012，第 411~412 页。
[4]　《马克思恩格斯选集》第 1 卷，人民出版社，2012，第 380 页。
[5]　《马克思恩格斯选集》第 1 卷，人民出版社，2012，第 435 页。

消灭无产阶级，从而转变为现实，同样无产阶级也只有"把哲学变成现实"，才有可能消灭自己。"一种哲学如果不能成为无产阶级消灭一切奴役制，或者说使无产阶级不再成为无产阶级（而这也意味着全人类的解放）的武器，就不可能是真正具有现实意义的哲学；而无产阶级如果不彻底改造以往哲学，克服它们可能存在的各种片面性和局限性（也就是非现实性），使之成为现实的哲学，那无产阶级就不可能用它来消灭一切奴役制，解放自己和全人类。"① "维特根斯坦把哲学从思辨路向转轨到语言分析（逻辑语言、日常语言）路向，深度解构了传统西方哲学，实现了'哲学的革命'，而马克思把哲学从思想世界降临到现实世界，颠覆了以往全部形而上学，全面超越了传统哲学。"② "马克思的哲学革命首先是批判地揭示资本现代性和全球化的本真结构与内在矛盾。……根本颠覆了以各种'解释世界'经院哲学方式为其他阶级和阶层统治利益辩护的旧形而上学。"③ 马克思哲学革命从根本上改变了哲学的阶级基础，从根本上超越了近代与现代西方哲学家因阶级偏见而具有片面性与局限性，"把哲学变革为人的解放与全面自由发展的精神武器，把哲学与无产阶级和全人类的现实解放紧密结合，成功实现了哲学的革命'与'革命的哲学'的双重变革"④。

第三节　马克思与维特根斯坦对深化哲学革命的贡献

康德哲学的主旨是论证"自由"，与此类似，马克思的哲学也是为了论证"自由"——实现人的全面自由发展，既摆脱自然的奴役，又摆脱社会（资本主义制度）的奴役和精神的奴役。马克思最初以费希特主义为阶梯而

---

① 刘放桐：《马克思在哲学上的革命变更对西方现当代哲学的超越》，《哲学研究》2001 年第 8 期。

② 李包庚：《哲学的革命与革命的哲学——基于马克思与维特根斯坦的比较视角》，《社会科学战线》2012 年第 9 期。

③ 任平：《马克思之后的哲学革命：当代路向及其意义》，《学术月刊》2009 年第 10 期。

④ 李包庚：《哲学的革命与革命的哲学——基于马克思与维特根斯坦的比较视角》，《社会科学战线》2012 年第 9 期。

进入黑格尔哲学，通过对黑格尔哲学和费尔巴哈哲学的批判与超越，最终确立了以交往实践为主旨的唯物史观，并以此为工具，分析了资本主义世界普遍交往促进历史向世界历史转变的过程，对资本主义社会经济规律进行了全面揭示与深入批判，论证了人类最终会进入全面而自由发展的阶段。而维特根斯坦出现比较晚，正赶上现代西方哲学的一个大变动时期。

从一般认识逻辑来讲，现代西方哲学可以分为两大思潮，即"科学主义"和"人本主义"。科学主义思潮肇始于孔德的实证主义，经由马赫主义后发展到分析哲学和逻辑实证主义阶段。孔德发展了康德哲学中关于现象世界、感性与知性的思想，抛弃了康德关于本体世界的思想，认为哲学只应关注也只能解决经验世界的问题。科学主义抛弃了康德把哲学限定在科学方法论领域的做法，不再把知识的基础、构成、意义等问题作为哲学的核心。到了20世纪，科学主义开始把哲学问题归结到语言与逻辑分析上来，而维特根斯坦就是在这个节点上开始了他的哲学研究。人本主义思潮是从叔本华、尼采的意志主义开始的，经过新康德主义、生命哲学，到存在主义和弗洛伊德主义，发展了康德哲学关于本体世界、形而上学、自由等思想，而对关于现象世界的思想则予以抛弃。人本主义认为，康德的"物自体"思想表明，世界是没有规律、秩序、规则的，也不具有合理性，所以不能用科学理性的方法去把握。在本质上，人也是非理性的，而理性只不过是人的非理性本质的外化。非理性的人与非理性的世界相统一，颠覆了传统理性主义的观点。

从哲学思维方式上看，现代西方哲学的出现是西方哲学发展史上一次划时代意义的转型。与传统哲学相比，现代西方哲学具有主体化、多元化、非形而上学化、非理性化等新的特点，开辟了一些新的哲学研究领域，如对语言问题、逻辑问题的研究，对非理性因素的研究等。多数现代西方哲学流派都以自己特有的方式力图超越近代哲学主—客、心—物对立，以建立关于世界的本原、本质的理论体系为目标，在不同程度上使哲学研究对象从抽象化的自在的自然界或绝对化的观念世界返回到人的现实生活世界。现代西方哲学家企图以此摆脱近代哲学的困境，为哲学发展开辟新的道路。

一 维特根斯坦哲学是"哲学的革命"但不是"革命的哲学"

如何定性维特根斯坦的哲学？从哲学的类别而言，学界大多认为维特根斯坦哲学是分析哲学、语言哲学，这固然没问题，但是如果换个视角从哲学的属人性（或曰阶级性）向度看，我们不难发现，维特根斯坦哲学其实没有超越他所属的阶级。

（一） 维特根斯坦实现了哲学的革命性变革

几千年来，西方哲学围绕着同样的问题进行喋喋不休的争论，却从来没有真正解决那些实质性问题，这一点不免令人们对西方哲学那种专事思辨与论辩的传统感到失望。维特根斯坦就是持这种态度的典型之一，于是他从哲学观上发起变革。在《逻辑哲学论》中，维特根斯坦直截了当地指出，哲学主题应该被消解，"哲学中正确的方法是：除了可说的东西，即自然科学命题——也就是与哲学无关的某种东西之外，就不再说什么"①。维特根斯坦认为，哲学不应有自己的问题和命题，哲学只不过是揭示科学命题之意义以及揭示形而上学命题之无意义的一种分析的活动而已。后期维特根斯坦则从"日常语言"的角度展开分析，但是对于哲学的基本态度并没有变，只不过换了个角度去宣扬他的哲学观，比如，他认为"哲学是针对借助我们的语言来蛊惑我们的智性所做的斗争"，哲学的目的是"给苍蝇指出废除捕蝇瓶的出路"。② 哲学活动最后应达到完全的明晰性，但"这不过意味着哲学问题应当完全消失"；如果哲学有什么真正发现的话，那只是"使我能够做到只要我愿意我就可以打断哲学研究——这种发现给哲学以安宁"。③ 维特根斯坦还说："没有单独一种哲学方法，但确有哲学方法，就像有各式各样的治疗法。"④ 这种"治疗性哲学"旨在通过消除哲

---

① 〔奥〕路德维希·维特根斯坦：《逻辑哲学论》，贺绍甲译，商务印书馆，1996，第104页。
② 〔奥〕路德维希·维特根斯坦：《哲学研究》，陈嘉映译，上海人民出版社，2005，第55、120页。
③ 〔奥〕路德维希·维特根斯坦：《哲学研究》，陈嘉映译，上海人民出版社，2005，第60页。
④ 〔奥〕路德维希·维特根斯坦：《哲学研究》，陈嘉映译，上海人民出版社，2005，第60页。

学问题来治疗"哲学病"，哲学问题被消解之后哲学将不复存在，"哲学病"被治愈后不再有职业哲学家。所以他一再劝导他的学生不要从事哲学研究工作，他本人也在以为自己解决了所有哲学问题之后彻底放弃哲学而去从事小学教师工作。维特根斯坦对分析哲学的形成和发展产生了深远影响。他的《逻辑哲学论》被维也纳学派奉为经典，有力地推进了人工语言分析的发展，这经过石里克、卡尔纳普等人的努力而最终发展成强大的逻辑经验主义运动；后期《哲学研究》的主要思想启示了日常语言学派，推进了日常语言分析的发展，并使整个分析哲学在 20 世纪 50 年代之后进入了一个新的阶段。

在维特根斯坦这里，哲学主题、目的任务、哲学方法、哲学价值、哲学形态等诸多方面都发生了根本性转换；反形而上学是其主线，的确可以说维特根斯坦实现了"哲学的革命"。在这个意义上，维特根斯坦和马克思具有相似性。这也是本书的立论基础。

（二） 维特根斯坦哲学不是"革命的哲学"

在维特根斯坦看来，解决一切哲学问题的根本出路在于改变以往的思维方式："要想解决哲学问题，我们就必须改变我们的立足点，改变我们古老的思维方式。如果我们不能做到这点，我们就休想解决哲学问题。"[①]维特根斯坦甚至还深刻地看到，哲学家的疾患不是在哲学领域内能治疗的，因为哲学家的问题也是时代的疾患，不仅仅是思维方式转换的问题。他指出："属于一个时代的疾患需要通过人们的生活方式的转换来医治。因而哲学问题造成的疾患只能通过思维方式和生活方式的转换，而不能通过某个人所发明的药物来加以医治。"[②] 能够看到这一点，已经不简单。但遗憾的是，维特根斯坦最终没能挣脱时代与阶级给他的枷锁，他的哲学革命本身必然存在难以克服的局限性，以至于他没能够跳出哲学去现实世界

---

① Ludwig Wittgenstein, *Sein Leben in Bildern und Texten*, B. McGuinness ed., Frankfurt am Main, 1983, S. 340.

② Ludwig Wittggenstein, *Bemerkungen über die Grundlagen der Mathematik*, Frankfurt am Main, 1994, S. 132.

中寻找"良方"，把解决现实危机的希望寄托在哲学的语言分析层面，希望通过对哲学语言的语形分析或语用分析来消除哲学问题，这就注定无法真正"改变世界"。维特根斯坦一辈子都致力于消除哲学问题，但是只是在思辨性倾向的语言领域进行。

任何一种"革命的哲学"，首先必须具有对现存不合理的国家政治制度进行全方位批判乃至颠覆的理论勇气与魄力，其次必须诉诸具体的革命实践活动。而维特根斯坦没能做到这两点，他只不过是在逻辑和语言的世界里遨游而已。他运用数理逻辑技术作为哲学分析的工具，对哲学语言的确做到了精确细致的分析，也在很大程度上解构了很多哲学难题。但是必须指出，维特根斯坦在语言王国的分析活动和语言游戏，本质上都没有脱离学院派哲学的风格与倾向。在语言、逻辑与实践方面，马克思很早就有深刻的认识。在《德意志意识形态》中，马克思一针见血地指出，"'精神'从一开始就很倒霉，注定要受物质的'纠缠'"①。这里的物质实际上是特指，专指语言。在马克思看来，其实伴随着语言的产生，意识也同样存在了，而这两者正是"由于需要，由于和他人交往的迫切需要才产生的"。② 马克思对青年黑格尔派的"语言革命"的滑稽之处的批判，对于我们看待维特根斯坦等人的语言哲学的重要性也具有一定的参考意义。马克思指出："既然这些青年黑格尔派认为，观念、思想、概念，总之，被他们变为某种独立东西的意识的一切产物，是人们的真正枷锁，就像老年黑格尔派把它们看作是人类社会的真正镣铐一样，那么不言而喻，青年黑格尔派只要同意识的这些幻想进行斗争就行了。"③ 根据青年黑格尔派给出的前提和逻辑，我们可以推出人们之间的关系、人们的一切举止行为、人们受到的束缚和限制，实际上归根结底都是意识的产物，那么在他们看来如果想要摆脱这种束缚和限制就只有通过一种完全合乎逻辑的道德要求，即"用人的、批判的或利己的意识来代替他们现在的意识"④。刨根究底，改

---

① 《马克思恩格斯全集》第 3 卷，人民出版社，1960，第 34 页。
② 《马克思恩格斯全集》第 3 卷，人民出版社，1960，第 34 页。
③ 《马克思恩格斯选集》第 1 卷，人民出版社，1995，第 65 页。
④ 《马克思恩格斯选集》第 1 卷，人民出版社，1995，第 65~66 页。

变意识实际上就是换一种方式"来解释存在的东西",也可以说是"借助于另外的解释来承认它"。通过这样的梳理我们就可以说,青年黑格尔派内里还是老一派的、保守的东西,他们颠来倒去实质上只是"为反对'词句'而斗争",即他们反对的绝对不是"现实的现存世界"。①

任何一个具体的实践离不开实践的主体,所以"革命的哲学"必须武装群众,才能转化为现实的物质力量。维特根斯坦没有做到这一点。如果说传统哲学只诉诸精神的思辨活动的话,那么维特根斯坦所诉诸的就是语言的力量。他是为哲学而哲学,哲学在他那里既是目的又是手段,因而没能使哲学深入实践,尤其是深入广大人民的现实革命行动中去"武装"群众。换句话来讲,他是重逻辑而轻实践。逻辑是他的手术刀,离开了实践,特别是离开了革命人民的革命实践的逻辑或语言,绝对不可能成为摧毁或轰炸现存不合理社会制度的"炸药"。

二 马克思哲学既是"革命的哲学"又是"哲学的革命"

(一)马克思哲学是"哲学的革命"

从哲学观、哲学主题、哲学方法、哲学形态等来看,马克思哲学都发生了革命性的变革。马克思的哲学革命是对德国古典哲学的反叛,他通过对黑格尔哲学、费尔巴哈哲学的深刻批判,通过对资本主义社会全面深刻的剖析而实现,揭示了资本主义社会的发展规律以及整个人类历史的发展规律。马克思坚持主张,"观念的东西不外是移入人的头脑并在人的头脑中改造过的物质的东西而已"②。与宗教、道德、政治和法类似,哲学不是永恒存在的,而是属于各个时代的社会意识。换言之,哲学也是在意识形态演进过程中发展的。如果产生哲学或哲学所属的社会制度不存在了,那么哲学也就不可能存在。人类在改变自己的现实生活的同时也"改变着自己的思维和思维的产物"③。

---

① 《马克思恩格斯选集》第 1 卷,人民出版社,1995,第 66 页。
② 《马克思恩格斯全集》第 23 卷,人民出版社,1972,第 24 页。
③ 《马克思恩格斯选集》第 1 卷,人民出版社,1995,第 73 页。

马克思指出:"德国哲学从天国降到人间;和它完全相反,这里我们是从人间升到天国。这就是说,我们不是从人们所说的、所设想的、所想象的东西出发,也不是从口头说的、思考出来的、设想出来的、想象出来的人出发,去理解有血有肉的人。我们的出发点是从事实际活动的人,而且从他们的现实生活过程中还可以描绘出这一生活过程在意识形态上的反射和反响的发展。"① 马克思把哲学赖以存在的基础"从思想世界降临到现实世界,也就把哲学的阿基米德点从虚幻的思想、观念之中拉回到现实的人的感性活动、实践之中","使哲学思维方式从现成论到生成论转变"。②

(二) 马克思哲学是"革命的哲学"

本书后面的论述将证明,从哲学的主体、目的、任务、价值、影响等来看,马克思的哲学革命,把以往只限于象牙塔、学院或书斋里的"精神贵族"思辨游戏的哲学,成功地改造成为图谋现实解放的广大无产阶级和劳苦大众的精神武器,使得经马克思哲学武装后的无产阶级能够成功地摧毁现存的全部不合理的制度,从而实现全人类的解放。

为什么要实现这个转变?因为哲学面临着深刻的危机,正如无产阶级面临严重的生存危机一样。"哲学危机一定是时代危机的表现。批判哲学,必须批判哲学生存的现实;消灭哲学,必须消灭哲学依附的制度。只有解决产生哲学的现实的问题,哲学问题才能得到真正的解决。"③ 既然哲学危机不可能在哲学领域内解决,那么只有在现实领域中去寻找适当路径。马克思是通过"诉诸革命的实践"来最终消除哲学危机。这样,马克思彻底否定了"重建本体论"或"本体论转向"之类没有实践意义的思辨路向,根本性地超越了以往哲学家仅仅在思辨领域、精神世界里通过"解释世界"来变革哲学的种种企图,而且把解决哲学问题的任务交给无产阶级的革命实践,"哲学把无产阶级当作物质武器","无产阶级把哲学当作精神

---

① 《马克思恩格斯选集》第 1 卷,人民出版社,1995,第 73 页。
② 崔唯航:《马克思哲学革命的存在论阐释——从理论哲学到实践哲学》,中国社会科学出版社,2005,第 3~5 页。
③ 张汝伦:《马克思的哲学观和"哲学的终结"》,《中国社会科学》2003 年第 4 期。

武器"。马克思真正实现了哲学的革命，把哲学变成改造社会的真正革命的武器。在马克思看来，只有在现实中实现哲学，才能消灭哲学。所以，在马克思这里，哲学已经是"革命的哲学"，正如柯尔施所说，马克思哲学"是一种革命的哲学，它的任务是通过在一个特殊领域——哲学里战斗来参与在社会所有领域中进行的反对现存秩序的革命斗争"①。利用哲学这个精神武器，马克思从宗教、政治、经济等层面对资本主义社会制度展开全面深刻的批判，用他毕生的心血去论证"无产阶级和全人类的解放"的必要性与可行性，并通过革命实践去探索"改变世界"的现实的革命路径。

作为致力于无产阶级和全人类解放的革命家，马克思认为"在实践方面，共产党人是各国工人政党中最坚决的、始终起推动作用的部分；在理论方面，他们胜过其余无产阶级群众的地方在于他们了解无产阶级运动的条件、进程和一般结果"②。

马克思从事革命理论研究，完全是出于历史的责任感，出于对无产阶级解放的迫切愿望，所以马克思首先是一个"革命家"，其次才是"理论家"或"思想家"。作为"革命家"，他积极参加并领导无产阶级的革命斗争，是各国工人政党中最坚决的、始终推进运动前进的主体。而作为"理论家"或"思想家"，他给自己设定的主要任务就是洞察资本主义社会的规律，揭露无产阶级受压迫与剥削的根源，揭露资产阶级剥削工人的秘密，为"无产阶级运动的条件、进程和一般结果"作理论论证和思想准备。

在笔者看来，维特根斯坦实现了一场"哲学的革命"，开启了西方现代哲学发展的新路向；而马克思则开启了基于辩证唯物主义和历史唯物主义的革命实践，革命实践作为其"交往实践"的核心要义。革命是贯穿马克思全部思想的主线，他把哲学主题从精神王国的"思辨哲学"转变为现实世界的"革命实践哲学"，使哲学功能从"解释世界"向革命性地"改变世界"转变，使哲学主体从职业哲学家到无产阶级等劳苦大众转变。所以，马克思不仅在更具现实性的基础上实现了"哲学的革命"，而且为无

---

① Karl Korsch, *Marxism and Philosophy*, NLB, 1970, pp. 75-76.
② 《马克思恩格斯选集》第 1 卷，人民出版社，2012，第 413 页。

产阶级和整个人类的解放事业创造了强大无比的精神武器——"革命的哲学"。

三　马克思哲学革命和维特根斯坦哲学革命的后续影响

（一）维特根斯坦哲学革命的影响

维特根斯坦哲学对当代西方哲学的发展所产生的影响是广泛的、深远的。他是当代西方哲学史上最有影响的、最重要的哲学家之一，也是当代分析哲学的首创者之一。其影响主要表现在以下几个方面。

1. 维特根斯坦对哲学观的全新阐释，开辟了西方哲学的道路

维特根斯坦认为对语言的误解是传统哲学问题产生的根源，通过语言分析可以解决和消除传统哲学问题，因而他指出"哲学不是一种学说，而是一种活动"，并为之做了不懈的努力。在《逻辑哲学论》中，维特根斯坦认为哲学是对思想和语言的逻辑进行说明的活动；在《哲学研究》中，哲学被规定为一种对日常语言的用法进行描述的活动，在维特根斯坦看来，只有用描述的方法，哲学才不会陷入混乱，才能走上正确的发展道路。

维特根斯坦主张通过"语言批判"来解决传统哲学问题，不管他的主张能不能治愈哲学"疾病"，但是他提出了与传统哲学完全不同的考虑问题和研究问题的方式，拓宽了哲学的研究领域和人们的研究视野，从而极大地推动了哲学研究的发展。维特根斯坦认为，传统哲学的混乱是由语言的误用造成的。所以，维特根斯坦在前期主张逻辑语言分析，倡导并推动了逻辑经验主义运动的蓬勃发展；在后期，他提出"不要想，而要看"，号召人们从形而上学的迷雾中迷途知返，回到清楚明白、单纯简洁的日常生活的世界里来。"语言游戏说"是他治疗传统哲学疾病的处方，借助日常语言的用法，主张在语言的实际使用中研究语言的意义。哲学的任务是纠正语言的形而上学用法、消除传统哲学的混乱，并且促成日常语言学派的产生与发展。

维特根斯坦对哲学的性质和任务的全新阐释，是西方哲学史上的一次

革命性的变革，预示着现代西方哲学发展的新道路。

2.《逻辑哲学论》极大推进了逻辑实证主义的发展

维特根斯坦前期哲学从根本上影响了第二次世界大战期间流行于欧洲的逻辑原子理论和逻辑实证主义。其前期代表作《逻辑哲学论》被20世纪一个重要的哲学流派——维也纳学派奉为经典，被该派逐字逐句地讨论和分析。维也纳学派的许多重要论断或者是直接来源于维特根斯坦，或者是对维特根斯坦的观点的进一步发展，主要体现在：对哲学的任务和目的进行重新界定，指出哲学不是一种学说，而是对命题进行逻辑分析的活动；提出形而上学命题是无意义的；探讨意义的证实问题；等等。

3."语言游戏说"促进了日常语言学派的发展

"语言游戏说"打破了以往的哲学研究中的本质主义倾向，转向了对现实的具体讨论，将语言视作一种人类基本实践活动，认为语言的具体意义应该放到具体的实践中去考察，受到具体语言环境的影响。维特根斯坦的"语言游戏说"拓宽了语言分析的领域，使得分析哲学由对语言的逻辑语形分析走向了对语言的语用分析。后期维特根斯坦的语言转向对语言哲学的发展产生了巨大的、举足轻重的影响，牛津学派的奥斯汀创立的"语言行为说"就是对维特根斯坦的"语言游戏说"的继承和发展。英国著名哲学家艾耶尔曾指出："维特根斯坦以及维也纳学派指出一个观点，认为哲学家们由于不了解他们所使用的语言的作用，从而滥用了语言，所以莫名其妙地感到困惑，并且有时进行无意义的议论，奥斯汀认真地吸取了这些观点。……他相信，对一种自然语言，比方说英语的某些表达式的日常使用方式进行艰苦的研究具有肯定的价值。"① 在维特根斯坦用日常语言分析方法对语言用法进行描述的基础上，奥斯汀主张对日常语言进行透彻分析，对各种用法加以系统的和细微的分类。他认为，对语言用法的分类就是对言语行为的分类，因为说话就是做事，语言本身包含着行动的力量，因此，不同的说话方式可以表示不同的事情。他把说话的力量称作"语旨

---

① 〔英〕艾耶尔：《二十世纪哲学》，李步楼等译，上海译文出版社，1987，第267页。

力"，根据不同的语旨力，言语行为可以分为三类：表达语意行为、完成语旨行为、取得语效行为。总之，维特根斯坦后期语言哲学观点对其后语言哲学的研究产生了深远影响，因为维特根斯坦后期语言哲学研究的重点在日常语言方面，因此，后期维特根斯坦哲学对后来语言哲学的研究影响深远，这也是一段时间内语言哲学研究的共同之处。

4. 对现当代西方哲学产生深远影响

第一，维特根斯坦的哲学观对西方现当代哲学领域影响很大。维特根斯坦对哲学持否定态度，他的哲学其实已经呈现"非哲学"的特质。无论是前期还是后期，维特根斯坦都认为几乎所有哲学问题都是伪问题，或者至少是被不正当的思维搞成了伪问题，因此，哲学的工作就是对思维方式进行治疗，或者干脆就是对哲学自身进行治疗。这种哲学观念，在西方哲学界迄今仍有广泛市场。

第二，维特根斯坦哲学的方法对后来影响很大。维特根斯坦的哲学是"解构性"哲学，恰恰符合后现代主义的胃口。维特根斯坦"语言游戏"概念，几乎成为所有"后现代"哲学家用以"解构"现代哲学思维方式的"万能武器"。就在维特根斯坦逝世后不久，利奥塔在《后现代状况》①中，运用维特根斯坦的"语言游戏"概念"解构"自西方启蒙运动以来的"宏大叙事"，"其目的是在消解哲学、科学叙事极权统治的同时对其他各种各样的'小叙事'提供存在的合法性"②。正是利奥塔《后现代状况》一书的出版，使"后现代主义"一词第一次出现在哲学中，利奥塔由此被称为"后现代主义之父"，而维特根斯坦则被利奥塔、福柯、德里达等人尊称为"后现代"思想的先驱和鼻祖。值得一提的是，20 世纪 70 年代兴起的"分析学派马克思主义"就是借鉴维特根斯坦哲学方法的典型，他们模仿维特根斯坦，运用现代数学、数理逻辑和模型分析等手段来研究马克思主义理论。

---

① *La Condition postmoderne*: *rapport sur le savoir*, paris: Editions de Minuit, trans. by G. Bennington and B. Massumi, 1979; *The Postmodern Condition*: *A Report on Knowledge*, Minneapolis, MN: University of Minnesota Press, 1984.

② 刘放桐主编《现代哲学的变更与后现代主义和西方马克思主义》，华东师范大学出版社，2016，第 341 页。

当然，也有人指出，维特根斯坦哲学是"叫好不叫座"，虽然人们不断称赞这种惊人的看法是多么深刻，但实际上不愿意接受它。人们可能会觉得，接受这样冷酷的革命未免会失去太多而又得不到补偿。①

5. 为划清哲学与科学的界限提供了一种思路

哲学与科学的关系问题由来已久。近现代的许多哲学家没有认识到哲学和自然科学纠缠在一起，陷入了无法自拔的困境。维特根斯坦认为，正是因为传统哲学家没有把哲学和科学区分开来，传统哲学才陷入困境。因此，他坚持把科学和哲学完全区分开。在《逻辑哲学论》中，他认为："哲学不是自然科学之一。（'哲学'一词所指的东西，应该位于各门自然科学之上或者之下，而不是同它们并列）。"② 在后期哲学中，维特根斯坦界定了"说明"方法和"描述"方法的差别，认为这就是科学方法和哲学方法的对立。"说明"的目的是改造，哲学家研究语言是为了解决哲学问题、澄清思想，而不是改造语言。他一再声称哲学不是科学，哲学在分析语言时不能运用科学研究的方法，因为哲学要通过分析语言的方法来展示各种各样的思维模式，而不能局限在科学思维模式中。在维特根斯坦看来，把科学的模式或方法用于哲学研究，势必会导致人们使用某种僵化的、刻板的思路或模式对待丰富多彩的日常生活，缺乏对语言的"全貌概观"，这恰恰是哲学病产生的一个主要原因。维特根斯坦对哲学与科学关系的界定，为人们把握科学与哲学的界限，提供了一种全新的思路。

（二）马克思哲学革命的影响

马克思哲学与人类思想史上的其他哲学的根本区别，就在于马克思把哲学的"阿基米德点"建立在"交往实践"之上，把他的交往实践唯物主义作为武装无产阶级的"精神武器"，把无产阶级作为"改变世界"的"物质武器"，以实现无产阶级和全人类的解放和全面自由的发展。这是马克思哲学革命的伟大意义所在，也正是因为这样，才产生了广泛而

---

① 赵汀阳：《维特根斯坦的"思想传统"》，《开放时代》2001 年第 3 期。

② 〔奥〕路德维希·维特根斯坦：《逻辑哲学论》，贺绍甲译，商务印书馆，1996，第 48 页。

深远的影响。

1. 马克思哲学引领了轰轰烈烈的共产主义运动

19 世纪上半叶，欧洲工人运动日益高涨，但是法、英、德三国工人运动都遭到失败，其中的重要原因就是缺乏正确理论的指导，以及以科学社会主义理论为指导的无产阶级革命政党的领导。以马克思主义为理论成果的马克思哲学革命就致力于填补这项空白。马克思努力把自己的哲学和无产阶级的革命运动结合起来，并为建立这样的党开展了大量的宣传和组织工作。1847 年 6 月，"正义者同盟"在伦敦举行第一次代表大会，根据马克思提议改名为"共产主义者同盟"（"第一国际"）；1847 年 11 月 29 日至 12 月 8 日共产主义者同盟在伦敦举行第二次代表大会，审查并批准马克思、恩格斯起草的《共产党宣言》，确定"推翻国际资产阶级，建立无阶级、无私有制的新世界"的革命目标，号召"全世界无产者联合起来"，标志着国际共产主义运动的兴起。从此，共产主义者同盟便以世界上第一个无产阶级政党的崭新面貌和战斗姿态，出现在国际阶级斗争的政治舞台上，开展轰轰烈烈的共产主义运动。

马克思去世之后，1889 年 7 月 14 日在恩格斯领导下召开国际社会主义者代表大会（"第二国际"成立），来自 22 个国家的 393 名代表齐聚巴黎，李卜克内西、倍倍尔、瓦扬、拉法格等 27 人组成大会主席团，主要讨论了国际劳工立法，工人阶级的政治、经济斗争任务，通过了以每年 5 月 1 日作为"国际劳动者节日"的决议。"第二国际"运动的主要政治产物是当今欧洲各国政治中仍然活跃和活动着的左翼政党——社会民主党、社会党和工人党（如英国工党）。1920 年在瑞士伯尔尼大会上，"第二国际"更名为"工党及社会党国际"。这个组织直到今天仍存在着，截至 2007 年 6 月，工党及社会党国际有各类成员党和组织约 161 个，是当今世界上最大的国际性政党组织。此外，活动于欧盟议会的欧洲社会党，也是社会党国际联盟的组织之一。

"20 世纪的社会主义运动，是在马克思主义指导下进行的，在苏联执政的是马克思主义政党，所有的社会主义都宣布效忠于马克思、效忠于马克思的理论。马克思的理论、著作被广泛印发、宣传，马克思的论断被作为真理广泛应用。"① 1919 年 3 月，列宁创建"第三国际"，在莫斯科召开了国际共产主义代表会议，来自 21 个国家的 35 个政党和团体的 52 名代表参加。十月革命胜利之后的几十年里，以苏俄（苏联）共产党为首的各国共产党纷纷取得执政权，形成了一个强大的社会主义阵营。直到今天，以中国为代表的社会主义国家在社会主义事业建设中取得巨大成就，一直都是以马克思主义理论为行动指南的。

这些事实，充分证明了马克思哲学革命的后续影响力是何等深远。这一方面是由马克思哲学的阶级立场决定的，另一方面是因为马克思主义哲学是一种世界性的哲学，它打破了以往哲学"民族性"的壁垒，不再是面对世界的一般哲学，而是面向整个世界的哲学。而维特根斯坦等人的现代西方哲学，从一开始就是作为一种"学院派哲学"的面貌出现的，完全是一种"精英哲学"，无普及之意，也难以普及，脱离了人民大众，必然导致现代西方哲学不可能像马克思哲学那样在世界范围内、长时间受到欢迎和追捧。

2. 刺激了资本主义社会的发展

马克思哲学革命及发展起来的马克思主义，不仅对于无产阶级的革命事业和社会主义事业具有重大的理论指引作用，而且对于资产阶级反观资本主义社会也具有重要的借鉴作用，正如英国学者梅格纳德·德赛所说："马克思不是资本主义的朋友，但他是它最优秀的学生。他毕生 65 年的大部分时间都在致力于研究资本主义的动力，并发现这些力量将最终导致资本主义的灭亡和被共产主义取代。"② 马克思的一生并不致力于建设完备的哲学体系，而是希望通过确立正确的哲学理论以指导无产阶级革命，因此马克思哲学对于整个人类历史进程都具有十分重大的影响和深远的意义。这种影响表现在方方面面：其一，马克思哲学革命不仅对共产党执政的社会主义国家，而且对非共产党执政的资本主义国家产生了重大的影响；其

---

① 〔英〕梅格纳德·德赛：《马克思的复仇：资本主义的复苏和苏联集权社会主义的灭亡》，汪澄清译，中国人民大学出版社，2006，第 7 页。

② 〔英〕梅格纳德·德赛：《马克思的复仇：资本主义的复苏和苏联集权社会主义的灭亡》，汪澄清译，中国人民大学出版社，2006，第 4 页。

二，马克思哲学革命的作用"不仅表现在经济文化落后的发展中国家，也表现在经济文化先进的发达国家"①。即便在非社会主义国家，马克思主义的影响力仍然不容小觑。我们现在熟知的、国际声誉极高的西方哲学、社会学等各个领域的专家学者都直接、间接地同马克思有关联，甚至有不少人直接被称为马克思主义者。美国的马尔库塞、法国的萨特、意大利的葛兰西等，都被指认为"西方马克思主义者"；当今国际上最具影响力的思想家，如法国的德里达、英国的吉登斯、美国后现代主义代表人物詹姆逊等，都在相当程度上对马克思的思想持肯定态度，有的甚至被认为是西方的"马克思主义者"。

马克思在西方国家具有如此深远的影响力，原因主要可以归结为四点。其一，马克思理论的准确预测力。比如他对资本主义的预测，早在1848年，马克思就看到了资本主义难以置信的生产活力和革命潜力。在《共产党宣言》中，他看到并充分肯定了资本主义的全球化性质，指出："不断扩大产品销路的需要，驱使资产阶级奔走于全球各地。它必须到处落户，到处开发，到处建立联系"，"资产阶级，由于开拓了世界市场，使一切国家的生产和消费都成为世界性的了……挖掉了工业脚下的民族基础"，"过去那种地方的和民族的自给自足和闭关自守状态，被各民族的各方面的互相往来和各方面的互相依赖所代替了"，② 取而代之的是各个民族的普遍交往。马克思逝世100多年之后的资本主义发展历程充分证明了这一点。再比如，马克思对资本主义经济危机也作出了令人惊叹的预测，以至于2007年美国次贷危机引发的金融危机爆发后，《资本论》在欧美国家成为最畅销的书籍。其二，马克思哲学所提供的方法。马克思哲学革命产生了一系列新的方法论，不论是辩证唯物主义的方法论，还是理论联系实际的方法论，不论是历史唯物主义还是阶级分析方法，都对后来的社会学研究、历史研究产生了深远影响，不仅在人文社科领域，甚至在自然科学领域都极具解释力。对于科学研究和社会分析，对于党的建设和社会治

---

① 〔英〕梅格纳德·德赛：《马克思的复仇：资本主义的复苏和苏联集权社会主义的灭亡》，汪澄清译，中国人民大学出版社，2006，总序第1页。

② 《马克思恩格斯选集》第1卷，人民出版社，1995，第276页。

理，都是很有针对性的方法论工具，至今仍有着很强的生命力。西方资本主义国家的学者，比如熊彼特、凯恩斯和哈耶克等，深入研究马克思的理论与方法，并运用这些方法致力于研究资本主义的局限，寻找资本主义的替代方案。马克思的理论，客观上刺激了"国家调控经济""福利国家"等政策的出台，对于资本主义国家制定改良政策具有重要借鉴作用，在一定意义上使得社会主义与资本主义不断趋同。其三，马克思主义理论在实践中的成功，也增加了马克思理论本身的吸引力。马克思站在全世界受剥削压迫阶级的立场上，主张人的自由全面发展，要求实现全人类的解放，实现自由人的联合体，这即便在今天也具有进步意义，是我们追求的伟大理想。

3. 冲击并影响了资本主义的意识形态

马克思的哲学革命，本质上就是批判资本主义弊端的产物。自始至终，马克思哲学对这个世界的剥削、压迫、贫富分化等不公平现象予以深刻揭露，对资产阶级的意识形态予以无情批判。如果说 1848 年《共产党宣言》发表之时，共产主义还只是一个在欧洲游荡的"幽灵"的话，那么 20 世纪中叶开始，共产主义绝对已经成为一股强大的现实的政治力量，无论是在舆论与意识形态层面，还是在现实的国家政权方面，都对资本主义形成强大的高压态势。两大阵营的形成与较量，在一定程度上可以说是马克思主义"幽灵"对资本主义意识形态的全面冲击。据统计，仅 1992～1993 年，法国就出版了至少三部研究马克思主义的专著，掀起一股重新阅读、评价马克思思想的浪潮。1995 年 9 月，法国《当代马克思》杂志社发起召开了"国际马克思大会"，吸引全世界上千名学者参加会议，法国主要报纸《人道报》和《解放报》分别以《马克思引起了轰动》《马克思没有死》为标题进行公开报道。1998 年 5 月，世界各地近千名学者云集巴黎，纪念《共产党宣言》问世 150 周年，再次引发对马克思主义的广泛关注。1999 年，英国广播公司在网上开展"千年最伟大思想家"评选活动，马克思得票名列榜首，超过爱因斯坦的得票数。2005 年 7 月，英国广播公司第四电台举办全球最伟大哲学家评选活动，马克思在前二十强中独占鳌头，得票率高达 27.93%，远远超过第二名的苏格兰哲学家休谟。

正如梅格纳德·德赛在《马克思的复仇：资本主义的复苏和苏联集权

社会主义的灭亡》一书所指出的那样，马克思主义的诞生不仅仅是"造就一批声誉卓著的国际著名学者"，更重要的是马克思主义对于当代西方社会科学的重大影响，一方面马克思主义的诞生催生了许多"新的学术流派"，另一方面实现了社会科学的变革与发展，并"开拓了新的社会科学分支学科"。① 第二次世界大战之后，泛滥于资本主义社会的各种社会思潮粉墨登场。诸如自由主义、"宪政民主"、"普世价值"、新自由主义、新马克思主义等影响甚大。所谓新马克思主义，是在经典马克思主义的直接影响下产生的，是经典马克思主义在当代发达资本主义国家的变种，它本质上是西方国家对马克思主义新的解读，是西方资本主义国家的学者站在资本主义角度对马克思主义的新的解释，由此可见马克思主义在当代的巨大影响力。在人文社会科学的各个主要领域，出现了所谓的"新马克思主义经济学""新马克思主义政治学""新马克思主义社会学"等，它们的产生与马克思主义有着深刻的渊源关系。②

西方发达资本主义国家内部出现的西方马克思主义理论流派，借用马克思哲学的方法与工具，站在资本主义的前沿阵地，对资本主义的新情况、新问题展开各种形式的研究与批判。他们批判的话语形式，甚至批判的立论根据，都是马克思的思想。萨特就赞扬马克思哲学是"当代唯一不可超越的哲学"，他所指的主要是历史唯物主义；而哈贝马斯则提出了"重建历史唯物主义"的要求。凡此种种理论现象都表明，当代西方思想（主要是欧陆哲学中），仍然在历史唯物主义面前觉察到了自身的某种空缺。因此，产生于 19 世纪的马克思哲学，即辩证唯物主义和历史唯物主义，仍然是当代西方思想中的强有力的对话者和参与者，依然具有强大的生命力和广泛的影响力。

---

① 〔英〕梅格纳德·德赛：《马克思的复仇：资本主义的复苏和苏联集权社会主义的灭亡》，汪澄清译，中国人民大学出版社，2006，总序第 1 页。
② 〔英〕梅格纳德·德赛：《马克思的复仇：资本主义的复苏和苏联集权社会主义的灭亡》，汪澄清译，中国人民大学出版社，2006，总序第 1 页。

第二章 语言观变革视角中的马克思哲学革命

马克思深入考察分析了资本主义社会存在的两对基本矛盾：生产力和生产关系、经济基础和上层建筑之间的矛盾。哲学作为上层建筑的一部分，它的产生和发展与生产力和生产关系的发展息息相关，受社会政治、经济、文化条件制约和影响。不仅如此，哲学的发展还是对前人思想的扬弃和继承，马克思哲学就是在这样的基础上发展起来的。从众多哲学家、思想家的论述中可以得知：马克思哲学是在德国古典哲学、英国古典政治经济学、英法空想社会主义的思想基础上发展而来的，在这一过程中，马克思还展开了对康德、黑格尔和费尔巴哈等人的批判和超越。马克思通过对宗教、政治、经济的批判，建立起了以交往实践为主轴的"辩证唯物主义"和"历史唯物主义"，论证了人类最终走向全面而自由发展的新阶段。马克思语言观就是在这一条件下诞生的。

马克思对西方传统哲学的革命，既是一场"政治革命"，又是一场"话语革命"。从话语变革的视角看，西方传统哲学史是形而上学话语的发展史，马克思的哲学话语革命就是对西方传统哲学话语的根本性颠覆和改造。马克思从社会实践出发，将西方传统哲学的纯思辨逻辑转变为实践服务的现实逻辑，将哲学这一理论与社会实践相结合；从话语功能看，马克思超越了以往西方哲学单纯"解释世界"的意义，将西方传统哲学解释世界的话语转变为改造世界的话语。

第一节 宗教批判、政治批判
与经济批判

一 马克思哲学革命的起点——宗教批判

（一）马克思宗教批判的历史背景

马克思所处历史时代的德国处于普鲁士政府统治之下，普鲁士王国通过强大的军事力量统一了德国。在工业革命的影响下，欧洲主要的国家为推动资本主义发展，确立了资产阶级革命的总论调，英法等国范围内的反对封建主义和反对君主专制的斗争纷纷取得了胜利。而德国由于深受封建专制的束缚，在英法等国先后进入资本主义工业大生产的浪潮中时，不论是在政治上还是经济上都远远落后于其他国家。封建专制政府为巩固自己的统治地位，通过宗教将自己的统治神化，认为"宗教是这个世界的总理论，是……它的道德约束，它的庄严补充，它借以求得慰藉和辩护的总根据"①。

1. 德国的社会经济状况

18 世纪末，西欧资本主义国家的机器大生产高度发展，以英法为首的资本主义国家早已摆脱了行会制度的束缚，但德国由于政治经济极度落后仍然被行会所控制，这种落后的社会制度导致任何先进的思想和生产方式在落后的德国都寸步难行。阶级局限性及生产力落后，造成了德国资产阶级最终屈服于封建势力，至于处在社会最底层的无产阶级和农民群众更无力抵抗封建势力的剥削与压迫。虽然其中不乏会有部分地区的农民起义爆发，例如 1524 年就爆发了大规模的农民战争，但最终由于农民阶级的落后软弱和封建专制势力的强大，起义很快就被镇压下去。马克思和恩格斯为协助德国社会底层劳动人民获得解放，试图将分散在各地的工人群众团结起来，建立一个具有宏观影响力的全国性政治组织，从而扩大农民起义的

---

① 《马克思恩格斯选集》第 1 卷，人民出版社，2012，第 1~2 页。

实力和影响力。但是德国经济上落后、政治上分散的社会状况使得工人阶级的思想和行动还很不成熟，他们中绝大多数是为资产阶级服务的手工业劳动者。封建社会的强大、资产阶级自由派的背叛以及德国社会的政治经济落后状况，使得 1848 年德国革命以失败告终，此后无产阶级运动长期处于低迷状态。

2. 德国社会理念发展不成熟

从 16 世纪开始，欧洲基督教自上而下的宗教改革运动，荡涤了整个欧洲范围内的封建教权制度和封建势力，但是由于当时社会并没有关于宗教同政治分离的呼声，各欧洲国家也因社会状况的区别，在宗教改革方面表现出明显差异。当法国启蒙学者激烈抨击和批判教权主义时，英国的知识分子努力去调和封建势力与世俗权力的矛盾。但是，德国和英国截然相反，德国知识分子选择运用宗教来开展斗争，故而对于彼时的德国而言，任何社会文化和宗教方面的争论都是以宗教神学的形式展开的。

19 世纪初期，德国社会普遍要求恢复个人与上帝之间的联系，从而恢复个人的内在信仰，虔信主义随之复兴。"虔信主义的复兴，一方面在客观上强化了封建王权的统治，另一方面也是对启蒙理性主义、'无神'的革命共和主义和工业资本主义侵袭所造成的社会断层的一种反映。"① 德国社会这种保守、封建的转向，进一步巩固了普鲁士王权的统治，德国因此成为宗教改革和社会改革的重要阵地。在这个时代，政治、经济、文化的代表即普鲁士政府的官方语言和看法都是通过宗教神学的方式来表达的。

（二）马克思早期宗教批判的历史过程

马克思 1818 年出生于莱茵省特里尔城的一个普通中产阶级家庭，莱茵省曾经是德国社会经济最为发达的地区，深受 18 世纪末期法国大革命的影响，民主、平等等自由主义思潮盛行。与此同时，特里尔城的教堂多为宗教气息极其浓厚的罗马式或哥特式建筑，宗教思想深深植根在社会绝大多

---

① 袁芳：《马克思的宗教批判与现代性批判》，博士学位论文，复旦大学，2014，第 69 页。

数人的心中，而此时由众多思想家发起的自由主义思潮运动与传统的宗教思想之间产生了极大的冲突，这在一定程度上也为马克思日后哲学思想的形成产生了很大影响。马克思主义研究者戴维·麦克莱伦从马克思所处的社会历史条件出发，探讨分析了对马克思宗教批判思想产生影响的两大要素：一个是法国启蒙运动中理性主义的影响，另一个是德国社会的现实因素引起马克思对宗教的关注和批判。在《路德维希·费尔巴哈和德国古典哲学的终结》中，恩格斯明确指出："中世纪的历史只知道一种形式的意识形态，即宗教和神学。"① 恩格斯的这句话揭示出了马克思脱离青年黑格尔派的最后一道关卡——宗教批判。

1. 马克思在博士论文中对宗教的批判

从 1836 年到 1841 年马克思在柏林大学求学这段时期，他开始研究探索黑格尔哲学。为传播黑格尔哲学思想和扩大其影响，青年黑格尔派在柏林成立了"博士俱乐部"，马克思之后也加入其中。在和众多青年黑格尔分子的交流中，马克思从不同角度加深了对黑格尔哲学思想的理解，并且在这个探索研究过程中开始转向黑格尔唯心主义哲学。在研究过程中，马克思了解到青年黑格尔派最明显的特征就是关注人的自我意识，认为人的自我意识能够推动人们在认识世界的过程中，进一步实现改造世界的目标。这一认识对于马克思的思想影响很大，这也在一定程度上促成了马克思在他的博士论文《德谟克利特的自然哲学和伊壁鸠鲁的自然哲学的差别》中，以"自由"为前提来展开对伊壁鸠鲁哲学和整个晚期希腊哲学关系的论述。除此之外，由于在当时的德国，宗教和封建专制制度之间处于一种相互依存、相互影响的状态，封建专制制度保护宗教不被铲除，宗教为封建专制制度提供精神支撑。马克思写博士论文的一个十分重要的目的就是批判在德国社会广泛存在的宗教，"政治原则和基督教宗教原则的混淆已成了官方的信仰标志"②。因此，反对德国社会封建专制制度的斗争就是反对宗教的斗争，反过来说，反对宗教的斗争也就是反对封建专制制度的斗争。马克思巧妙地借助伊壁鸠鲁和普罗米修斯之口，表达了自己的观

---

① 《马克思恩格斯选集》第 4 卷，人民出版社，1995，第 235 页。
② 《马克思恩格斯全集》第 1 卷，人民出版社，1956，第 14 页。

点：哲学的任务不仅是认识世界，更重要的是改造世界。他借用伊壁鸠鲁的话讽刺道：“渎神的并不是那抛弃众人所崇拜的众神的人，而是同意众人关于众神的意见的人。”① 为进一步推动人类对哲学的认识，马克思对伊壁鸠鲁和德谟克利特的原子论进行了深入的分析考察，对以往哲学家将世界的本原归结为具体物质的看法表示强烈反对。在马克思看来，原子是世界的本原，原子既包括物质本身，又包括物质的形式，是集物质自身和形式的统一体，由于客观世界处于不断运动、变化和发展中，因此也就决定了物质的形式会随着客观事物的变化而呈现出能动性特征，而物质由于自身特性呈现出被动性特征，只有物质才能表现形式，这就是黑格尔的唯心主义观点。

　　一般认为，马克思的博士论文表面上是阐释伊壁鸠鲁的自然哲学和德谟克利特自然哲学的差别，实际上反映的是当时深受黑格尔哲学影响的马克思已经在理论上具备敢于破旧立新的开拓精神。而且，此时的马克思在某些方面已经明显超越了黑格尔，主要表现在以下几个方面。第一，在对待宗教的态度上。黑格尔不反对宗教，强调哲学和宗教的一致，用哲学来论证宗教，认为哲学和宗教只有形式上的差别，宗教通过表象、象征揭示永恒真理，哲学则通过范畴概念来揭示真理。而马克思则与此相反，他在博士论文中已经鲜明地阐释了坚定的无神论观点，他反对宗教，反对宗教对哲学和个人的压制，要求把人从宗教的束缚中解放出来。马克思从根本上否定了神和上帝的存在，从理性出发去批判宗教，指出因为自然安排得不好，因为无理性的世界存在，因为思想不存在，所以神能够存在。他讲道，只有自己本身是无理性的人，才会觉得世界是无理性的，在无理性的人看来神是存在的。这也就是说，无理性就是神的存在。② 第二，在宗教与现实的关系上。黑格尔强调，绝对精神既是实体又是主体，绝对观念由自己设定自己的对立面，异化为自然界，然后再扬弃它回到自身。和黑格尔不同，马克思则强调哲学在预见未来、改造世界中的作用。在这个阶段中，马克思诉诸自我意识，批判宗教，虽然深受黑格尔和青年黑

---

① 《马克思恩格斯全集》第40卷，人民出版社，1982，第189页。
② 《马克思恩格斯全集》第40卷，人民出版社，1982，第285页。

格尔派的影响，但是大大超越了他们，并且在青年黑格尔派中赢得了很高的声誉。

2. 马克思在《莱茵报》时期对宗教的批判

《莱茵报》时期，德国社会出现了众多涉及物质利益的事件，马克思在思考和评述这些事件时，在如何保障物质利益这个问题上遇到了难题，因此他开始对黑格尔的哲学观点产生怀疑。在担任莱茵报主编期间，马克思开始接触并研究现实问题。主要是关于书报检查和出版自由问题、关于林木盗窃法的辩论、关于摩塞尔河沿岸的农民的贫困问题，此外马克思还针对遇到的其他问题，写了《〈科隆日报〉第 179 号的社论》《莱比锡总汇报》《论普鲁士等级委员会》等文章。

在这段时期，通过对现实问题的关注，马克思的哲学观念逐渐摆脱书斋哲学的气息。第一，马克思看到了物质利益在历史上的作用。马克思认为，人类社会存在着不同的利益，而人们所奋斗争取的一切，归根结底都与利益密切相关。马克思甚至认为，利益决定人们的言行带有某种必然性、规律性，利益比法更有力量，在利益与法的较量中，利益战胜法的原则。第二，马克思看到了等级差别的存在，以及等级与私人利益的关系。他认为，等级是客观存在的，等级不同，精神也不同，每个特殊等级都有其特殊的等级精神，各个等级都有从其特殊的等级精神出发去对待出版自由。第三，马克思看到了法的客观性和法的本质。他指出，法律是有产者既得利益的体现，是对贫苦人民的剥夺。第四，马克思从社会中去寻找宗教的根源和消灭宗教的途径。写作博士论文阶段，马克思主要从思想上寻找宗教的根源，认为宗教是无理性的产物，[①] 认为宗教荒谬但并不否认它的客观作用，认为宗教的危害主要在于不承认自我意识的最高神性，而且认为用理性可以消灭宗教。《莱茵报》时期，马克思的思想更注重社会实际，把宗教看成普鲁士反动政权的工具，揭示普鲁士统治者所谓"宗教应当支持世俗的政权，但是世俗的政权可不要受宗教支配"[②] 这种思想的最终目的是借助人们对宗教的信仰来掩盖社会现实的不合理性。马克思对

---

① 《马克思恩格斯全集》第 40 卷，人民出版社，1982，第 285 页。
② 《马克思恩格斯全集》第 1 卷，人民出版社，1956，第 14 页。

于宗教和历史的关系具有明确的论述，他认为后者决定前者，而不是前者决定后者。马克思反对脱离政治现实来批判宗教，要求"更多地联系着对政治状况的批判来批判宗教，而不是联系着对宗教的批判来批判政治状况"①。

《莱茵报》时期的社会舆论环境，推动马克思去重新研究黑格尔的法哲学。黑格尔法哲学是为德国君主立宪制作论证的，宣称君主立宪政体是最完善的政体，反映了德国资产阶级的革命要求，同时也体现了资产阶级的保守性。之后，在《黑格尔法哲学批判》中，马克思讨论了以下四个方面：第一，市民社会与国家的关系；第二，私有财产和政治国家的关系；第三，共同体；第四，如何变革现有的社会上层建筑。其实在《黑格尔法哲学批判》中，马克思已经对黑格尔产生了怀疑，并开始批判其国家观，在这个阶段马克思还站在理性主义的立场上，从理性出发去说明问题。

二　马克思哲学革命的深化——政治批判

马克思对政治的批判，主要是对国家和法的批判。当马克思运用黑格尔的国家和法的观念为广大穷苦人民的利益进行辩护的时候，他发现国家已经与充满极端利己主义色彩的个人主义无端地纠缠在一起，因此马克思开始批判当时的"政治国家"，即批判黑格尔的国家学说。在《莱茵报》被查封之后，马克思主张筹办《德法年鉴》杂志继续同反动势力斗争。马克思为《德法年鉴》规定了"要揭露旧世界，并为建立一个新世界而积极工作"②的任务，主张"在批判旧世界中发现新世界"③。《论犹太人问题》和《〈黑格尔法哲学批判〉导言》是马克思宗教批判的两篇著作，这是他从国家和市民社会关系的角度来对宗教异化的世俗基础进行解释的初次尝试。

---

① 《马克思恩格斯全集》第27卷，人民出版社，1972，第436页。
② 《马克思恩格斯全集》第1卷，人民出版社，1956，第414页。
③ 《马克思恩格斯全集》第1卷，人民出版社，1956，第416页。

（一）马克思分析了宗教解放和政治解放

马克思认为，宗教只是政治异化的遮羞布，只是政治异化的表现，要把对宗教的批判上升到对政治、国家和法的批判。对于宗教解放和政治解放的关系，马克思在《论犹太人问题》中和青年黑格尔派进行了争论。在《〈黑格尔法哲学批判〉导言》中，马克思进一步阐释了他的宗教观。他指出："宗教是那些还没有获得自己或是再度丧失了自己的人的自我意识和自我感觉。但人并不是抽象的栖息在世界以外的东西。人就是人的世界，就是国家，社会。……宗教的苦难既是现实苦难的表现，又是对这种现实苦难的抗议。宗教是被压迫生灵的叹息。"① 在这里，马克思阐述了国家、社会产生宗教的观点，此外还论述了宗教的反动的社会作用，指出宗教是人民的鸦片，是人们关于自己处境的幻想，使人们安于自己的苦难。因此，必须消灭产生宗教的苦难世界，也只有这样才能彻底消灭宗教。由此，马克思得出结论，必须进行政治批判。他说："人的自我异化的神圣形象被揭穿以后，揭露非神圣形象中的自我异化。"② 对天国的批判下降为对尘世、现实的批判，对政治的批判。

鲍威尔认为，犹太人在德国之所以受到不公正的待遇，其根源在于宗教，犹太人要想获得解放，必须放弃对犹太教的信仰。鲍威尔认为，社会解放要通过宗教解放来实现。马克思批判了鲍威尔的错误观点，认为他不仅没有深入探讨政治解放和宗教解放的关系，而且混淆了宗教解放、政治解放和人的解放等观念。马克思对宗教解放和政治解放的关系进行说明，他认为政治解放只是资产阶级的解放，试图将宗教从社会中、国家政权体制中剔除出去，这对于推翻封建专制政权，建立进步的资本主义政权来说是一大进步。但是这种解放并没有将广大人民从资本主义的束缚中解放出来，国家承认人权只是使得资产阶级受益，而占社会人口绝大多数的劳动人民仍然被宗教束缚，这也就是说人并没有从宗教中解放出来，相反却取得了宗教自由。封建专制制度统治下的德国，犹太人遇到的首要问题不是

---

① 《马克思恩格斯全集》第1卷，人民出版社，1956，第452~453页。
② 《马克思恩格斯全集》第1卷，人民出版社，1956，第453页。

宗教解放的问题，而是没有得到政治解放、没有政治权利的问题。由此可见，政治解放与宗教解放的关系并不是包含与被包含的关系。因为封建专制国家被资本主义国家所代替，但这只是政权的更替，而非宗教的消亡。政治解放只是资产阶级的解放，只有人类解放才是摆脱私有制、摆脱压迫和剥削的彻底解放，在实现政治解放和人类解放的目标之后，才能实现宗教解放。

（二）马克思分析了政治解放和人类解放

在资本主义社会中，实现人的政治解放就是将人从资本主义的束缚和压迫中解放出来，这就需要无产阶级政党认识和把握人类社会发展的普遍规律，以实现最广大人民的根本利益为目标，通过阶级斗争和社会革命等手段，推翻资产阶级的统治，消灭私有制，进而实现共产主义。"政治解放同时也是人民所排斥的那种国家制度即专制权力所依靠的旧社会的解体。"① 在这里，马克思所讲的政治解放是立足全人类解放的高度而言的，马克思认为，无产阶级的革命斗争不仅仅是无产阶级自己的事情，更是关系到全人类的事业，无产阶级通过革命斗争最终实现的是全人类的解放。无产阶级如果不能实现解放全人类的目标，那么就无法解放自身。"被剥削被压迫的阶级（无产阶级），如果不同时使整个社会永远摆脱剥削、压迫和阶级斗争，就不再能使自己从剥削它压迫它的那个阶级（资产阶级）下解放出来。"②

在关系到人类解放和政治解放的问题上，马克思深刻地批判了政治解放的局限性，肯定了人的解放是人的彻底解放。马克思认为，政治解放与人类解放是不同的，它与宗教解放并不矛盾。国家从宗教中解放出来，并不妨碍大多数人信教，政治解放并不意味着社会冲突的自然消解，只有人类解放，扬弃异化才是人类最终的归宿、真正的解放。马克思深刻揭露和批判了政治解放的局限性和实质，认为政治革命是打倒封建专制制度，摧毁一切等级、公会、行帮和特权的革命，属于市民社会的革命范畴。马克

① 《马克思恩格斯全集》第 1 卷，人民出版社，1956，第 441 页。
② 《马克思恩格斯全集》第 1 卷，人民出版社，2012，第 380 页。

思指出，政治解放是市民社会从政治中获得解放，是市民社会的自我解放，是一定的阶级从自己的特殊地位出发使整个社会解放，是达到人类解放的一个步骤。

（三）马克思论述了如何实现人类解放

马克思认为，除了法哲学和国家哲学，德国的状况是落后于法国和英国的，德国人应该深刻批判德国的现存制度，这样才能使受现实压迫的人意识到压迫，从而激发人民的革命斗志和热情。但是即使否定了德国的政治状况，也不能使德国达到现代的水平，还需要批判德国的国家哲学和法哲学。通过批判，马克思认为，德国之所以能够实现人的高度的革命，是因为以下两点。其一，德国有一个彻底革命的理论，这个理论必然导致革命。这个彻底革命的理论以及它在实践当中的明证是：德国哲学批判的起点是宗教批判。宗教其实是人的本质异化的一种表现，因此"必须推翻那些使人成为受屈辱、被奴役、被遗弃和被蔑视的东西的一切关系"[1]。其二，从人类革命的物质力量来看，德国有一个坚定的无产阶级。马克思认为，哲学与无产阶级的结合是实现人类解放的途径，无产阶级在哲学的统率下对现实进行武器的批判。"哲学把无产阶级当做自己的物质武器，同样地，无产阶级也把哲学当做自己的精神武器。"[2] 要实现人类解放必须具备雄厚的物质基础，要始终坚持无产阶级的领导，"批判的武器当然不能代替武器的批判，物质力量只能用物质力量来摧毁"[3]。

在《德法年鉴》这一时期，马克思的思想已经超越了黑格尔的，因为以往的哲学都只注重说明世界，认为真理一旦被发现，那它自己就能够实现自身，看不到真理的发现和实现都依赖于物质条件，需要一定的物质基础，所以它们总是诉诸理论而无法实现从理论过渡到实践的目标，看不到物质实践的重要性，解决不了改造世界的问题，总是不可避免地夸大精神力量的作用，陷入唯心主义的牢笼。

---

① 《马克思恩格斯全集》第 1 卷，人民出版社，1956，第 461 页。
② 《马克思恩格斯全集》第 1 卷，人民出版社，1956，第 467 页。
③ 《马克思恩格斯全集》第 1 卷，人民出版社，1956，第 460 页。

三　马克思哲学革命的发展——经济批判

研究批判资产阶级政治经济学对于马克思主义哲学的创立具有重要意义。马克思运用哲学观点研究批判资产阶级政治经济学的首次尝试是《1844 年经济学哲学手稿》。马克思在写作《1844 年经济学哲学手稿》时，继承了费尔巴哈的人是自然界的产物的思想，也吸取了资产阶级政治经济学关于人的主体本质是劳动的合理因素，在新的理论道路上推动哲学的发展，提出异化劳动学说。在《1844 年经济学哲学手稿》中马克思提出的异化思想，体现了马克思对前期很多哲学家思想的超越。作为异化主体的人，既不是黑格尔的绝对观念，也不是费尔巴哈所讲的抽象的人，更不是卢梭所论述的一般社会人，人的异化是马克思从社会实践出发所讲到的现实的、具体的人的异化，尤其指的是资本主义雇佣条件下的工人的异化。这也就说明了，在私有制条件下人的劳动会创造出与人本身相对立的形态。马克思《1844 年经济学哲学手稿》中一个十分重要的观点就是异化劳动，他对劳动异化的产生过程和消除异化的途径进行了分析论述。

（一）异化劳动学说的产生

1. 马克思思想发展的必要条件

在 1842~1843 年《莱茵报》时期，马克思对如何维护社会中农民阶级的利益产生了困惑，为解决农民阶级的物质利益问题，他开始研究考察资本主义的政治经济问题。在《德法年鉴》时期，马克思对黑格尔的哲学展开了批判，马克思认为："法的关系正像国家的形式一样，既不能从它们本身来理解，也不能从所谓人类精神的一般发展来理解，相反，它们根源于物质的生活关系，这种物质的生活关系的总和，黑格尔按照 18 世纪的英国人和法国人的先例，概括为'市民社会'，而对市民社会的解剖应该到政治经济学中去寻求。"① 马克思的哲学革命从宗教批判入手，向政治批判转变，继而再转向对经济的批判，在这一过程中马克思认识到了私有财产

---

① 《马克思恩格斯选集》第 1 卷，人民出版社，1995，第 32 页。

的反人道主义的性质，这推动了马克思研究资产阶级政治经济学的进程。

2. 社会实际状况的推动

19 世纪中叶，英法两国在工业革命的推动下，资本主义已经到了快速发展的时期，资产阶级与无产阶级之间的矛盾也愈发尖锐，私有财产问题成为时代的重大问题。彻底消灭私有财产、实现人类的解放是时代面临的重大任务。马克思在移居巴黎之后，开始接触到工人运动，研究社会主义著作，马克思清楚地认识到，要想消灭私有制，首先必须研究资产阶级政治经济学，深入了解私有财产的性质及其规律。此外，欧洲各国当时的理论状况对于马克思研究资产阶级政治经济学也具有重要影响，在 1843 年10 月移居巴黎之后，马克思阅读了李斯特的《政治经济学的国民体系》、约翰·穆勒的《政治经济学原理》、大卫·李嘉图的《政治经济学及赋税原理》和恩格斯的《国民经济学批判大纲》等大量政治经济学著作。很多思想家都在批判以私有制为基础的资本主义制度，逐渐转向共产主义，这对马克思也有重要影响。

（二）异化劳动学说提出的历史过程

1. 马克思揭示社会历史现象

马克思认为异化劳动的规定一定要在现实中表现出来，异化得以实现的手段本身就是实践的。异化劳动是马克思当时全部思想的基础，马克思从异化劳动学说出发去说明自然界以及人与自然的关系。历史是自然史的现实部分之一，是自然界生成为人的这一过程的一个现实部分，是人通过劳动创造的。人的劳动本质的对象化不是一蹴而就的，要通过人的劳动本质的异化和异化的扬弃，这是人向人合乎人的本性的自身的复归。在解决了社会历史与自然的关系之后，马克思从异化劳动的角度出发说明各种社会现象。第一，马克思从异化劳动出发去说明私有财产，认为私有财产是异化劳动的产物，"私有财产是外化劳动即工人同自然界和自身的外在关系的产物、结果和必然后果"①。马克思认为，在资本主义制度下，产生了

---

① 《马克思恩格斯全集》第 42 卷，人民出版社，1979，第 100 页。

异化劳动，而异化劳动随着社会的进一步发展，又产生出了私有财产。对于私有财产和异化劳动这两者之间的关系，与其说前者是后者的根据和原因，还不如说前者是后者的结果，后来这种关系就会演变成为私有财产和异化劳动二者相互作用的关系。① 第二，马克思认为，在资本主义社会中，通常用"物役性"来表示异化劳动，也就是"产品支配生产者，物支配主体，已实现的劳动支配正在实现的劳动"②。劳动之所以会在资本主义社会中发生异化，是因为资本主义与生俱来的功利主义和自私自利的本性。在资本主义制度下，资产阶级进行生产不是为了满足个人的使用需要，"不是人的本质构成我们彼此为对方进行生产的纽带"③，而是为了获得高额经济利润，无底线地压榨剥削工人的剩余劳动；资本家进行商品交换的目的不是满足社会中人民的需要，而是在交换过程中占有其他生产者的产品。在这种情况下，人们之间的交往和联系必然要通过物来实现，因此马克思讲道："我们彼此进行交谈时所用的唯一可以了解的语言，是我们的彼此发生关系的物品。我们不懂得人的语言了，而且它已经无效了；它被一方看成并理解为请求、哀诉，从而被看成屈辱，所以使用它时就带有羞耻和被唾弃的感情；它被另一方理解为不知羞耻或神经错乱，从而遭到驳斥。我们彼此同人的本质相异化已经到了这种程度，以致这种本质的直接语言在我们看来成了对人类尊严的侮辱，相反，物的价值的异化语言倒成了完全符合于理所当然的、自信的和自我认可的人类尊严的东西。"④ 如果一个社会的生产不能够满足或者是体现人们的需要的话，那么"物"的关系就会遮蔽人和人之间的关系，社会中的异化现象就会出现。第三，马克思把社会中意识形态和上层建筑的关系也归结为异化劳动。"宗教、家庭、国家、法、道德、科学、艺术等等，都不过是生产的一些特殊的方式，并且受生产的普遍规律的支配。"⑤ 革命也根源于异化劳动，"整个革命运动必然在私有财产的运动中，即在经济中，为自己既找到经验的基础，也找到

---

① 《马克思恩格斯选集》第 42 卷，人民出版社，1979，第 100 页。
② 《马克思恩格斯全集》第 26 卷第 3 册，人民出版社，1974，第 303 页。
③ 《马克思恩格斯全集》第 42 卷，人民出版社，1979，第 34 页。
④ 《马克思恩格斯全集》第 42 卷，人民出版社，1979，第 36 页。
⑤ 《马克思恩格斯全集》第 42 卷，人民出版社，1979，第 121 页。

理论的基础"①。

2. 马克思分析资本主义和社会主义的关系

对于资本主义生产方式产生的必然性，马克思从异化劳动的角度进行了揭示和阐述。他认为私有财产是人的劳动异化的结果，资本和地产分别作为发达的私有财产和不发达的私有财产，随着异化劳动的发展，地产这个没有完成的资本必然会出现资本化的趋势，因此资本一定要战胜地产，资本家一定要战胜大土地所有者。在这里马克思明确揭示出了资本主义生产方式再生产的规律和性质，即在资本主义制度下，异化劳动在产生出作为商品的劳动本身和工人的同时，又生产出不劳而获的资本家与对工人的剥削和压榨。这加剧了资本家和工人阶级之间的矛盾，表明资本主义的再生产不仅包括物质产品，而且更为主要的是包括资本主义的阶级关系和剥削关系，是资本主义自身矛盾的再生产。在对资本家和工人阶级关系进行分析的过程中，马克思发现了资本主义和社会主义的发展规律，即资本主义必然灭亡，社会主义必然胜利。在资本主义制度下，工人阶级日益贫困，社会贫富差距不断拉大，这是异化劳动所造成的结果，只要资本家剥削工人劳动的唯一目的是追求剩余价值，它就是反人道的、非理性的、有害的。马克思也认为，当劳动和资本的对立达到极限时，就是私有财产发展的最高阶段，就是私有财产关系的灭亡之际，共产主义就会实现，共产主义是历史运动特别是资本主义自身否定的结果。要实现共产主义必须扬弃两种异化，一种是思想的异化，另一种是现实中的异化即经济领域的异化。实现共产主义必须通过工人解放这种政治形式，应该首先使工人得到解放。"共产主义是私有财产即人的自我异化的积极的扬弃"②，是人的本质的实现，"是通过人并且为了人而对人的本质的真正占有；因此，它是人向自身、向社会的（即人的）人的复归，这种复归是完全的、自觉的而且保存了以往发展的全部财富的"③。

---

① 《马克思恩格斯全集》第 42 卷，人民出版社，1979，第 120~121 页。
② 《马克思恩格斯全集》第 42 卷，人民出版社，1979，第 120 页。
③ 《马克思恩格斯全集》第 42 卷，人民出版社，1979，第 120 页。

3. 马克思批判资产阶级政治经济学

资产阶级经济学家以私有财产为出发点，把私有财产的运动规律当作资本主义社会中最普遍、最一般的永恒规律。马克思指出，在资本主义制度下，异化劳动的发展使得私有财产出现，私有财产是资产阶级对工人阶级剥削和压迫的产物，它不是永恒的，不是合理的，而是非正义的、反人道的；私有财产的运动规律不是资本主义社会的永恒规律，而是由异化劳动规律所决定的，资产阶级政治经济学反映的只能是异化劳动规律。马克思对资本家企图通过强制提高工资，实行工资平等来解放工人的小资产阶级改良主义思想提出了尖锐批判，他认为"强制提高工资……无非是给奴隶以较多报酬，而且既不会使工人也不会使劳动获得人的身分和尊严"①。

（三）如何看待马克思异化劳动学说

费尔巴哈对黑格尔哲学的批判，马克思给予了充分肯定，马克思指出："整个实证的批判，从而德国人对国民经济学的实证的批判，全靠费尔巴哈的发现给它打下真正的基础。"② 作为整个哲学界唯一对黑格尔辩证法采取严肃、批判态度的哲学家，费尔巴哈真正克服了旧哲学。从哲学立场上，马克思已经完成了从黑格尔式唯心主义向费尔巴哈式人本主义的转变；从政治立场上，马克思已完成从革命民主主义向人本主义的共产主义的转变。马克思在写作《1844 年经济学哲学手稿》时，力图从物质生产出发去解决人与自然、人与社会环境、理论与实践等一系列重大问题，为克服以往旧哲学的根本缺陷、创立唯物史观指明了方向。它标志着马克思已经从主要研究哲学、宗教、国家和法，研究社会大厦的上层，从社会大厦的上层出发去说明社会，转向主要研究私有财产和物质生产，研究社会大厦的基础，从社会大厦的基础出发去说明社会。

但是，我们也应该看到，马克思写作的《1844 年经济学哲学手稿》仍然存在着一些需要解决的重大问题：第一，《1844 年经济学哲学手稿》是从人的本质出发去阐述生产劳动，把生产劳动看成永恒不变、绝对完

---

① 《马克思恩格斯全集》第 42 卷，人民出版社，1979，第 101 页。
② 《马克思恩格斯全集》第 42 卷，人民出版社，1979，第 46 页。

美的东西，这是一种现实中并不存在的抽象的理想劳动；第二，《1844年经济学哲学手稿》虽然也谈到现实的物质生产问题，但是只是从完美的理想的生产劳动出发来对它进行考察，更多的是看到现实生产劳动的否定方面与对理想的生产劳动的背离，甚至将其看成动物性的、非人的、完全没有主观能动性的活动；第三，《1844年经济学哲学手稿》不能从生产劳动出发去说明历史发展的内在规律，而只能利用黑格尔的否定之否定规律来说明历史发展，只看到了生产劳动与整个社会的联系，而没有科学说明它，只从外表去揭示资本主义生产方式发展的一些规律，没有从逻辑角度来说明它；第四，《1844年经济学哲学手稿》所说的自由自觉的活动是指理想的生产劳动，是绝对完美、永恒不变的，可以消除人与自然、人与人之间的矛盾，实现人与自然、人与人的绝对统一，这一现象只存在于未来的共产主义社会中，而在共产主义之前则被异化劳动所取代。《1844年经济学哲学手稿》中的自由自觉的活动实际上是未来共产主义社会可能出现的人的自由自觉活动的绝对化。

第二节　马克思语言观的出场路径

一　马克思对西方传统形而上学的颠覆和改造

（一）西方传统哲学的形而上学性

西方传统哲学是研究宇宙世界的绝对真理的哲学，它从世界存在的本体和本原出发，认为世界的本体是一种超验的、绝对的存在，是万事万物存在和发展的原因所在。客观世界的本体概念、范畴规定着外在的对象，并对其不断进行演化和逻辑推理。在哲学发展史上，不同的哲学家对世界本体和本原的认知和理解均有不同，但是他们用单一的纯思辨的方式所建构出的思想体系和知识体系基本一致。西方传统哲学家力图通过追求甚至超越宇宙间最普遍的原则来解释万事万物存在的根本依据，使世界的构成不断趋向完善，但是哲学家只是站在纯理论的角度，未能将理论运用到实践中去。西方传统哲学的形而上学性在黑格尔这里表现得尤为突出。

"话语方式乃思维之方式"①，不同的话语体系是通过不同的思维方式塑造出来的，在这个理论中，纯思辨逻辑指的是什么呢？哲学家黑格尔认为："思辨逻辑就是指包含有单纯知性逻辑的思维方式，而且在了解了思辨逻辑之后就能很容易得出知性逻辑。在此要注意的就是要得到知性逻辑，我们必须把思辨逻辑中的辩证法和理性的成分抛弃。"②"知性逻辑"是古希腊哲学家亚里士多德提出的关于传统逻辑形式的概念，这个理论旨在展开对脱离思维内容的单纯形式的考察，它将思维的内容和形式这二者关系割裂开来。黑格尔在"知性逻辑"的基础上，将绝对理念作为思辨逻辑的对象，重新实现了思维内容和形式二者的统一。从形式上来看，思辨逻辑是在辩证发展过程中起作用的，传统哲学认为世界的主体就是实体，人是作为社会主体的人，因此人类的自我意识的发展必然会影响到概念和范畴的运动和发展。从内容上来看，思辨逻辑考察的是包括主体和客体的普遍实体，即概念、范畴，而不是对人类存在的客观感性世界的考察。这种哲学话语"是以纯概念和纯范畴的逻辑推演的方式来进行表达的"③，"它的最高目标就是运用思辨思维来把握理念"④。在话语逻辑的起点上，概念和范畴是作为思辨逻辑的起点的，黑格尔认为，"概念"这个哲学话语具有两种功能，"它既包括性质或论题的本质……也涉及了性质或本质的具体存在的实际现实"⑤。从对黑格尔哲学话语的考察中，我们发现在其哲学话语体系中，"概念"这个名词已经发生了根本性的变化，"只有概念才是真理，或更准确地说，概念是存在和本质的真理"⑥。黑格尔认为，人们对于整个世界的直观的初步的认识已经被人们打上了概念化的标签，概

---

① 施旭主编《当代中国话语研究》第一辑，浙江大学出版社，2008，第58页。
② 〔德〕黑格尔：《小逻辑》，贺麟译，商务印书馆，1980，第182页。
③ 〔德〕黑格尔：《黑格尔的客观哲学》，刘烨编译，中国戏剧出版社，2008，第202页。
④ 冯契主编《外国哲学大辞典》，上海辞书出版社，2008，第114页。
⑤ 〔美〕赫伯特·马尔库塞：《理性和革命：黑格尔和社会理论的兴起》，程志民译，上海人民出版社，2007，第36页。
⑥ 〔德〕黑格尔：《小逻辑》，贺麟译，商务印书馆，1980，第181页。

念和存在二者之间具有密切关联，前者是后者的本质，后者是前者的外化表现。哲学本来是作为一门探究世界本原和主体的科学，目的在于追求客观世界的真理，但是随着传统哲学的形而上学的发展，也开始对概念、范畴进行探究。由此可见，人类在生产实践和社会实践活动中得到的关于自身的认识的概念和范畴在此处又变成了人们在客观世界中所要认识的新对象，我们要实现从整体上把握客观事物的客观发展过程，就必须对概念和范畴进行考察分析。换句话说，黑格尔在他的整个哲学研究过程中，是以概念和范畴为逻辑起点的，他认为，人们在认识世界的过程中，展开对现实世界的改造，在这一改造过程中出现的解释和言说，也就变成了其对概念和范畴的言说。从这个哲学话语体系的思辨逻辑的发展进程来看，这一逻辑推演过程是从概念再到概念的过程，黑格尔在赋予了概念精神化的色彩之后，构建了思辨的话语体系。概念在演进过程中是通过辩证法的原理实现的，即通过概念的"否定之否定"过程，在否定、发展、再否定、再发展的过程中形成一个波浪式前进和螺旋式上升的过程。黑格尔的哲学体系以存在作为起点，指出存在自身即无。黑格尔的哲学体系构建了一个以自我意识为起点，经过逻辑阶段、自然阶段和精神阶段的圆圈，其中逻辑学的开端应该是最直接、最简单、最抽象的东西，包括以后全部发展的萌芽。在黑格尔的整个哲学思想当中，在思辨逻辑的影响下，他对客观世界中出现的各种运动的解释就成为对逻辑范畴的生产运动的一种解释，概念和范畴的自我运动就是社会实践发展的反映，在此处黑格尔用一种很巧妙的方式为历史发展找到了一种抽象的、思辨的表达方式。按照黑格尔的方法，在概念的发展中，最初的概念潜藏着最后的概念，它是最后的概念的根据和基础，最后的概念是由最初的概念经过正确的推论发展而来的。因此，结果也就表现为"最初的也将是最后的东西，最后的也将是最初的东西"①，开端和终点相吻合了。通过对概念和范畴的这种推断而构建出的哲学话语体系，不是存在于现实世界之中的，而是独立存在于现实世界之外的，是存在于人们的生活之外的，作为社会主体的人的具体的生产实践活

---

① 〔德〕黑格尔：《逻辑学》上卷，杨一之译，商务印书馆，1966，第56页。

动早就被"异化"了。西方传统哲学的形而上学性在哲学家眼中就这样变成了逻辑推演的游戏，割裂理论与实际的统一性，只讲形式不究实质，用逻辑的、推演的语言概括了世间的一切现象。

（二）马克思对形而上学的拒斥

1. 反对形而上学的思维方式

马克思在《神圣家族，或对批判的批判所做的批判》（以下简称《神圣家族》）中，就提出了他的变革哲学思维方式的思想。马克思认为，传统哲学的形而上学特征本身就是将整个世界的本原或者基质作为其考察的核心，这种思维方式在理论和实践上早已经被消除了。除此之外，他也认为，科学和实践在发展过程中，当"把人们的全部注意力集中到自己身上的时候，形而上学的全部财富只剩下想像的本质和神灵的事物了"[1]。因此，在马克思的思想视域中，形而上学这种传统的机械唯物主义哲学形态的不足就在于它只关注脱离人及其活动的宇宙本体或"终极存在"，在这种意义上"本体"和人本身就成为一种抽象的存在，人类的世界消失了，人本身也会陷入混乱和迷失当中。马克思认为，要解决形而上学的不足，必须否定现存哲学并消灭哲学本身，终结哲学形而上学的性质，使哲学将关注目标转向自己时代的现实世界，面向人类，关注现实世界。马克思认为，在拒斥形而上学之后，哲学应关注"现实生活世界"，"把人们的全部注意力集中到自己身上"[2]，也就是回到哲学之主体本身。因此在这个意义上，马克思对形而上学的拒斥主要是反对那些纯抽象、纯客观、将整个世界的本原和基质作为其追求目的的研究范式。这种研究范式试图从一种"终极存在""初始本原"中理解和把握世界的本性，以及关于人的本质及其行为方式。所以马克思对传统哲学形而上学的拒斥也就是对传统哲学本体论的拒斥。

2. 从世界观和本体论的角度批判形而上学

对于西方传统哲学的形而上学性，西方哲学界通过对柏拉图，特别是

---

[1] 《马克思恩格斯全集》第2卷，人民出版社，1957，第161~162页。
[2] 《马克思恩格斯全集》第2卷，人民出版社，1957，第161~162页。

对从笛卡尔到黑格尔的近代形而上学展开批判，开启了哲学思维方式转变的高潮。以孔德、斯宾塞等人为主要代表的"科学社会主义"哲学家们十分重要的特征就是批判"形而上学"，认为哲学研究的范围不包括对抽象的物质或精神实体、绝对化的本质的研究，哲学是对具有主观能动性的个人所看到、感觉到、观察到的客观世界的研究。后来，以叔本华、尼采和克尔凯郭尔等为代表的人本主义哲学家明确要求对传统哲学的形而上学性进行根本改造，主张排斥抽象的物质或精神实体、绝对化的本质和基础等概念，从人的情感、意志、意向和纯粹意识等角度出发，将其作为形而上学的出发点，展开对整个世界的研究。西方哲学界对近代形而上学研究的批判以及对实证科学研究成果的肯定，在哲学界具有一定的合理性和进步性。但是，西方现当代哲学家在反对传统形而上学的严重缺陷时，走向了一种极端主义：否定哲学的世界观意义，把这种意义主观化和相对主义化。因此，在不同的意义上就会造成带有唯意志主义、非理性主义、相对主义等特征的主观主义的出现。

哲学要发展，必须对超越客观实际、脱离人的社会实践的形而上学性表现出明确反对，必须立足客观实际的发展来研究哲学世界观的概念，特别是要关注人的现实生活和人的社会实践。马克思从世界历史的角度出发，开启了哲学史变革的伟大道路。马克思对传统哲学离开人的自由的自然界和绝对观念世界的理论展开了尖锐的批判，但是对于哲学对世界观和本体论的探讨他并没有简单地进行否定，只是将这种研究改变成为面向人的现实生活世界。他从历史唯物主义的观点和立场出发，认为这种唯物主义并不是以往的哲学家所倡导的"脱离人、敌视人"的唯物主义，而是与人生活世界密切相关的、体现了对自然关注的唯物主义。这种唯物主义是对传统形而上学的扬弃，批判继承其中的辩证法中的合理因素的唯物主义，同时也是肯定自然界对人的先在性的肯定并超越的唯物主义。马克思从一开始就从历史唯物主义的立场出发，在实践的基础上将整个唯物主义观点和实现共产主义的目标紧密联系在一起。在《1844年经济学哲学手稿》中，马克思对共产主义社会是人向自身、向社会人的复归进行肯定的同时，将这种复归同人与自然、人矛盾问题的解决联系起来。他讲道：

"这种共产主义，作为完成了的自然主义，等于人道主义，而作为完成了的人道主义，等于自然主义，它是人和自然界之间、人和人之间的矛盾的真正解决。"① 马克思在此处讲道的关于"完成了的自然主义"，指的是和人发生关系、受到人的影响的具有人化特征的自然主义，而不是指客观世界的自然主义。"完成了的人道主义"，是指彻底解决人与自然之间矛盾问题的人道主义，是主张作为社会主体的人与他所处的自然界紧密联系的人道主义，因此它等于"自然主义。"

在马克思本人看来，只有解决了人与自然、人与人之间的矛盾，才能具有实现共产主义的条件，而解决这些矛盾也正是作为世界观的哲学的使命。要了解马克思对传统哲学的形而上学性和本体论研究的批判，就要重新解读他在《神圣家族》中的论述，这也能帮助我们厘清马克思所建立的新的世界观是如何处理好自然主义和人道主义、哲学理论和共产主义实践之间的关系。例如马克思在《神圣家族》中谈到，17 世纪的形而上学被法国启蒙运动特别是 18 世纪的法国唯物主义所打败，这种事例在 19 世纪德国的思辨哲学中也同样出现了。黑格尔将上述谈到的 17 世纪以及之后一切形而上学和德国的唯心主义相结合，组成了一个形而上学的王国，在这个王国中，对包括哲学思辨的形而上学以及其他一切形而上学的攻击，就如同又与 18 世纪对宗教神学的攻击结合起来。"这种形而上学将永远屈服于现在为思辨本身的活动所完善化并和人道主义相吻合的唯物主义。费尔巴哈在理论方面体现了和人道主义相吻合的唯物主义，而法国和英国的社会主义和共产主义则在实践方面体现了这种唯物主义。"② 在此马克思本人高度肯定了法国启蒙运动和唯物主义对反对形而上学做出的突出贡献，但是也指出了两者的不足之处，正是因为这种不足和缺陷，德国思辨哲学才会在 19 世纪复辟。这一复辟中对 18 世纪唯物主义的延续和发展，在一定程度上证明了辩证法对唯物主义的积极影响，马克思证明唯物主义与人道主义二者相吻合的论述，在某种程度上也表明了他认为唯物主义应该包括人与自然之间的相互作用，从而证明其符合"人道主义"思想的唯物主义原

① 《马克思恩格斯全集》第 42 卷，人民出版社，1979，第 120 页。
② 《马克思恩格斯全集》第 2 卷，人民出版社，1957，第 159~160 页。

则。如上所述，马克思对传统哲学的形而上学性以及本体论的尖锐批判，以及在此基础上提出的哲学理论，既是对西方近代哲学的超越，也是对西方现当代哲学的超越。

二　马克思的实践观

（一）马克思对"实践"的论述

"实践"是贯穿西方哲学史的一个十分重要的概念，实践哲学思维是西方哲学的范式。但是哲学界对于"实践"这一概念的具体含义，一直没有达成共识。实践大致是沿着两条不同的路径来发展的：一条是柏拉图开启的"理论实践"路径，在中世纪成为神学实践的工具，到康德、黑格尔那里得到充分的丰富和发展，这条路径的基本特点在于它从一个最高的概念或范畴（柏拉图的"理念"、中世纪的"上帝"、康德的"纯粹理性"、费希特的"绝对自我"、黑格尔的"绝对精神"）出发，推导出"实践"这一概念；另一条是由亚里士多德开启的"感性的"物质实践路径，追问"善"之所以可能的路径，既包括政治伦理实践，也包括科学实践。

马克思认为，社会中现实的人就是从事实践活动的人，实践是人的本质活动，是人的根本存在方式，人通过实践创造出物质产品以满足人的生存需要。人不仅是"感性对象"，而且是"感性活动"，只有在社会实践中才能把握现实的人和人的现实。第一，人是自身实践活动的产物和结果。"个人怎样表现自己的生命，他们自己就是怎样。因此，他们是什么样的，这同他们的生产是一致的——既和他们生产什么一致，又和他们怎样生产一致。"① 人的本质只有在实践中才能得到合理的理解与把握。正如马克思所说的那样，"当人开始生产自己的生活资料的时候，这一步是由他们的肉体组织所决定的，人本身就开始把自己和动物区别开来"②。人区别于动物的特殊"类"本质，不是作为纯思维的抽象物，而是实践的产物。正是

---

① 《马克思恩格斯文集》第 1 卷，人民出版社，2009，第 520 页。
② 《马克思恩格斯选集》第 1 卷，人民出版社，1995，第 67 页。

在改造对象世界中，人才真正地证明自己是类存在物。① 第二，人类的实践指的是生产实践。这是人和动物相区别的根本所在，是人真正的"类本质"。动物不过是通过自身的机能来利用外部自然界，使得自然界发生某些变化；而人则通过他们的实践活动，去认识自然界、了解自然界，通过主观能动性的发挥改造自然界，使自然界服务于人类自身的目的，实现人类实践与自然界变化的互动。这是人和动物之间的最终的、本质的差别所在，而"造成这一区别的还是劳动"②。马克思彻底否定了那种从某种固定不变的实体与属性中去寻找人的本质的思维方式，主张从人的活动及其方式的动态变化中去探讨人的现实本质。马克思从实践的观点出发，为研究人的问题确定了一种全新的思维方式。第三，人是一切社会关系的总和，而实践是一切社会关系的根源。实践是人的对象性的感性活动。在人和自然的关系中，人通过生产活动使自然界变成自己的"无机的身体"，使自然变成"人的自然"。人的生存需要只有通过生产实践才有可能得到满足，生产实践表现为社会性的。在人与人的社会关系中，"正象社会本身生产作为人的人一样，人也生产社会……社会是人同自然界的完成了的本质的统一，是自然界的真正复活，是人的实现了的自然主义和自然界的实现了的人道主义"③。在马克思的实践观中，把人自身之外的一切存在变成人自己活动的对象，变成实践的客体；同时，也使自己成为主体性的存在。人在对象性活动中，不仅改造着对象，也改造着人自身。"环境的改变"和人的"自我改变"这二者在某种程度上具有统一性，是人类社会实践活动的结果，因此马克思哲学是一种真正意义上的实践哲学。

（二）马克思实践观的进步性

黑格尔在思辨哲学中所讲的主奴关系，体现出的是人与人之间的社会关系。马克思十分重视黑格尔的思辨哲学，但是他也指出了其中存在的错误，即黑格尔将人的社会实践劳动归结为"抽象劳动"，马克思在批判思

---

① 《马克思恩格斯全集》第42卷，人民出版社，1979，第97页。
② 《马克思恩格斯全集》第20卷，人民出版社，1971，第518页。
③ 《马克思恩格斯全集》第42卷，人民出版社，1979，第121~122页。

辨哲学的基础上，形成了自己的劳动的社会整体性思想。在他看来，人的实践活动和社会活动二者本身是一致的，前者就包括了后者，人的社会活动的本质其实就是人的实践活动。这二者的一致性表明，人的实践活动具有整体性特征，物质资料的生产活动是能够满足人类基本生存需求的，是人类其他一切活动的基础。在此马克思也明确地指出了，"物质生活的生产方式制约着整个社会生活、政治生活和精神生活的过程"①。他将人类的实践分成了以下三种形式，包括物质活动实践、政治活动实践和精神生活实践。按照马克思的观点来论述，人类的物质活动实践是人类其他一切活动存在和发展的前提和基础，人类生存的第一个前提就是，人们为了生活首先需要解决的就是吃、穿、住、行等一系列基本问题。因此，"第一个历史活动就是生产满足这些需要的资料，即生产物质生活本身"②。此外他还指出了，人和动物相区别的标志是人类的物质生产活动。人在进行物质生产的时候就把自己和动物区别开来了，由此可见，物质生产活动是人类存在和发展的基础，这也就是说，马克思所论述的关于人类的物质生产活动，不仅是作为人类历史存在和发展的前提和基础，而且也是具有社会整体性功能的生产实践活动。这是因为人们在社会生产实践中，不仅生产出了满足其基本需求的生活资料，而且也间接地生产出了物质生活本身。人类的社会实践活动的整体性特征表明了，人的上述三种活动是彼此联系、密不可分的。马克思关于实践活动的整体性思想吸取了培根、亚里士多德、黑格尔等人在生产实践方面的合理思想，实现了对西方传统哲学"实践观"的超越。

三 马克思对解释世界和改变世界的理解

（一）"解释世界"和"改变世界"

我们通常从马克思的著名命题"哲学家们只是用不同的方式解释世

---

① 《马克思恩格斯全集》第13卷，人民出版社，1962，第8页。
② 《马克思恩格斯选集》第1卷，人民出版社，1995，第79页。

界，而问题在于改变世界"①来理解马克思的哲学革命概念，在此基础上，我们对马克思哲学目标的认识也就从认识世界变成了改造世界。海德格尔对马克思哲学革命的理解也有比较重要的意义，"解释世界的哲学与改变世界的哲学这两者之间是否真的处于对立状态？哲学家对现实世界的每一个哲学解释不都是对世界的改变吗？……从另一方面来看，哲学家对世界的每一个改变难道不都是把一种理论前见（Vorblick）作为工具吗？"②马克思哲学首先是作为"解释世界"的哲学出现的，在发展过程中进一步演化成为"改变世界"的哲学，在马克思哲学之外的其他哲学，也是作为"解释世界"的哲学来"改变世界"的。国内知名学者孙正聿教授对于此观点做出了论述，他认为此种理解，"很明显地包含了两个方面的悖论性问题"③。解释世界和改变世界二者本身并不冲突，在理论和实践的关系中，从解释世界到改变世界的转变是根本不存在的，二者只是在社会的一个循环结构中运动、互相作用。一方面，理论的发展只有依靠实践才能发挥其作用；另一方面，人类在社会实践中的存在和发展必须在正确理论指导下进行。理论和实践二者处于一个相互作用、相互进步的过程，在理论逻辑层面上，要想理解马克思主义，必须对马克思主义革命进行更深层次的考察。有些学者从存在论的角度来理解马克思的哲学革命，他们认为马克思的感性实践是在其社会实践概念的基础上建立起来的。"对于马克思所完成的哲学革命，我们应该从存在论境遇的根本性转变这个角度来展开对其的理解。马克思的哲学革命是对西方哲学历史遵守的传统认识论路径的根本否定和抛弃，这也就是说他在根本上反对哲学对世界的'理论的'态度，而代之以'实践的'态度。"④这一理论观点表明，知识论和生存论不是处于两个极端对立的状态，同理论和实践的关系一样，它们是密切相关的，是人类生存和发展

---

① 《马克思恩格斯选集》第 1 卷，人民出版社，1995，第 61 页。
② 〔法〕F. 费迪耶等辑录《晚期海德格尔的三天讨论班纪要》，丁耘摘译，《哲学译丛》2001 年第 3 期，第 53 页。
③ 孙正聿：《怎样理解马克思的哲学革命》，《吉林大学社会科学学报》2005 年第 3 期，第 9 页。
④ 王德峰：《在当代问题中重温马克思的哲学革命》，《复旦学报》（社会科学版）2002 年第 6 期，第 23 页。

所必不可少的环节。正因为如此，放弃哲学"理论"的态度代之以"实践"的态度，可以看到哲学对于世界的认识只是在理论层面上进步了，对于实践的认识并没有明显进步。哲学对于世界的理论的态度和实践的态度仍然呈现出一种内在的循环关系。

（二）马克思哲学革命实现了从"解释世界"到"改变世界"的转变

马克思认为哲学是为人类社会发展服务的，哲学研究的最终目的与人类社会发展息息相关，因此他在自觉或不自觉的过程中将哲学置于人类社会发展的基础之上。但是有部分学者认为"马克思的哲学革命是一场存在论上的革命"①，这一点存在过度解释，包括海德格尔等哲学家在内的很多学者都不承认这种论断是正确的。海德格尔承认马克思的哲学革命，但是对于很多学者所持的哲学革命是存在论意义上的观点他并不认同。他在《关于人道主义的书信》中明确讲道："绝对的形而上学连同它的由马克思与尼采所作的倒转一起都归属于存在的真理的历史之中。"② 在海德格尔本人看来：现今的哲学与科学发展密切相关，在科学发展进步过程中哲学是起到推动作用的，他对于哲学和科学发展这两者关系的论断是对于现实时代两重性即经济发展与其发展所需框架的彻底误解。对于这种两重性，马克思有自己的论述，他认为人的存在本身就是一种生产过程，这也受黑格尔哲学思想的影响。人类生产的实践性只能立足在一种源于形而上学的存在概念上。③ 海德格尔对于马克思哲学的理解和论述，向我们表明了要进一步考察和理解马克思的哲学革命就必须转换哲学思维方式。

对于实践哲学，孙正聿教授认为如果思维方式中带有实践观点，那么它就具有革命的解释意味，因此它才能构成哲学史上的马克思哲学革命。实践观点的思维方式并不是把实践当作世界的"本体"，只是借用"实践"

---

① 王德峰：《从"生活决定意识"看马克思的哲学革命的性质》，《复旦学报》（社会科学版）2005 年第 1 期，第 36 页。

② 孙周兴选编《海德格尔选集》（上），上海三联书店，1996，第 379 页。

③ 〔法〕F. 费迪耶等辑录《晚期海德格尔的三天讨论班纪要》，丁耘摘译，《哲学译丛》2001 年第 3 期，第 53 页。

这个概念，从实践角度出发来解释马克思的哲学革命，从这个意义上来看，也可以将实践哲学表述为"实践观点的思维方式"，我们也可以将其看作"马克思用以揭示人类历史发展、探索人类解放的世界观和方法论"①。孙正聿教授对于实践哲学的这种论述有利于我们从哲学思维方式层面分析马克思哲学革命起到的推动作用。但是要特别注意的是，在这个过程中，我们是从思维方式的角度来理解实践，此时的实践就不再是一个简单被描述的对象、一个具有实体性的哲学范畴，而是一种哲学思维方式，这加深了我们对马克思哲学革命的理解。但是出现的新问题是，在理解马克思哲学革命的问题上应该如何界定实践与其他哲学思维方式之间的关系？该问题的解决对于理解哲学和思维方式也具有重要作用。哲学的不同性质使哲学和思维方式之间存在特殊关系：一方面，前者本身会受后者的影响；另一方面，后者是由前者的基本观点决定的；因此二者之间又呈现出了一种循环关系。在继续研究哲学的过程中，要对马克思哲学革命的超前性和先进性进行充分估计，必须在当代哲学发展的整体性视野中进一步考察马克思哲学革命。我们可以在海德格尔对尼采哲学的论述中加深对马克思哲学革命的理解。海德格尔认为："'上帝死了'这句话意味着：超越性世界没有作用力了。它没有任何生命力了。形而上学终结了，对尼采来说，就是被理解为柏拉图主义的西方哲学终结了。尼采把他自己的哲学看作对形而上学的反动，就他而言，也就是对柏拉图主义的反动。"② 尼采的"上帝死了"和马克思的哲学革命这二者在内在逻辑层面上具有明显的交叉点，在哲学的理论层面上都表明了哲学思维方式的深刻变革。但是在哲学思维方式和哲学本身发展的循环关系中，二者却有着根本性的不同。海德格尔是从哲学思维方式变革开始加深对现代西方哲学的研究，而尼采主要是对理性主义即对抽象性和抽象概念的"木乃伊"性质的反思，从而正式走上变革哲学思维方式的道路。海德格尔对于尼采哲学的意义进行揭示，在哲学思维方式发生根本转变的情况下，尼采哲学真正意味着"被理

---

① 孙正聿：《怎样理解马克思的哲学革命》，《吉林大学社会科学学报》2005 年第 3 期，第 9 页。

② 孙周兴选编《海德格尔选集》（下），上海三联书店，1996，第 771 页。

解为柏拉图主义的西方哲学"的终结，但是尼采并没有认识到实践的重要性，他和海德格尔都不像马克思那样，将哲学研究置于感性实践的基础上，在哲学思维方式的层次触及哲学的根本出发点和最终目的。

马克思的哲学革命就在于实现哲学出发点和最终目的的哥白尼式转向：将哲学的出发点从传统哲学的抽象本质转向人的感性实践。对于这一点的最好解释，就是恩格斯《在马克思墓前的讲话》和马克思恩格斯《德意志意识形态》中的两处文本。《在马克思墓前的讲话》一文中，恩格斯揭示了马克思"发现了人类历史的发展规律"："人们首先必须吃、喝、住、穿，然后才能从事政治、科学、艺术、宗教等等；所以，直接的物质的生活资料的生产，从而一个民族或一个时代的一定的经济发展阶段，便构成基础，人们的国家设施、法的观点、艺术以至宗教观念，就是从这个基础上发展起来的，因而，也必须由这个基础来解释，而不是像过去那样做得相反。"① 这一文本暗示了新哲学观的发现。这是因为在终极意义上，用观念解释"直接的物质的生活资料的生产"，就意味着以抽象普遍性理念来解释具体的生活实践，这恰好也是自柏拉图以来西方传统形而上学的实质，也表明基本关系实现颠倒是革命性的。这一点，在马克思和恩格斯《德意志意识形态》的一处文本表达得更为清楚："始终站在现实历史的基础上，不是从观念出发来解释实践，而是从物质实践出发来解释观念的形成，不是从观念出发来解释实践。"② 马克思和恩格斯以一种很巧妙的方式，在清晰解释了从观念解释实践到实践解释观念这个革命性转变的过程后，又指明了马克思哲学的意义，即它是以实践为基础，而不是从每个时代中寻找某种范畴。和传统哲学的形而上学的目的不同，这种新哲学以对抽象普遍性范畴的追求为终极目的，它揭示了马克思哲学所实现的哥白尼式革命。从这个意义上来讲，马克思的哲学革命在逻辑层面上是先于尼采和海德格尔的。

马克思是在感性实践的基础上实现其哲学革命的，换句话说，这也就意味着马克思的哲学革命也具有实践性。但是还要注意的是，因为社会历

---

① 《马克思恩格斯选集》第 3 卷，人民出版社，2012，第 1002 页。
② 《马克思恩格斯选集》第 1 卷，人民出版社，1995，第 92 页。

史的发展包括哲学的发展，因此哲学的发展也具有社会历史性特征，这就使得马克思并未在当代哲学的意义上彻底完成这次哲学革命。为推动其哲学革命的进程，马克思立足社会实际，从感性实践的起点出发，在具体揭示人类社会发展规律的基础上分析考察哲学，将揭示人类社会发展规律的出发点置于感性实践中，马克思哲学革命的发生，不需要对其进行超越历史时代的处理，只需要将其蕴含的内在逻辑展开，通过感性实践的观点加深对当代哲学发展的理解。实际上，马克思的哲学革命和当代哲学的整体发展这二者之间是具有逻辑上的整体对应关系的。这也从侧面进一步说明了我们要理解马克思哲学革命的内在逻辑，就必须将其放在哲学本身发展的历史和逻辑整体性视域中对其展开系统分析。

第三节　马克思语言观对德国古典哲学语言观的革命性超越

正如马克思哲学是在对德国古典哲学扬弃的基础上产生的一样，马克思语言观，即马克思哲学对语言的基本看法，是在扬弃德国古典哲学语言观的基础上形成和发展的，其中最主要的是扬弃康德、黑格尔的语言思想。

一　马克思语言观对康德哲学的超越

（一）对康德哲学的超越

作为德国古典哲学创始人的康德，其哲学在西方哲学史上起着承前启后的作用。日本学者安倍能成这样称赞康德哲学及其哲学革命的贡献："在近代哲学上恰似一个处于贮水池地位的人。可以这样说，以前的哲学概皆流向康德，而康德以后的哲学是从康德这里流出的。"① 列宁曾指出，

---

① 〔日〕安倍能成：《康德的实践哲学》，于凤梧、王宏文译，福建人民出版社，1984，第3页。

黑格尔认为康德的伟大功绩就是提出了统觉的先验统一的思想。① 德国著名诗人海涅也非常肯定康德哲学革命的重要意义："康德引起这次巨大的精神运动，与其说是通过他的著作的内容，倒不如说是通过在他著作中的那种批判精神，那种现在已渗入于一切科学之中的批判精神。"② 康德的先验的理性思维方式可以视为哲学观念和哲学思维的变革，即由理论形而上学过渡到思辨思维方式，这也是对传统哲学思维方式的一种突破。

但是，康德发起的"哥白尼式革命"在认识论上存在巨大缺陷，从这个意义上来讲，康德不是要批判传统哲学的形而上学性，而是想要恢复、推动形而上学的发展。面对早期启蒙思想家对柏拉图的"理念"、中世纪的"上帝"等的质疑，康德在解释"理性"的过程中确立了以理性为起点所构建的认识论框架，试图协调理论理性和实践理性这二者之间的矛盾，从而实现必然和自由的统一。由此可见，康德在对理性进行解释的过程中赋予了其形而上学的意义。康德所讲的"理性"表明主体的能力是先验的、预设的，而且理性还是考察其他一切事物的前提和基础。要从根本上批判康德哲学，就必须对康德的"理性"进行批判和超越。

马克思在大学期间就开始研究分析康德哲学，并吸取了康德哲学中的合理成分即用"应有"批判"现有"的方式来构建法哲学的框架结构。这一时期，马克思从关注康德哲学的价值追求开始向关注其实质追求转变，在对哲学发展实质的进一步探索中，逐渐认识到哲学"回到地上"的必要性。"康德和费希特在太空飞翔，对未知世界在黑暗中探索；而我只求深入全面地领悟在地面上遇到的日常事物。"③ "帷幕降下来了，我最神圣的东西已经毁了，必须把新的神安置进去。"④ 青年时期的马克思就已经找到了康德哲学的薄弱处，即康德并没有彻底扬弃实体主义。"一切表象作为表象来说，都有其对象，而它们自身又能成为其他表象的对象。出现

① 列宁：《哲学笔记》，人民出版社，1960，第 178 页。
② 〔德〕亨利希·海涅：《论德国》，薛华、海安译，商务印书馆，1980，第 306 页。
③ 《马克思恩格斯全集》第 40 卷，人民出版社，1982，第 651~652 页。
④ 《马克思恩格斯全集》第 40 卷，人民出版社，1982，第 14~15 页。

是能对我们直接被给予出来的唯一对象，而在出现之中，其直接和对象有关系的东西就成为直观。可是这种出现并不是物之在其本身；出现只是表象，而表象又有其对象——这对象本身是我们不能直观到的，因而就可能为非经验性的对象，即先验的对象，等于 X。"① 由此可见，思想及其范畴陷入有限的主观世界里，我思的基本建制仍然是莱布尼茨的单子的翻版。

为解决实际问题，马克思从与康德哲学完全相反的路径出发去解决康德哲学未能解决的问题，使得哲学从遥不可及的天国回到了与人类社会生存和发展息息相关的地上，实现了对康德哲学"哥白尼式革命"的超越，从"理性"正式回归到了"实践"。马克思对康德哲学的这一批判是一个长期的过程，在这一探索过程中，马克思受到黑格尔和费尔巴哈的影响，但是最主要的还是马克思本人将哲学问题和现实问题这两者结合起来，强调了哲学对于人类实践的基础作用和对人类实践活动的科学理解，这是对康德哲学中"理性"的绝对统治地位，以及传统形而上学的认识论和存在论局限的超越。

《莱茵报》时期，马克思在对社会现实问题进行揭露和批判的过程中，认识到凡是属于观念的东西都无法解释现实存在的合理性以及现实存在的发展方向，只有作为社会主体的人与人之间的物质利益关系才能够最终决定观念的存在。物质资料的生产是人类最基本的实践活动，"任何一个民族，如果停止劳动，不用说一年，就是几个星期，也要灭亡"②。在这里，马克思从人类生存和发展的角度对物质生产活动的重要性进行了论证。此外，他还特别强调了"环境的改变和人的活动或自我改变的一致"③，认为包括道德、宗教的形而上学以及其他一切所谓的意识形态是没有历史、没有发展的，而在社会实践中发展着自己的物质生产和物质交往的人们，在对自己所处的现实进行改变的同时也改变着自己的思维以及思维的产物。在此，马克思并不是用单纯的意识来解释存在，而是从社会实践的角度出

① 〔德〕康德：《纯粹理性批判》，韦卓民原译，华中师范大学出版社，1991，第135页。
② 《马克思恩格斯选集》第4卷，人民出版社，1995，第580页。
③ 《马克思恩格斯文集》第1卷，人民出版社，2009，第500页。

发来解释社会意识。"马克思不赞成康德把此岸世界（现象界抑或是生活世界）与彼岸世界（本体界）割裂开来，其实质是把两种原本紧密联系在一起的不同的实践活动割裂开来。"① 从这个意义上来讲，康德哲学中的绝对理性以及传统哲学中的"观念决定论"的根基都彻底被瓦解和消除了。

马克思的实践概念不单单局限于抽象的精神活动以及人们的日常活动范围，其中更为主要的是对作为社会主体的人的改造世界活动的抽象，即人类通过人与人、人与自然、人与社会之间的物质、能量和信息的交换来满足人类的基本生存和发展的需要，人的这种活动就是社会主体在追求自身发展的过程中通过否定现存世界的合理性推动其向应然世界转变，它是一种带有必然性的社会的、历史的、批判性的活动，这种活动的性质也决定了其是构成人类社会最普遍、最基础、最永恒的活动形式。因此从这个意义上来讲，马克思的实践概念不仅包括认识论的意义，而且包括本体论的价值观意义，实践这个概念构成了马克思哲学的基础和核心。对于世界的本原和本体论问题，马克思并不是脱离人的社会实践而去抽象地研究，而是立足于人类的社会实践，在实践的基础上开始分析考察人的生存和发展问题，马克思的这种方式既实现了对包括康德哲学在内的传统本体论研究问题领域的超越，又克服了以往传统哲学家们只停留于先验玄思层面的局限性。

马克思站在历史唯物主义的立场上，既克服了康德哲学革命中的局限性，又吸收了其中的积极成果。马克思从两个维度扬弃了康德哲学革命的成果，推动哲学思维迈上新的台阶，以实践思维方式为钥匙，开启了现代哲学的大门。一是自由的外在维度对内在维度的扬弃。康德哲学以实践理性为出发点和落脚点，其所构建的是以先验思维为导向的纯思辨的形而上学体系，康德所谋求的自由不是现实生活世界中的自由，也不是改造现实世界以获取的外在自由，而是内在地存在于现实世界彼岸的自由。马克思的自由观不同于康德的，马克思从现实出发，但是他并没有摒弃理性的能动原则和普遍原则，而是认识到感性知识和具有必然

---

① 路向峰：《哲学思维方式与哲学变革——兼论马克思对康德哲学的继承与超越》，《教学与研究》2012 年第 11 期，第 36 页。

性和普遍性的理性知识具有互相依存、互相转化的联系，因此，马克思将现实和真理相结合，将自由的内在维度和外在维度统一在人类的现实生活实践中。二是生活实践对理性实践的扬弃。马克思在《关于费尔巴哈的提纲》第一条中说道，"从前的一切唯物主义（包括费尔巴哈的唯物主义）的主要缺点是：对对象、现实、感性，只是从客体的或者直观的形式去理解，而不是把它们当做感性的人的活动，当做实践去理解，不是从主体方面去理解。因此，和唯物主义相反，唯心主义却把能动的方面抽象地发展了，当然，唯心主义是不知道现实的、感性的活动本身的"①。马克思既看到了康德的理性实践思维方式重视人在实践活动中的主观能动性，也看到了其局限性，即忽略了感性实践活动在认识中的基础性作用。然而，马克思将实践活动视为人类社会存在和发展的根本条件，诚然，人类认识活动的基础就是生活实践。因此，马克思的生活实践扬弃了康德的理性实践和道德实践。

（二）马克思分析解决近代哲学的基本问题

马克思在消除康德哲学形而上学基础上，克服了康德哲学在认识论上的缺陷，同时也实现了其在认识论上的革命性变革。不同于康德的纯粹理性批判，马克思立足于人类的社会实践来解决其认识论问题，从而彻底实现了对康德"哥白尼式革命"的超越。在实现这种根本性颠覆的基础上，马克思拒斥了"仅仅把理论的活动看做是真正人的活动"② 这种"解释世界"的做法，而且马克思认为通过这种"解释"来承认现存事物的合理性，是带有形而上学色彩的。以此为基础，马克思以"人的思维是否具有客观的［gegenständliche］真理性，这不是一个理论的问题，而是一个实践的问题"③ 的论断指出了实践对认识具有决定作用，与康德哲学的认识路径明确区分开来。"人应该在实践中证明自己思维的真理性，即自己思维

① 《马克思恩格斯选集》第 1 卷，人民出版社，2012，第 133 页。
② 《马克思恩格斯文集》第 1 卷，人民出版社，2009，第 499 页。
③ 《马克思恩格斯文集》第 1 卷，人民出版社，2009，第 500 页。

的现实性和力量，自己思维的此岸性。"① 马克思在这里，运用一种十分巧妙的方式说明人类要想获得关于世界的真理性认识可以借助实践手段，在一定意义上，这也是对客观世界真理的内涵以及本质的强调，真理是人们在认识世界和改造世界的过程中表现出的思维力量。在此马克思重点强调了真理的来源和真理的作用，指出了理论指导实践对于改变世界的重要意义。因此，人类在认识世界和改造世界的过程中不仅可以通过实践来获得对客观世界的真理性认识，而且还可以发挥实践借助人类思维对变化着的客观世界改造的重要作用；在社会实践的过程当中，人类的意志、精神、思想等在客观世界中产生的上层建筑必然会实现其意义和价值。从这个意义上来讲，马克思所提出的"实践"理论是对康德"哥白尼式革命"的颠覆和超越，在认识论领域掀起了一场哲学革命。

第一，马克思所提出的实践理论从根本上解决了主体和对象的内在统一问题。恩格斯将近代哲学中出现的形而上学危机和认识论危机归结为近代哲学最基本的问题，即思维和存在的关系问题，并且认为这是在近代才具有了其全部意义的"哲学的基本问题"。恩格斯提出这个论断主要有以下两个方面的原因，一方面，资产阶级想要获得最大利益，展开对封建专制制度和宗教神学统治的批判，从思想层面寻找解决办法；另一方面，为推动资本主义工业的发展，试图建立起与工业和自然科学发展密切相关的认识论和方法论。从某种意义上来讲，近代哲学的世界观和认识论的基本问题二者开始合二为一，人类在加深对世界的认识过程中获得了关于世界普遍性和规律性的认识，这种认识为资本主义的发展提供路径引领；近代哲学认识论的最终任务就是研究其所获得的知识的哲学依据，即人类对世界的普遍性认识和对客观世界的实际认识这两者是否相一致以及一致的依据和表现，这也就是思维和存在二者的关系问题。

从理论上来看，近代哲学回避了思维与存在何为第一性的问题，未能解决近代哲学的基本问题。这种观点和做法最根本的原因在于他们误解了人类实践活动的真正意义，脱离实践对认识的重要作用孤立地讨论主体和

---

① 《马克思恩格斯文集》第 1 卷，人民出版社，2009，第 500 页。

对象二者之间的关系。近代哲学问题产生的原因就是未能正确认识实践的重要作用，脱离人的社会实践活动孤立地去研究和探讨主体和对象之间的关系。恩格斯在对哲学史发展进行总结的基础上明确提出，思维和存在的关系问题是近代哲学的基本问题。人类不仅把世界的本体当作其认识的对象，而且在实践过程中又不断地对对象进行讨论和证明。因此，康德哲学的重要贡献就是明确提出了弥合形而上学和认识论的危机，并且在这一论述过程中涉及了主体和对象之间的关系，意图通过"纯粹理性批判"的方式解决哲学的基本问题。

马克思对康德哲学的超越重点在于强调实践对主体和客体之间关系的作用，认为实践活动就是人类全部社会生活和精神生活的物质基础。人类的全部社会生活和精神生活的基础就是实践活动，人类从诞生之初，就开始从不同方面认识自然界，随着历史的进一步发展，人类为满足自身需要，从认识世界逐渐向改造世界转变，这不仅确定了自然界在历史发展过程中的优先地位，而且又对人在改变世界的过程中的主导作用进行了肯定。人类认识的不断深化，是立足于人类社会实践的基础上，使自在自然经过不断变化转变成人化自然的过程，这也是主体客体化和客体主体化二者相互作用的过程。人类认识不断深化的这一过程既从根本上解决了主体如何把握对象的问题，又为探索形而上学的本源和解决认识论问题奠定了坚实的基础。

第二，马克思从社会实践的角度出发，思考和解决主体统觉能力来源及其根据问题，在历史唯物主义维度上把认识理论与唯物主义结合起来。康德"哥白尼式革命"颠倒了理论和实践的关系，从而使其理论陷入了不可知论的泥潭，而这也导致他的"纯粹理性"同样陷入了不可知论的境地，所谓的实践理性和理论理性最终也只能被社会实践所赋予的各种需要的内容填塞，丧失了理性的本真。因此，康德所说的主体，实际上无非就是假定的先天主体，虽然具有能动的作用，但只具有机械的能动作用，是并不能完全解决认识问题的理性自我。从这个层面上来理解，我们就能分析出康德所说的理性能力不过是机械的能动，并不是现实的主体的能动。

马克思通过对康德哲学的理解和批判，最终果断跳出了所谓"纯粹理性"的认识论，并且在实践的基础上首次对实践的概念进行了唯物主义的阐释，把人从抽象的、先验的层面拉回到了现实生活当中，并且创建了以实践为基础、以人为主体的认识论，肯定人的主观能动性和现实性。马克思认为，主体的统觉能力是在人类实践活动中形成和发展的，他明确指出："不仅五官感觉，而且连所谓精神感觉、实践感觉（意志、爱等等），一句话，人的感觉、感觉的人性，都是由于它的对象的存在，由于人化的自然界，才产生出来的。"① 所谓人化自然，当然是指与人发生关系、被打上实践烙印的自然，既包含了自然界自身发展的产物，同时还有人通过实践去改造的痕迹。所以，人化自然和人对自然的认识不仅体现了人类认识自然和改造自然的成果，还体现了人的认识对象的取向性和认识的目的。正确认识和对待人的实践活动认识的来源，才能处理好实践与认识之间的辩证关系，认识才能继续在实践的基础上不断发展。

恩格斯说："人的思维的最本质的和最切近的基础，正是人所引起的自然界的变化，而不仅仅是自然界本身；人在怎样的程度上学会改变自然界，人的智力就在怎样的程度上发展起来。"② 这便是认识在实践中发展的理论，除此之外，他还从认识发展的基础上对人类认识能力的有限性和无限性的问题进行了分析研究，"思维的至上性是在一系列非常不至上地思维着的人中实现的；拥有无条件的真理权的认识是在一系列相对的谬误中实现的；二者都只有通过人类生活的无限延续才能完全实现"③。同时，针对康德哲学中的先验概念，我们要认识到先验概念并非纯先在的，也是人类在社会实践过程中总结反思而得出的，这一过程也是对人类进行的实践活动的形式结构的反映。恰如恩格斯所说："由于人的活动，因果观念即一个运动是另一个运动的原因这样一种观念得到确证。"④ 因果观念是由于人类实践活动的发生，除此之外，恩格斯还对逻辑的因果

---

① 《马克思恩格斯文集》第 1 卷，人民出版社，2009，第 191 页。
② 《马克思恩格斯文集》第 9 卷，人民出版社，2009，第 483 页。
③ 《马克思恩格斯文集》第 9 卷，人民出版社，2009，第 91 页。
④ 《马克思恩格斯文集》第 9 卷，人民出版社，2009，第 482 页。

规律是在实践基础上进行归纳和总结之后形成的这种言说给予了肯定。列宁在《哲学笔记》中也曾对逻辑范畴的形成进行过探讨："人的实践活动必须亿万次地使人的意识去重复不同的逻辑的式，以便这些式能够获得公理的意义。"① 即是说，实践活动的形式结构是形成思维逻辑式的基础，②人类实践活动不仅决定了人类的认识，而且还影响着人类认识的进一步发展。因此，为了解决关于主体性能力的根据、普遍性知识的来源和验证问题，我们仍然要回到实践中。

因此可以说，马克思主义哲学把哲学从形而上学中拯救出来了，而且还阐明了人类实践活动的基础性，以及实践对人类生存、发展以及人类认识发展的决定作用。

二　马克思语言观对黑格尔哲学语言观的革命性超越

黑格尔是德国古典哲学的集大成者，其实也是形而上学的集大成者，而语言问题是他关注的一个重要问题。在黑格尔那里，语言问题与他的辩证法、逻辑学一样，具有十分重要的地位。

（一）黑格尔的哲学和马克思的哲学

加州洛杉矶大学教授麦克卡姆伯曾讲道："我将证明，黑格尔是一位语言哲学家：是罗蒂说的'语言学转向'的第一个主要哲学家。像维特根斯坦、摩尔和奥斯汀——实际上，像卡尔纳普、罗素和奎因——黑格尔认为所有的哲学问题是语言问题。它们都可以得到解决，要么通过改革语言，要么通过更好地理解语言。所谓'更好地理解语言'，我的意思是他认为语言有改革自己的能力：他哲学的目标就是语言的理性提升……"③在康德的影响下，一方面，黑格尔在《精神现象学》中主要把语言当作思维过程的工具，这是工具论的语言观；另一方面，在黑格尔"绝对精神"

---

① 《列宁全集》第 55 卷，人民出版社，2017，第 160 页。
② 吕世荣：《论思维形式的起源》，《海南大学学报》（人文社会科学版）1989 年第 3 期，第 42~46 页。
③ John McCumber, *The Company of Words*: *Hegel, Language and Systematic Philosophy*, Northwestern University Press, 1993, p. 20.

理念中，语言具有语言的逻各斯本质，这是存在论的语言观。因此，黑格尔在精神现象学中对于语言的态度与其在逻辑学中大相径庭，语言的逻各斯精神在现象学中还处在自然意识阶段，在逻辑学中则提升到自为的本质阶段。①

在《精神现象学》上卷开篇第一章中，黑格尔认为，普遍的东西是感性确定性的真理，而语言是用来表达真理的，所以我们是不能够把所意谓的一个感性存在用语言表达出来。"当我们说出感性的东西时，我们也是把它当作一个普遍的东西来说的。我们所说的是'这一个'，这就是说，普遍的这一个，或者当我们说它存在时，亦即是说一般的存在。当我们这样说时，心中当然没有表象出一个普遍的这一个或一般的存在，但是我们说出来的却是普遍的东西；换句话说，我们没有真正地说出我们在感性确定性中所意谓的东西。"② 精神现象学的主要任务是寻找真正的确定性，它所关注的对象是意识，而不是语言。意识一方面要不断扬弃自己的个别意谓，另一方面还要从语言中找到自己的确定性表达，因此，语言就成了思维的工具。

在《逻辑学》中，黑格尔不再像在《精神现象学》中那样把语言当作思维过程的工具，他企图阐述语言的"逻辑本能"。黑格尔认为语言本身就是思考的素材、加工的对象，而不是思维过程中的工具，黑格尔从存在论的角度出发求语言的逻各斯本质。逻辑学中的所有范畴就是作为语言的语言、是加工过的语言，语言是目的、是"事情本身"，而不是工具。"逻辑学主要着眼于对语言的加工，这种加工，不是像英美分析哲学家那样另造一套'理想的''人工语言'，而是直接从日常语言中提取哲学语言的素材，然后通过阐释，使原来那些零散地、孤立地在语言中使用的概念范畴处于相互推演、相互解释的有机系统中，从而赋予它们哲学意义。"③由此可见，"哲学根本不需要特殊的术语"④，但"逻辑科学，当其讨论思

① 邓晓芒：《思辨的张力——黑格尔辩证法新探》，湖南教育出版社，1992，第139页。
② 〔德〕黑格尔：《精神现象学》上卷，贺麟，王玖兴译，商务印书馆，1979，第66页。
③ 杨玉：《工具抑或存在之本质——黑格尔的语言思想探析》，《求索》2011第12期，第133页。
④ 〔德〕黑格尔：《逻辑学》上卷，杨一之译，商务印书馆，1966，第8页。

维规定时，也将是另一些思维规定的重新改造：后一种思维规定，一般来说，是本能地和无意识地贯穿于我们的精神之中，即使它们进入到语言中时，也仍然不成为对象，不被注意；前一类的思维规定，则是由反思发掘出来，并且被反思固定下来，作为外在于质料和内容的主观形式"①。黑格尔在加工语言时注重的是"文法"，在这里"文法"就是指逻辑。"反之，一个人要是擅长一种语言，同时又知道把它和别的语言比较，他才能从一个民族的语言的文法，体会这个民族的精神和文化：同样的规则和形式此时就有了充实的、生动的价值。他就能够通过文法认识一般精神的表现，逻辑。"② 逻各斯源自语言，但这种语言并不是指日常中的语言，而是被对象化了的法则。所以说逻辑学对语言的加工和改造，体现了逻各斯精神的本质。

在《〈黑格尔法哲学批判〉导言》中，马克思的思想虽然还有浓厚的人本主义色彩，但实际上马克思已经转向现实的人，开始揭露"非神圣形象的自我异化"，他的哲学是"为历史服务的哲学"。③ 可以说这一时期他的"人本学的唯物主义哲学"是"为历史服务的哲学"。马克思在《〈黑格尔法哲学批判〉导言》中多次使用"哲学"一词，如此之高的使用频率引起学者们的注意。对于《〈黑格尔法哲学批判〉导言》中的"哲学"一词，一部分学者认为是指当时德国国内的两种主流的哲学思想，一种是以黑格尔为代表的思辨哲学，另一种是以青年黑格尔派和费尔巴哈为代表的人本主义。④ 还有一部分学者认为，在《〈黑格尔法哲学批判〉导言》中提及的"哲学"，一方面指的是"思辨的法哲学"，另一方面指的是马克思"正在形成中的新型哲学"。⑤ 这一争论具有共同点，那就是都承认"哲学"一词是包含"思辨哲学"的，其中的争论主要是这一哲学中是否包含马克思自己的哲学。赞同包含马克思哲学的学者认为，马克思的新型唯物

---

① 〔德〕黑格尔：《逻辑学》上卷，杨一之译，商务印书馆，1966，第8页。
② 〔德〕黑格尔：《逻辑学》上卷，杨一之译，商务印书馆，1966，第40页。
③ 《马克思恩格斯选集》第1卷，人民出版社，2012，第2页。
④ 何丽野：《马克思要"消灭"和"实现"的是什么哲学?》，《哲学动态》2014年第5期，第35~40页。
⑤ 孙伯鍨等：《马克思主义哲学史》第1卷，山西人民出版社，1982，第74页。

主义哲学已经有了雏形和大致体系，并且在批判当时黑格尔哲学、青年黑格尔派的哲学甚至是费尔巴哈的人本主义哲学时已经崭露头角；不赞同包含有马克思哲学的学者则认为马克思极力推崇的是费尔巴哈的"人本学的唯物主义哲学"。在笔者看来，前一种观点即"人本学的唯物主义哲学"是"为历史服务的哲学"更能令人信服。

持后一种观点的学者，主要的根据是马克思的《〈黑格尔法哲学批判〉导言》中自始至终都强调的两种观点，即与"人的根本就是人本身"和"人是人的最高本质"有关。① 而这两种观点也是费尔巴哈人本学的重要观点。费尔巴哈认为："宗教——至少是基督教——是人对自身的关系……属神的本质的一切规定，都是属人的本质之规定。"② 人创造的上帝，实际上是人的本质的对象化。尽管宗教世界涵盖了一些对象，但是"在宗教之本质及意识中存在着的，不外就是一般地在人之本质以及人关于自身和世界的意识中所存在着的"③。因此，"人"是"人本身"，是作为"类"存在的人；所谓的上帝实质上是人的产物，从这种意义上来讲，作为"绝对本质"的上帝就是人的本质的反映。"作为社会主体的人是坚决不能超越他自己真正的本质的界限……但他决不能再进一步脱离掉自己的类、自己的本质。"④ 因此费尔巴哈"人本学的唯物主义哲学"实质上就是借批判宗教，揭露宗教的秘密来实现人的"绝对本质"的复归。而这一观念对"青年黑格尔派"以及马克思、恩格斯等人有重大的启发。当时的马克思深受费尔巴哈人本主义思想的影响，并称赞费尔巴哈"给社会主义提供了哲学基础，而共产主义者也就立刻这样理解了您的著作"⑤。同样，恩格斯对费尔巴哈的思想也极为推崇，他曾说："那时大家都很兴奋：我们一时都成为费尔巴哈派了。"⑥

实际上，尽管马克思哲学思想深受费尔巴哈影响，但是他从来都不是

---

① 《马克思恩格斯选集》第1卷，人民出版社，2012，第10页。
② 〔德〕费尔巴哈：《基督教的本质》，荣震华译，商务印书馆，1984，第44页。
③ 〔德〕费尔巴哈：《基督教的本质》，荣震华译，商务印书馆，1984，第54页。
④ 〔德〕费尔巴哈：《基督教的本质》，荣震华译，商务印书馆，1984，第41页。
⑤ 《马克思恩格斯全集》第47卷，人民出版社，2004，第73页。
⑥ 《马克思恩格斯文集》第4卷，人民出版社，2009，第275页。

一个完全的费尔巴哈派学者。马克思曾经明确提出："人的自我异化的神圣形象被揭穿以后，揭露具有非神圣形象的自我异化，就成了为历史服务的哲学的迫切任务。"① 这也就是说马克思并不仅仅满足和停留在对宗教异化的批判，而是将目光和行动转向了"揭露具有非神圣形象的自我异化"，也就是揭露现实的市民社会中的人的自我异化，并寻找复归的方法。而这也表明了马克思哲学和费尔巴哈人本主义哲学之间的最大区别。通过马克思哲学中对现实的市民社会的分析可以看出，他的哲学实质上是"为历史服务的哲学"。

由此可以看出，马克思哲学实质上与费尔巴哈的人本主义哲学是有区别的，主要体现在四个方面。首先，很明显的是这两种哲学所批判的对象不同。先从费尔巴哈哲学说起，费尔巴哈的哲学矛头主要是针对宗教，并未考虑到当时宗教和政治制度之间的深层关系，也就没有将矛头指向政治制度；但是马克思却发现了政治制度的弊端，并"向德国制度开火"②，实际上是更加注重政治批判和社会批判。其次，马克思哲学和费尔巴哈哲学根本任务不同。费尔巴哈一心想结束"对宗教的批判"，从而实现将人赋予上帝的"绝对本质"归还给人的目标；而作为"为历史服务的"马克思哲学的目的是要在引导人们认识世界和改造世界的过程中确立"此岸世界的真理"，揭露宗教异化的本质，在实践基础上实现哲学的现实化，通过"彻底的革命"来实现"普遍的人的解放"。再次，对人的类本质认识不同。费尔巴哈的学说是典型的人本学，他认为人的类本质是"理性、爱、意志力"；但是很明显，马克思所理解的人的类本质绝不是"抽象的蛰居于世界之外的存在物"，而是感性的"人的世界"，是"国家，社会"③，是市民社会中的人。最后，费尔巴哈和马克思对实践的重视程度有很大的不同，费尔巴哈并不认同实践，他认为实践是低下的、并非真正的人的活动，因此从根本上来说费尔巴哈的哲学并没有跳出形而上学的旋涡，仍然停留在理论批判层面上。相反，马克思此时已经开始重视实践的重要作用

---

① 《马克思恩格斯选集》第1卷，人民出版社，2012，第2页。
② 《马克思恩格斯选集》第1卷，人民出版社，2012，第4页。
③ 《马克思恩格斯选集》第1卷，人民出版社，2012，第1页。

了，他甚至将"实践"这一概念放在自己哲学的首要位置。他认为，"实践"是"对思辨的法哲学的批判"所专注的"课题"的唯一解决办法，有原则高度的实践不但能把"德国提高到现代各国的正式水准"，甚至还能将之"提高到这些国家最近的将来要达到的人的高度的革命"①。可以说，马克思的实践是理论与现实相结合的实践，是在人类社会发展中被不断证明的实践。

尽管马克思在《〈黑格尔法哲学批判〉导言》中对费尔巴哈所提出的"人的根本就是人本身"和"人是人的最高本质"表示认同，并在此基础上来展开自己的研究，但是实质上马克思已经将抽象的人拉回到了现实中，人成了现实的、具体的人。马克思所进行的革命更为彻底一些，真正批判了德国当时的政治制度，目标在于改变世界，而不是仅仅将其局限在理论批判的范畴。人们一般只关注马克思盛赞费尔巴哈对社会主义的哲学的贡献，并且将它作为马克思是"一时的费尔巴哈派"和《〈黑格尔法哲学批判〉导言》中所要实现的哲学是"人本学的唯物主义哲学"的有力证据。但这种观点实质上是片面地理解马克思，没有从整体性和系统性上来分析马克思哲学，因为马克思还提到过"建立在人们的现实差别基础上的人与人的统一，从抽象的天上降到现实的地上的人类这一概念。如果不是社会这一概念，那是什么呢？"② 很明显，马克思所讲的人与费尔巴哈所讲的人实质上已经有了本质上的区别。

单单从对人的本质是什么的回答就可以看出马克思哲学对人的本质的认识已经从抽象的理论层面转向了现实的历史层面，而且他的哲学虽然是以"人本学的唯物主义哲学"为基点，但实质上是为了更好地实现"为历史服务"。

（二）马克思对黑格尔哲学的理解和超越

在《〈黑格尔法哲学批判〉导言》中，马克思提到了"消灭哲学"，实质上是要"取消哲学的思维方式"。不仅要将人从抽象拉回到现实中，

---

① 《马克思恩格斯选集》第 1 卷，人民出版社，2012，第 9 页。
② 《马克思恩格斯全集》第 47 卷，人民出版社，2004，第 73~74 页。

而且要将哲学从形而上学、理性中解放出来，真正做到实现哲学，转向关注现实的"实践"的哲学。

马克思在《〈黑格尔法哲学批判〉导言》中对实践政治派的错误提出批判，他认为，实践政治派的错误就在于"没有把哲学归入德国的现实范围，或者甚至以为哲学低于德国的实践和为实践服务的理论……不使哲学成为现实，就不能够消灭哲学"①。与此相对应，政治理论派也存在着极其严重的致命缺陷，"它以为，不消灭哲学，就能够使哲学成为现实"②。对于无产阶级的革命运动，马克思主张可以用哲学来指导革命，并认为"这个解放（人的解放——引者注）的头脑是哲学，它的心脏是无产阶级。哲学不消灭无产阶级，就不能成为现实；无产阶级不把哲学变成现实，就不可能消灭自身"③。这就是马克思"消灭哲学"的思想。这一思想带来的争论主要有两点：一是该思想是否具有合法性，二是如何理解这一思想中的"哲学"这一概念。

俞吾金认为，马克思"消灭哲学"的观点的提出和讨论其本身就是一个假命题，这主要是因为德文"aufheben"的本义是指"扬弃"而非"消灭"。④ 在《汉语常用字大词典》中，"消灭"有"消失，灭亡"和"使消失；除掉（敌对的或有害的人或事物）"⑤ 两层含义。"扬弃"通常有双重含义，即在"哲学上是指事物在新陈代谢过程中，发扬旧事物中的积极因素，抛弃旧事物中的消极因素"和"抛弃"⑥。显然，我们不能用中国的《汉语常用字大词典》对"消灭"一词的解释来阐释马克思所讲的"aufheben"。因为如果这样理解，会出现自相矛盾，即如果已经将"哲学"彻底消灭了，那么又应该如何使得"哲学"成为现实呢？既然"哲学"是德国人解放的"头脑"，"无产阶级"是解放的"心脏"，那么，用"头脑'消灭'心脏"或者用消灭了的"心脏'实现'头脑"这二者难道不是自相

---

① 《马克思恩格斯选集》第 1 卷，人民出版社，2012，第 8 页。
② 《马克思恩格斯选集》第 1 卷，人民出版社，2012，第 8~9 页。
③ 《马克思恩格斯选集》第 1 卷，人民出版社，2012，第 16 页。
④ 俞吾金：《"消灭哲学"还是"扬弃哲学"？》，《世界哲学》2011 年第 3 期，第 45~55 页。
⑤ 《汉语常用字大词典》，商务印书馆国际有限公司，2009，第 1195 页。
⑥ 《汉语常用字大词典》，商务印书馆国际有限公司，2009，第 1262 页。

矛盾吗？因此在其中必然存在着严重的逻辑错误，这也是对马克思主义的严重误解。但是，如果将"aufheben"译作"扬弃"，也不能充分地表达马克思思想的革命性，在"扬弃"了哲学之后，还会出现新的哲学；就像"扬弃"了无产阶级后，还会出现新的阶级。很明显这种译法与马克思的哲学现实化和关于彻底的"人的解放"思想是不一致的，与《共产党宣言》中"消灭私有制""消灭阶级差别""消灭阶级"的思想更是相去甚远。

柯尔施指出："我们应当记得，对他们来说，全部哲学等同于资产阶级哲学。"① 在他看来，马克思所谓的"消灭哲学"实质上是消灭资产阶级哲学。在柯尔施看来，马克思哲学是对社会整体进行把握的哲学。因此他认为："对现代辩证唯物主义来说，重要的是，在理论上要把哲学和其他意识形态体系当作现实来把握，并且在实践上这样对待它们。"② 柯尔施还强调，马克思"消灭哲学"和"实现哲学"中两个哲学的内容不同：所要"消灭"的哲学是资产阶级社会现实的一部分，所要"实现"的是辩证的历史唯物主义哲学。因此"实现哲学"就是在理论层面把握社会历史的整体，然后在实践中颠覆其整体性。根据柯尔施的论述，"你们不使哲学成为现实，就不能够消灭哲学"就可以被解读为"你们不使（马克思的）哲学成为现实，就不能够消灭（资产阶级的）哲学"。从这一分析中可以看出，柯尔施的思维范式中出现了指称不明的错误，除此之外，柯尔施没有从马克思主义发展史的角度来理解马克思哲学。受恩格斯《国民经济学批判大纲》的影响，马克思在《〈黑格尔法哲学批判〉导言》时期主要进行的是对德国宗教、政治的批判，而对德国政治制度的批判很明显不等于对资本主义经济的批判。所以，这一时期马克思的共产主义理论还未成熟，未能达到科学社会主义的水平。柯尔施从整体性角度去解读《〈黑格尔法哲学批判〉导言》时期"消灭哲学"的思想并不准确。

所以，这一命题从实质上来说只能算是一个假命题，即如果将

---

① 〔德〕卡尔·柯尔施：《马克思主义和哲学》，王南湜、荣新海译，重庆出版社，1989，第15页。

② 〔德〕卡尔·柯尔施：《马克思主义和哲学》，王南湜、荣新海译，重庆出版社，1989，第15页。

"aufheben"译作"消灭"，就会从根本上破坏马克思思想的自洽性，如果将"aufheben"译作"扬弃"的话，就不能揭示马克思思想的革命性和彻底性特征。但是如果我们从马克思思想的成熟性来理解"消灭哲学"的观点，这与《〈黑格尔法哲学批判〉导言》时期的思想发展事实不相符合。来自哲学更深层次的追问是，如果马克思真的要"消灭哲学"，又何来马克思哲学或者马克思主义哲学？这也正是第二国际的马克思主义理论家们深信马克思没有哲学，并认为这是"很重要的有利于马克思主义的东西"①的重要证据之一。

　　想要解决这一问题还是要回到马克思哲学的基础——实践，从实践上来分析马克思所讲的"消灭"与"实现"之间的辩证关系。早在马克思撰写博士论文时，他便提出了包含实践批判思想的结论即"世界的哲学化同时也就是哲学的世界化"②。他认为哲学包含内、外两层矛盾，这两层矛盾之间是天然相关的，并且这两层矛盾必须在感性世界中解决。哲学通过反思其与世界之间的关系，把握住现实世界的缺陷并试图改造世界，而这一过程便被称为"世界哲学化"。同样，"哲学在外部所反对的东西就是它自己内在的缺点"③，而这就是说哲学消除自身的缺陷和实现改变世界的目标其实是一体两面的。这一思想奠定了马克思对于"哲学"的基本态度，因此他确实是要"消灭哲学"，但"消灭哲学"并不等于"取消哲学""取消哲学的思维方式"，而是要借助实践手段将经过自我批判和反思的"哲学"转化为现实，实现"世界哲学化"，与此同时消除哲学自身的缺陷，完善哲学理论，实现"哲学世界化"。

　　马克思在《〈黑格尔法哲学批判〉导言》中对实践政治派和理论政治派进行了批判，他认为这两大政治派别所犯的错误在某种意义上是相同的，即"没有把哲学归入德国的现实范围"④。在进一步的考察和分析当中，我们知道这里的"哲学"其实就是德国的法哲学和国家哲学。而实践

①　〔德〕卡尔·柯尔施：《马克思主义和哲学》，王南湜、荣新海译，重庆出版社，1989，第 4 页。
②　《马克思恩格斯全集》第 1 卷，人民出版社，1995，第 76 页。
③　《马克思恩格斯全集》第 1 卷，人民出版社，1995，第 76 页。
④　《马克思恩格斯选集》第 1 卷，人民出版社，2012，第 8 页。

政治派的缺陷在于：没有在实践中对哲学进行实质性批判，只是"背对着哲学"，"扭过头去对哲学嘟囔几句陈腐的气话"①；更没有对哲学进行反思，不了解德国哲学反映的是"当代各国的现状"。因此，实践政治派对德国哲学的否定和对德国现实的批判其实是没有道理的，所以马克思才会说"你们不使哲学成为现实，就不能够消灭哲学"②。理论政治派的错误在于：该派认为"目前的斗争只是哲学同德国世界的批判性斗争"③，对于德国的批判没有到现实和政治制度层面，反而是停留在理论和意识形态上。理论政治派所谓的批判并非是为了改造现实，仅仅是为了保持哲学体系的圆融性、完满性和独立性。

实际上，在《〈黑格尔法哲学批判〉导言》中，马克思就已经意识到"实践"的重要性了，在批判了实践政治派和理论政治派之后，马克思就展开了对思辨法哲学的批判。他讲到思辨的法哲学是"现代国家……的抽象而不切实际的思维"④，是对现代国家对市民社会中的人不管不顾状况的反映，是"现代国家的未完成"及其机体缺陷的一种表现，而要克服现代国家机体缺陷的唯一手段就是实践。马克思通过对德国政治状况进行分析，进而认为"哲学"只有与最具革命性的无产阶级相结合才能转化为摧毁"一切奴役制"的物质力量。哲学"消灭无产阶级"最重要的就是用经过哲学反思得出的新的原则来指导无产阶级，通过无产阶级领导的革命运动来推翻现实中的"一切奴役制"；无产阶级"把哲学变为现实"的过程，其实就是"人的完全回复"的过程，就是把无产阶级作为人的"完全丧失"的本质又通过实践"回复"给他自身，从而实现无产阶级的"自我消灭"。这种"消灭"和我们通常所理解的消灭不同，不是消灭作为无产阶级的单个人，而是要在整体上实现无产阶级身份的转化，将这个"被戴上彻底的锁链的阶级"⑤ 转化为自由人的联合体。此处的"哲学"并不是"思辨的法哲学"，而是马克思在实践基础上形成的"为历史服务的哲学"。

---

① 《马克思恩格斯选集》第1卷，人民出版社，2012，第8页。
② 《马克思恩格斯选集》第1卷，人民出版社，1995，第8页。
③ 《马克思恩格斯选集》第1卷，人民出版社，2012，第8页。
④ 《马克思恩格斯选集》第1卷，人民出版社，2012，第9页。
⑤ 《马克思恩格斯选集》第1卷，人民出版社，2012，第15页。

"哲学消灭无产阶级"最终是在现实中"实现自身","哲学实现自身"的落脚点是"无产阶级消灭自身",二者是在同一个实践过程中实现的。

马克思专注于"实践"哲学的基调是在其"消灭哲学"与"哲学成为现实"过程中确立的。因此,《〈黑格尔法哲学批判〉导言》时期马克思的哲学观已经脱离了黑格尔形而上学的"思辨的法哲学",开始转向了关注现实的"实践"新哲学。

马克思在《1844年经济学哲学手稿》中,对黑格尔的《精神现象学》展开了批判,黑格尔把"人的本质本身仅仅被看作抽象的、思维着的本质,即自我意识"①,这是马克思对黑格尔的全部批判的根源。在马克思看来,黑格尔将抽象的自我意识看作人的本质,也就是说人作为外化活动的主体被抽象的自我意识取代了,剥夺了对象的直接现实性,导致主体外化的过程陷入了抽象的深渊。马克思指出,黑格尔哲学中"对异化了的对象性本质的全部重新占有,都表现为把这种本质合并于自我意识:掌握了自己本质的人,仅仅是掌握了对象性本质的自我意识"②。换句话说,如果人类的社会历史进程像黑格尔所描述的那样,那么它就变成了一个虚幻抽象的过程。马克思对黑格尔的超越,就在于他将黑格尔的"经验"概念现实化为"实践"。列宁曾经指出:"实践高于(理论的)认识,因为它不仅具有普遍性的品格,而且还具有直接现实性的品格。"③

"黑格尔虽然提出将人类历史看作绝对精神的展开过程,并将历史理解为绝对理性的运动过程,表面上赋予历史以理性的普遍性,但实际上则将历史过程的本质回归到最高的'世界精神',将历史主体重新定义为上帝。"④ 但是,在马克思看来,人才是历史的主体,历史是现实的人的实践活动,人类的历史是实践活动的积累与继承,"后来的每一代人都得到前一代人已经取得的生产力并当作原料来为自己新的生产服务,由于这一简

---

① 马克思:《1844年经济学哲学手稿》,人民出版社,2000,第113页。
② 马克思:《1844年经济学哲学手稿》,人民出版社,2000,第103页。
③ 《列宁全集》第55卷,人民出版社,1990,第183页。
④ 邹广文、王纵横:《论马克思"实践"概念的本体论意义——析马克思对黑格尔"经验"概念之本体论维度的继承与超越》,《清华大学学报》(哲学社会科学版)2012年第6期,第133页。

单的事实，就形成人们的历史中的联系，就形成人类的历史"①。如果我们把马克思的人的实践活动与黑格尔的意识的经验运动进行比较的话，显而易见，前者所承担的任务比后者多，因为实践一旦被提升到与人的现实本体同一时，它就超越了一个简单的物质生产过程，成为一个本体论概念。实践既具有认识论意义，又具有本体论意义，这与黑格尔将"绝对精神"看作本体论、将"经验运动"看作认识论的割裂构造大相径庭。

三 马克思对费尔巴哈哲学的批判与超越

理论界常常将马克思与恩格斯在《神圣家族》中对鲍威尔的批判视为对费尔巴哈的维护，并将马克思的理论立场与费尔巴哈的人本主义相联系。要讨论这个问题我们必须搞清楚两件事，第一，在《神圣家族》中对费尔巴哈的维护是否出自马克思的手笔？第二，如何理解《神圣家族》中马克思对费尔巴哈观点的理解，这个问题直接关系到 1845 年的《关于费尔巴哈的提纲》在马克思思想发展史上的地位。针对这一问题也有两种假设，假定在《神圣家族》中马克思仍然是费尔巴哈理论的追随者，那么马克思随后写的《关于费尔巴哈的提纲》就相当于是某种神奇的顿悟；假定《神圣家族》中马克思已经逐渐同费尔巴哈划清了界限，那么之后的《关于费尔巴哈的提纲》就自然是马克思理论的下一个环节。

第一个问题，《神圣家族》中对于费尔巴哈的评价究竟是出自谁之手？对于这个问题进行研究绝对不是对马克思和恩格斯理论差异的放大化，更不是为了对马克思和恩格斯进行严格的区分，最主要的目的是基于历史文本来寻找答案。马克思和恩格斯的《神圣家族》中并没有对二人分别写作的内容进行明确注释，但是马克思在序言中已经明确提到了该著作是由两人"各自分头"完成的。以"各自单独叙述的形式"表达的是"各自的肯定的观点"。由此可见，至少从二人的论述来看，他们之间并没有直接的交流和沟通，所以在思想趋于一致的过程中存在一些理论上的碰撞和争论也是不可避免的。除此之外，在哲学家科尔纽的部分著作中，我们也可

---

① 《马克思恩格斯全集》第 47 卷，人民出版社，2004，第 440 页。

以发现马克思和恩格斯在"创作"中所遗留下来的潜在分歧，他在谈到《神圣家族》的创作时，提到恩格斯在创作时很快完成了自己负责的那部分，但是他对于这部著作的理解却与马克思存在分歧。① 另外，我们需要注意的是，马克思和恩格斯二人共同制定了《神圣家族》的写作大纲，针对该著作的批判对象（即鲍威尔所代表的"神圣家族"）达成了一致，但是这造成的一个后果就是，当批判鲍威尔哲学时，就会自觉或不自觉的拔高费尔巴哈的理论地位。换句话说，此时对于费尔巴哈理论的评价仍然是在与鲍威尔的比较性语境中作出的，这就使得一些哲学家在展开对费尔巴哈的评价时会带有主观色彩，也就是对费尔巴哈哲学的评价不够准确。事实上，秉承《1844 年经济学哲学手稿》的基本思路，马克思已经逐步意识到与费尔巴哈理论的差异——从潜在界限逐步走向自觉。

而第二个问题就是，《神圣家族》中对费尔巴哈的评价究竟是在何种意义上作出的，这一问题关系到如何澄清马克思与费尔巴哈之间的理论界限。要知道，马克思在《1844 年经济学哲学手稿》中对费尔巴哈作出的高度评价是存在特殊语境的，即是在将费尔巴哈与沉迷于思辨哲学而不自知的鲍威尔相比较的情况下作出的评价。马克思之所以会作出这种评价，是因为费尔巴哈与鲍威尔相比是秉持着一种"真正的、严肃的态度"，而当时对黑格尔思辨哲学展开批判的马克思对这种态度产生了共鸣。如果我们能在特殊语境中理解马克思对费尔巴哈的态度，我们就可以发现这两位理论家背后潜藏着的巨大的理论差异。这种差异在《神圣家族》这一著作中得到了进一步发展，《神圣家族》将二人之间的理论差异进一步拉大。

马克思在《神圣家族》中讲道："费尔巴哈把形而上学的绝对精神归结为'以自然为基础的现实的人'，从而完成了对宗教的批判。"② 马克思强调费尔巴哈理论的真正价值在于奠定了一个新的哲学地基——"以自然

---

① 〔法〕奥古斯特·科尔纽：《马克思恩格斯传》第 1 卷，刘丕坤、王以铸、杨静远译，生活·读书·新知三联书店，1980。
② 《马克思恩格斯全集》第 2 卷，人民出版社，1957，第 177 页。

为基础的现实的人"①。正是这个"伟大功绩"实现对旧形而上学体系的尖锐的批判，费尔巴哈的理论才被认为是一种看似正确的批判路径，沿着这条路径，可以实现对黑格尔的思辨以及一切形而上学的批判。事实上，费尔巴哈的"伟大功绩"仅仅是完成了对宗教哲学的批判。至于对黑格尔的一般哲学的批判仍未完成，甚至费尔巴哈理论本身依然没有超出黑格尔哲学的范畴，依然是黑格尔思辨哲学的分支而已。

《德意志意识形态》一书在马克思主义发展史上具有里程碑意义，因为它标志着马克思创立的新世界观——实践唯物主义的诞生。在这部著作中，马克思运用实践唯物主义为思想武器，彻底清算了以费尔巴哈人本唯物主义为代表的旧唯物主义，从而实现了对费尔巴哈的全面超越。在《德意志意识形态》中，马克思深刻分析了费尔巴哈唯物主义的根本缺点——直观唯物主义，并且利用实践的观点对费尔巴哈的唯物主义进行彻底的改造。

一是对人本前提的超越：从"自然的人"到"现实的人"。费尔巴哈指出，"人在世界上之最初的出现，……只归功于感性的自然界"②，他认为人和动物是相同的，仅仅是"自然界的产物"，同时费尔巴哈也指出人相较于动物特殊的地方在于人是具有意识的自然界的产物，但是人们的意识是其本身固有的属性罢了。费尔巴并没有把人放在社会关系中，而是将其作为一种纯自然的存在，尽管他在新哲学中强调"人"是"现实的人"，但是他并没有在人的实践活动中去理解"人"，所以费尔巴哈所谓的"现实的人"就只能是"自然人"。在马克思看来，费尔巴哈"停留于抽象的'人'，并且仅仅限于在感情范围内承认'现实的、单个的、肉体的人'"③。"我们开始要谈的前提……是一些现实的个人，是他们的活动和他们的物质生活条件，包括他们已有的和由他们自己的活动创造出来的物

---

① 《马克思恩格斯全集》第 2 卷，人民出版社，1957，第 177 页。
② 〔德〕费尔巴哈：《费尔巴哈哲学著作选集》上卷，荣震华等译，商务印书馆，1984，第 214 页。
③ 《马克思恩格斯选集》第 1 卷，人民出版社，2012，第 157 页。

质生活条件。"① 只有"人"同他们的物质生产活动相联系，才算得上是"现实的人"，这种"现实的人"是马克思人本思想的出发点，它将人放在实践活动中去理解，凸显了人的主体地位和主观能动性。

二是对人的本质的超越：从"类本质"到"社会关系的总和"。于费尔巴哈而言，人和动物的区别在于意识，但是这种意识是对类的自我意识，"将自己的类、自己的本质性当作对象的那种生物，才具有严格意义上的意识"②。"如果人的本质就是人所认为的至高本质，那么，在实践上，最高的和首要的基则，也必须是人对人的爱。"③ 费尔巴哈无法理解现实生活中的人，他只是从直观的角度对单个人进行理解，认为人的本质就是"一种内在的、无声的、把许多个人纯粹自然地联系起来的普遍性"④。而马克思指出，"一个种的全部特性、种的类特性就在于生命活动的性质，而人的类特性恰恰就是自由的自觉的活动"⑤，所以劳动是人与动物相区别的本质属性。后来，马克思深刻认识到，人的劳动所生产出的物质利益关系把人们联结起来，从而形成了各种各样的社会关系，这种社会关系决定了人的本质。

三是对人类历史基础理解上的超越：从"宗教是人类历史的基础"到"实践活动是人类历史的基础"。费尔巴哈坚持了唯物主义的基本方向，认为物质是第一性的、意识是第二性的，但是费尔巴哈忽视了人的实践活动在人类历史发展过程中的决定性作用，他认为人类历史的发展是宗教的变迁所引起的。"人类的各个时期的彼此不同，仅仅是由于宗教上的变迁。"⑥ 因而，费尔巴哈在自然观上是唯物主义的，但是在历史观上却是唯心主义的，他的哲学是半截子的唯物主义。"当费尔巴哈是一个唯物主义者的时候，历史在他的视野之外；当他去探讨历史的时候，他决不是一个唯物主

---

① 《马克思恩格斯选集》第 1 卷，人民出版社，2012，第 146 页。
② 〔德〕费尔巴哈：《基督教的本质》，荣震华译，商务印书馆，1984，第 44 页。
③ 〔德〕费尔巴哈：《基督教的本质》，荣震华译，商务印书馆，1984，第 743 页。
④ 《马克思恩格斯选集》第 1 卷，人民出版社，2012，第 139 页。
⑤ 《马克思恩格斯全集》第 42 卷，人民出版社，1979，第 96 页。
⑥ 〔德〕费尔巴哈：《费尔巴哈哲学著作选集》上卷，荣震华等译，商务印书馆，1984，第 95 页。

义者。在他那里，唯物主义和历史是彼此完全脱离的。"① 马克思认为人类历史是随着实践活动的产生而产生的，实践活动才是人类历史发展的基础。"这种活动、这种连续不断的感性劳动和创造、这种生产，是整个现存感性世界的非常深刻的基础，只要它哪怕只停顿一年，费尔巴哈就会看到，不仅在自然界将发生巨大的变化，而且整个人类世界……也就没有了。"② "每一代都在前一代所达到的基础上继续发展前一代的工业和交往方式，并随着需要的改变而改变它的社会制度。"③ 因此，人类历史并不是宗教变迁史，实际上是物质生产实践的变迁史。

四是对人本实现途径的超越："爱的宗教"到"人的自由全面发展"。费尔巴哈与唯心论中的人道主义者不同，他致力于从现实生活中找到实现人道主义的途径，而后者只是企图在思想领域发觉人的主体性。费尔巴哈认为我们只有揭示出宗教的虚假本质，把宗教与它的世俗基础相联系，才能够将人的本质归还给人本身。费尔巴哈提出在现实生活中建立"爱的宗教"，通过人与人之间的爱代替人对上帝的爱。"爱使人成为上帝，使上帝成为人。"④ 实际上，费尔巴哈是把"爱"作为实现人的本质力量、克服宗教异化的方式，但是将这两者诉诸爱的道德教化，有些过于夸大"爱"的力量，因为在现实社会中，单凭"爱"并不能够帮助人们克服生活中的所有难处。所以，恩格斯才不无嘲讽地说："这样一来，他的哲学中的最后一点革命性也消失了，留下的只是一个老调子：彼此相爱吧！不分性别、不分等级地互相拥抱吧！——大家都陶醉在和解中了！"⑤ 马克思认为，人的异化才是宗教异化的根源所在，所以消除宗教异化必须以消除人的异化为前提，仅仅通过建立"爱的宗教"这一道德方式是远远不够的，只有在现实社会中运用革命的手段才能真正实现人的解放，从而克服宗教异化。马克思通过对资本主义社会的考察，发现资本主义社会中到处是资本家残

① 《马克思恩格斯全集》第 3 卷，人民出版社，1960，第 51 页。
② 《马克思恩格斯全集》第 3 卷，人民出版社，1960，第 50 页。
③ 《马克思恩格斯全集》第 3 卷，人民出版社，1960，第 48~49 页。
④ 〔德〕费尔巴哈：《费尔巴哈哲学著作选集》下卷，荣震华、王太庆、刘磊译，商务印书馆，1984，第 76 页。
⑤ 《马克思恩格斯选集》第 4 卷，人民出版社，2012，第 246 页。

酷的剥削和压迫，人的尊严也得不到尊重，人逐渐异化为生产工具，成为资本家追求利润的生产资料。在马克思看来，要想在现实生活中突出人的主体地位、实现人性的复归，就必须消灭资本主义制度，并利用一种新的、更高层次的社会制度即共产主义社会取代资本主义社会，只有在这种社会制度下，人们才能够实现自由全面的发展，获得个性解放。

第三章 马克思之后哲学革命演变
深化的总体态势

马克思哲学既是哲学的革命，也是革命的哲学。在创立新的哲学观时，马克思以实践作为他的哲学体系的本质特征和基础，他称自己为"实践的唯物主义者"。他的理论以哲学革命的形式彻底颠覆了以往传统哲学的形而上学，开启了以"改变世界"为旨趣的"实践论"路向。但是，世界范围内的哲学革命并没有终结，马克思之后，哲学革命仍然在继续深化、发展。一方面，现代西方哲学相继发生了反形而上学的"实践转向"；但是在另一方面，形而上学存在了几千年，它的影响仍不容小觑。虽然在反对形而上学这一点上现代西方哲学同马克思主义哲学有一定的共性，但实质上还是有很大的不同。[①]

以往哲学指导科学的发展，但是在工业革命之后，科学技术取得了长足的发展和进步，与此同时哲学却越来越落后，不仅不能再对科学的发展"说三道四"，而且自身的继续发展也陷入了巨大的困境中，哲学面临着一个巨大的转向问题。在自然科学的发展与哲学发展不相适应的过程中，马克思主义哲学诞生了。马克思主义哲学中包含的"认识世界"和"改变世界"的实践观点让众多哲学家耳目一新，在马克思所处的时代，许多哲学家的思想深受马克思思想观点的影响，在马克思逝世之后，仍然有很多哲学家继续在马克思主义实践观的基础上探讨分析如何用哲学来改变世界的问题。也就是说，马克思之后，哲学革命进程并没有终结，而是在反形而上学、反对理性、崇尚"实践"的基础上演化为种种形态的实践哲学，来指导社会实践的发展。

---

① 任平：《马克思之后的哲学革命：当代路向及其意义》，《学术月刊》2009 年第 10 期，第 49~58 页。

第一节　实用主义力倡"实践效用"

实用主义主要兴起于 19 世纪 70 年代，同逻辑经验主义是同一时期的产物，两者都主张哲学与科学具有密切联系，哲学应向科学学习。但是实用主义重点强调科学的效能，主张学习科学的有用性。实用主义本质上就是将确立信念作为其理论纲领和出发点，并采取行动的手段方式，从而以求获得最高的实际效果。实用主义者对行为、行动的解释，关注行动是否能带来某种实际的效果，也就是关注直接的效用、利益，有用即是真理，无用即为谬误。针对这一点，冯友兰在《三松堂自序》中论述实用主义时提到，"实用主义的特点在于它的真理论。它的真理论实际是一种不可知论"①。人们的认知主要来源于经验，但是并没有人可以确切地断定什么隐藏在经验的背后。这是一个毫无追究意义的问题，这是因为在经验范围之外，人们无论如何也不能得到或确证任何其他认识。解决问题的关键主要还在于经验。从这个意义上可以说，真理实则就是对于复杂经验的一种通透解释，解释得当即为真理，同时，有用就是真理，客观的真理在它的限定条件之外可以忽略不计。

实用主义，是美国本土土生土长的思想，也体现了美国人身上的务实精神和创新意识，也可以说实用主义就是美国精神的理论升华。美国是实用主义的大本营，哈佛大学尤为重视实用主义。但是实用主义在国外被西方资本主义社会普遍接受和其在国内跌宕起伏地发展形成鲜明对比，当然其中的原因有很多：其一是因为政治和意识形态的作用，对于实用主义有一定的歪曲；其二就是国内对于实用主义的内涵、核心要义理解得不够透彻；当然还有一些其他的因素。在哲学界，实用主义也一直因为哲学味道不够浓厚而被排斥。虽然基于某些政治原因，一些国家对实用主义持鄙视的态度，但其实当今学术界很多哲学思想中都蕴含了实用主义，例如欧洲的后现代哲学思想和马克思主义哲学中也有部分思想和实用主义是一致

---

① 冯友兰：《三松堂自序》，生活·读书·新知三联书店，2009，第 5 页。

的。当然实用主义目光短浅，只看重效益等弊端值得我们警惕和反思；除此之外，实用主义强加"实践"于自己的理论中，但其本质上仍然属于唯心主义的范畴。

一 实用主义的形成、演变和发展

现在一般认为 1877~1878 年皮尔士的两篇文章《信念的确立》和《如何使我们的观念清晰》标志着（古典）实用主义思想的诞生。随后实用主义的思想在"形而上学俱乐部"中发扬光大。威廉·詹姆斯在 1898 年的一次演讲中正式提出了"实用主义"这一概念。随后杜威将皮尔士、詹姆斯的思想进行系统化，形成了系统化、理论化的实用主义。到 20 世纪 30 年代，实用主义逐渐走向衰败，分析哲学逐渐成为主流。到 20 世纪下半叶，新实用主义融合实用主义和分析哲学的思想出现在美国大众的视野中，这也标志着美国的实用主义进入了一个新的发展阶段，继续活跃在美国的哲学舞台上。

二 实用主义的核心思想

实用主义的核心思想不外乎"实用""有用"，美国实用主义哲学的创始人皮尔士、詹姆斯曾将"实践""实效"作为自己哲学的主导思想，用来反对康德哲学意义上的先验"实践理性"。而后布里奇曼的操作主义和奎因的逻辑实用主义等，都将实践以及实践效用作为他们新的哲学的规范。① 但是起初实用主义并不认为实用等同于实践，皮尔士曾经说："实用和实践之间的差距就像地球的两极那样遥远。"② 但是后来詹姆斯所强调的"实践"在本质上是与实用主义相契合的。曾经有这样一个命题经常被实用主义所提到，即"实践效果是检验某些概念的根本方法"，换句话说，"如果考虑你的概念的对象可能有什么意识到

① 任平：《马克思之后的哲学革命：当代路向及其意义》，《学术月刊》2009 年第 10 期，第 49~58 页。
② 〔美〕约翰·杜威等：《实用主义》，杨玉成、崔人元编译，世界知识出版社，2007，第 31 页。

的实践关系的效果，那么，你关于这些效果的概念是你关于这些对象概念的全部"。① 从实践效用出发可知，由于实用主义的主要代表人物始终坚持认为形而上学在本质上是一种无效假说，因此，实用主义的宗旨主要在于解决形而上学问题，即"清除形而上学"。② 就此而言，实用主义正是把反对形而上学、反本体论，同时主张实践效用原则作为其一以贯之的轴心来构建实践哲学。

（一）皮尔士实用主义

皮尔士虽然没有明确提出实用主义这个概念，但是他的确是古典实用主义当之无愧的创始人。皮尔士的实用主义主要包括实在论和宇宙发生论、信念理论和皮尔士原理。他的思想也属于现代西方经验主义思潮，虽然排斥传统的形而上学，但是他接受以经验为基础的形而上学，并将其称为"现象学"。皮尔士的现象学认为人们可以认识事物的表象，同时也可以认识和把握包含在经验中不能还原为别的东西的那些基本要素，也就是现象的普遍的、本质的成分或范畴。他的经验论主要体现在他的实在论中，他认为实在的确定完全取决于人的意见，因为事物的意义全在于人们感知的行动效果。实在的事物主要的作用就是为了引起信念，因为它们所激起的一切感觉都以信念的形式出现在意识之中。皮尔士将世界的进化看成上帝计划的实现：宇宙的起点、造物的上帝，是绝对第一位的；宇宙的终极目的、完全现身的上帝，是绝对的第二位的；宇宙在实践的可度量性瞬间内的任何状态是第三位的。③ 可以看出这是一种从精神到精神的唯心论，皮尔士也曾自称他的哲学是"一种谢林式的唯心论"。从一种非个人化的感情出发，启动它自身的概括化倾向或习惯，进化出宇宙的一切规则，在演化进程中无任何必然性，完全是偶然因素在起作用，最后在无限

---

① 〔美〕约翰·杜威等：《实用主义》，杨玉成、崔人元编译，世界知识出版社，2007，第35、36页。
② 〔美〕约翰·杜威等：《实用主义》，杨玉成、崔人元编译，世界知识出版社，2007，第60页。
③ 姚大志主编《现代西方哲学》，中国社会科学出版社，2015，第91页。

遥远的未来达到精神的最高境界。①

皮尔士哲学中讲求确立信念的重要性。在皮尔士看来，信念就是按照一定的方式去行动的习惯。信念具有三种特征：其一，是我们可以察觉的某种东西；其二，信念可以平息怀疑的焦躁；其三，信念中包含着建立一种习惯的意思。皮尔士认为人们的怀疑只产生于行动习惯的中断，而信念的确立可以使人打破怀疑，并继续确立行动。皮尔士哲学中最重要的部分就是其关于确定该概念或命题意义的理论。他认为一个物体有什么意义全看这个物体可以产生什么样的效果，这个效果就是这个概念意义的全部。他的意义理论和真理理论也紧密相关，真理理论主要包含符合说、极限说、一致同意说、信念说。简单地用古希腊哲学家都喜欢用的杯子来举例子，首先，杯子的外形要像杯子，其次它的功能是用来喝水，这是符合说。杯子是硬的，能拿在手里，可以用来喝水；那反过来硬的、能拿在手里的、可以用来喝水的还有奶瓶，这说明真理是具有相对性的。杯子在中国称为"杯子"，在美国称为"cup"，但是"杯子"等于"cup"，这就说明真理是人们一致同意的意见。人们要建立起一种用杯子喝水的习惯，即真理是人们的一种信念。

（二）詹姆斯实用主义

詹姆斯可以说是实用主义哲学运动的开创者。他首次提出了"实用主义"概念，并将实用主义梳理为一种系统化的理论。詹姆斯将自己的世界观称为"彻底经验主义"，他原是想用彻底经验主义来排除形而上学，却不想将经验推到了形而上学的位置。这种经验主义同休谟及其后继者所讲的多元事实哲学的传统的经验主义有很大的区别。首先它是具有整体性的活动经验，他将世界上的经验归结为一个整体——"纯粹经验"，这种纯粹经验不同于理性主义的共相，它是无规定性的生活之流或者意识流；同时纯粹经验具有联结性，但是又具有不同程度的亲密关系之分。彻底经验主义具有始源性，它什么也不是，却可以分化出精神的

---

① 姚大志主编《现代西方哲学》，中国社会科学出版社，2015，第91页。

和物质的各种具体经验。

他所创立的实用主义避开理论的本身，只关注最后的事物和效果，这样完全避开了抽象的固定原则。同时实用主义所讲的真理是相对的，具有可塑性，真理是根据个人的需要即人的兴趣和利益需要来改变的。那么确定观念是不是真理，就要将观念放到现实生活中去证实。何谓证实？詹姆斯认为，证实就是找出一个观念的兑现价值，人们通过将某一个观念运用到实践中，观察其会产生什么样的效用或者说价值，来判断其真理性。他有一句名言：它是有用的，因为它是真的；或者，它是真的，因为它是有用的。本质上，这两句话的意思是相同的，即有一个理念实现且被证实了。"真"是指任何开始证实过程的名称，"有用"是它经验里完成了它的价值的含义。詹姆斯的这种证实观念类似于维也纳学派后来提出的证实理论。

总之，詹姆斯的真理观建立在彻底经验主义的基础之上，是以满足人的需要为目的，以观念的效果为标准的主观主义的真理观，这也就不难理解詹姆斯主要是从实践的价值层面来关注和利用实践，并不能正确看待实践。当然，他所阐述的真理观中，真理也是有条件的：真理是一个过程，真理发生理论等观念，都包含合理的、积极的因素。①

（三）杜威实用主义

杜威可以说是实用主义的集大成者，他以"工具主义"为基础修正和发展了以詹姆斯为代表的实用主义。杜威十分拒斥形而上学，在他看来哲学自产生之日起就陷入了迷途，和无意义的形而上学纠缠了几千年之久。哲学其实从属于人类文化，是人们对智慧的一种探求，是对人们用评价经验的方式和价值方法的批判。哲学应当放弃"理智主义"，放弃追寻绝对起源和终极目标，回归正道。

杜威的实用主义包含三方面的内容。首先，杜威注重对哲学的改造，他认为哲学自产生以来被纳入了本就不存在的本体体系，与形而上学纠缠不清。他认为，哲学仅仅是一种文化现象，是一种同政治、文学等一样的

---

① 姚大志主编《现代西方哲学》，中国社会科学出版社，2015，第98页。

存在，只不过哲学研究的是整个宇宙，相对于具体科学具有总体性、概括性和终极性，在这层意义上，哲学也是文化生产力的重要标志之一。其次，关于新哲学的产生，新哲学并不是靠哲学家的臆想产生的，而是有其产生的科学、文化、社会、宗教等各方面的基础，是以近代西方社会各方面的巨大变化为背景，哲学也以此为基础不断发生改变，并适应社会的发展。最后，杜威所主张的经验自然主义是在詹姆斯的彻底经验主义基础上建立起来的，但是杜威在此更加强调经验和自然之间的同一性，即自然应该和经验相结合。而杜威所讲的经验也不同于传统的经验，有更深层次的含义：①经验具有原始经验和反省经验两种类型，原始经验是粗糙的、没有被加工过的，反省经验是主体在活动中思考、加工的，反省经验也是认识的起点和基础；②杜威认为经验是一种主客体之间、自我与环境之间的交涉活动；③杜威所讲的经验是以习惯为基础的，具有连续性和贯通性，有面向未来、联络未来的投影作用；④杜威夸大了人作为主体的能动作用，犯了主观主义的错误。

杜威以工具主义建立认识论。杜威的认识论以实用主义为基础，是关于认识的发生、认识的过程的理论。在杜威看来认识的对象是经验材料或者经验世界，认识源于反省的经验，是在活动中发现的，是为了揭示事物的秩序条理（关于关系、界说、何时何地的描述）。

三　实用主义传入中国

实用主义能够传入中国，主要是因为新青年胡适的推动。胡适师从杜威，在胡适的倡导下，五四前后实用主义大师杜威在华讲学，实用主义由此传入并在我国掀起高潮。胡适将实用主义作为一种科学的方法论，想用实用主义来救中国，但是当时国内情况复杂，各种学说、各种思潮之间的斗争十分激烈，尤其是后来传入的马克思主义更是对实用主义构成了巨大的挑战，但是相应的这些斗争和挑战后来在某种程度上也极大地促进了实用主义研究的深入和发展。在此过程中实用主义也推动了马克思主义在中国的传播。实用主义无情冲击了封建文化的堡垒，大力破除封建思想的束缚，在与马克思主义的争论中促使中国早期马克思主义者对马克思主义中国化问题进行了初步的探索，对五四时期的中国产生了十分深远的影响，为我国的新文化运动的开展也同样起到了积极推动作用，对当今社会具有重要启示。到 20 世纪 50 年代，基于政治上的原因，实用主义被打上了欧美资本主义的标签，成为首要的彻底批判与斗争的对象，并且被简化为有用论和主观真理论。一直到党的十一届三中全会，我国又重新确立了实事求是的思想路线，尤其是改革开放在全国范围内的展开，最终促使实用主义在我国研究逐步走向科学与繁荣。

其实，实用主义对中国的影响极为深远。但是，在不同的历史时期，实用主义所带来的影响各不相同，有正面的也有负面的。杨寿堪、王成兵在《实用主义在中国》这本书中谈到了国内对于传播发展实用主义的一些思考，其中也包含了对如何处理政治与哲学的关系、如何处理马克思主义哲学同实用主义之间的关系等诸多问题的思考。

四 实践效用

通过对皮尔士、詹姆斯和杜威的实用主义的分析，我们可以概括总结出实用主义的特点主要在于把实证主义功利化——功利伦理观是其中的主要内容，只注重实践（或者说是行动）、效果即其实用性。在这个过程中，实践（行动）的效果就是经验和实在，实践（行动）的工具是知识，当实践（行动）成功之后人们便会获得真理。而实用主义的创始人也曾说过：为行动提供信念指导，在此基础上检验行动的效果，是认识的主要任务。由此，实用主义的要义在于"思维的唯一职能在于确立信念"。与此同时，实践的"唯一性"也是实用主义所强调的，进而从效用、效果等价值维度来阐述实践，使得实践主义到达了一个极端。这个极端使人们在理解"感性活动"客观性时，高度关注实践的效用或价值维度，这是我们需要警惕防范的地方。

而后随着世界的普遍交往，各国文化、思想的相互碰撞，其他西方国家也逐渐盛行实用主义。以 F.C.S. 席勒为代表的实用主义运动，在 20 世纪初的英国影响逐渐扩大。而后，在 G. 瓦拉蒂、G. 帕比尼等人的推动下，实用主义思潮在意大利广为扩散。毋庸赘言，实用主义在这些国家中产生了广泛的影响。虽然 20 世纪 40 年代后，实用主义被以分析哲学为主导的其他的哲学流派所取代，但是实用主义的很多观点也被其他流派所批判、吸收，直到今天很多思想中仍然能看见实用主义的影子。

诚然，实用主义在中国也很活跃，但是至今国内对实用主义仍然褒贬不一，这主要是因为实用主义的大部分思想和中国的主流思想是存在冲突的。例如，实用主义的核心思想所强调的有用思维，将会使一部分人只关注眼前的利益，不能结合长远利益（不能使用辩证法来思考问题）；实用主义所强调的实践效用，不过是利益罢了，同马克思所讲的实践大有不同。在资本主义背景下产生的实用主义，从一定程度上来说也是为资本主义辩护的思想，在这种思想的指引下，资本主义将会侵占我们的头脑。

国内对于实用主义的评价不一。从国内对于实用主义最传统的看法来说，实用主义确实是带有"反动"性质的。实用主义的唯一关注点仅仅在于行动所带来的价值目的，经验源于何处，工具有效与否等都不是其研究对象，而价值与目的的分歧、行动的价值等也都被实用主义搁置一旁。在实用主义者看来，有用就是真理，他们仅仅注重最后的结果。同时，实用主义由于是最先诞生于美国的资本主义思想，容易被西方资本主义国家普遍接受。但在20世纪五六十年代，即社会主义社会和资本主义社会相互敌视的时代，国内对于实用主义的评价自然不会高。而如今，我们应当从两方面来评价实用主义，实用主义有其好的一面，也有需要我们警惕和反省的一面。实用主义确实有其可取之处，它认为哲学不应该高高在上，相反应该多关注人，并强调工具对实现目标的重要性等。这些观点从某些方面来看确实是可取的。但是我们要警惕的是实用主义强加实践于自身的理论之中，这是不是资本主义国家用来迷惑我们、增强我们对实用主义的好感，我们不得而知。因此，我们仍要坚持用马克思主义的立场观点方法来看待这些问题。

第二节　实证主义和分析哲学"拒斥形而上学"

其实在欧洲，实证主义从一开始就继承了康德"拒斥形而上学"的传统，黑格尔之后，哲学面临着巨大的变革，因此实证主义和分析哲学也可以说是哲学在向科学学习的过程中酝酿、产生的。此后的实证主义、批判理性主义、历史主义、新实在论，这一旗帜始终是科学哲学继续前进的指引。而科学与形而上学之间的对立关系也就使我们不难理解它们为何"拒斥形而上学"。形而上学主要是针对存在进行的研究，从属于哲学的一个分支学科。同时也有学者认为它是对科学以外、无形体、不被证明的事物的研究。马克思主义哲学认为形而上学是脱离实践的，是用孤立、静止的观点看待事物，势必导向唯心主义。而通过对实证主义、逻辑经验主义、分析哲学等的分析，我们可以得出它们理论中的共同点，即都在强调实践的基础性作用，但是需要注意的是他们的哲学更加偏向用科学的方法，例如经验、逻辑方法来阐述实践理论，而这与马克思所强调的实践不完全等同，或者可以说不是同一个范畴。就历史主义而言，库恩的"范式"革命、拉卡托斯的"科学研究纲领方法论"替换、普特南的"理论总体验证"在一定程度上都建立在以实践及其经验为基础的"超量证认"之上。①由此可知，反对形而上学、实践论本性乃是科学哲学的核心立场。

与上述相对应的则是分析哲学的主流之一——语言哲学，从本质上来讲，语言哲学是语言范畴内的实践论。从理论的历史发展角度来看，在弗雷格、罗素及前期维特根斯坦那里，虽然还存有本体论的些许痕迹，但是其中却也蕴含了实践论的某些观点；后来一直到后期维特根斯坦所开创的"语言游戏论"，再到摩尔的日常语言学派，语言的逻辑句法分析发生了语用分析的转向，直至彻底完成了语言实践论的转变，即从言语行为等方面着重考察语言的意义。在此影响下，塞尔、奥斯汀以及克里普克等人都开始从各自的研究领域出发发展、强化了这一主题。站在马克思主义的立场、观点和方法来分析，我们可以这样评价语言实践论：从科学辩护的角度来看，实践不仅是知识论范畴，而且还是社会历史观、文化论的范畴；实践是话语行为的现实根基，话语行动可以是实践的一种形式。②

---

① 任平：《马克思之后的哲学革命：当代路向及其意义》，《学术月刊》2009 年第 10 期，第 49~58 页。

② 任平：《马克思之后的哲学革命：当代路向及其意义》，《学术月刊》2009 年第 10 期，第 49~58 页。

一 实证主义

实证主义，也称作实证哲学，是强调感觉经验、排斥形而上学传统的西方哲学派别。创始人是法国哲学家、社会学始祖 A. 孔德，他的六卷本《实证哲学教程》的出版标志着实证主义的出场。实证主义可以追溯到 19 世纪三四十年代的法国和英国，孔德之后的主要代表有英国的 J. S. 穆勒和 H. 斯宾塞。在实证主义看来，哲学最应该探讨和研究的就是现象，因此实证主义以现象论观点为出发点，拒绝通过理性把握感觉材料来归纳现象，并寄希望于通过现象研究来把握科学的规律。不仅如此，实证主义还将哲学与科学的关系作为其理论的中心问题，甚至是将哲学溶解于科学之中。

（一）实证主义概述

孔德是实证主义的始祖或者说是创始人，他所开创的实证哲学就是紧紧围绕实证原则所展开的。在他看来实证哲学的一切本质属性实质上都可以用"实证"这个词来概括。在学界，实证主义一词主要包含以下几种含义：现实与空想的对立、有用与无用的对立、实物与虚构的对立、建设性与否定性的对立，等等。在孔德看来，实证哲学就是要找到达到实证知识的原则，而科学知识等同于实证的知识。由此，孔德的实证主义主要包含了以下几层含义。

首先，实证主义认为一切科学知识都是建立在观察和实验的经验事实的基础上，知识的来源和基础只能是经验，也正是因为知识来自经验，所以才能够判定它们是确定的、精确的，另外，科学知识的有用性也同样是来自经验。其次，实证主义反对讨论经验之外的抽象本质、第一因等，即形而上学。在实证主义者看来，人们的认识能力仅仅限制于经验范围，永远达不到超经验的形而上学的层面。形而上学的问题属于人类所不可知的范围。就算人们花费了很多精力在这上面，最终也只能是浪费时间、浪费精力。他们拒绝讨论传统哲学中关于形而上学的部分，认为形而上学的问题应该是神学家们去思考的。再次，知识是具有相对性质的。人们虽然可以通过经验来获取知识，但是经验从何而来、为何而来，又是如何产生的，这些都与我们无关，而且由于人类能力有限，也不可能与我们有关，这些都属于不可知的范畴。因此，可以看出，实证主义者实际上是承认知识的相对性的。在他们看来，人的能力是有限的，人的理智或者理性实质上是有缺陷的，人认识世界的手段是归纳，因此，人们探究这些问题就是在探寻不可能实现的知识，从而陷入了形而上学的漩涡。

（二）实证主义的主要代表

1. 孔德实证主义思想

实证主义继承康德传统，因此从一开始就十分拒斥形而上学。首先，通过以上分析我们可以看出，孔德认为一切知识的来源都是经验，科学知识的准确性来源于它是建立在观察和实验的经验事实的基础之上；其次，实证哲学反对讨论形而上学问题。孔德认为人的认识能力只能局限于经验范围，而经验之外的本质、本原是人类所不可企及的，探寻形而上学的东西是徒劳的。在他看来，形而上学的问题应该留给宗教、神学来讨论。孔德承认知识是相对的，但是他的理由却是知识来自经验，而我们又无从追溯经验的本质和来源，相对而言，如果继续探寻和追求未知和绝对的知识，最终便会陷入神学的泥沼。

实证主义还主张规律来自经验。而这里的规律并非本质，而是指经验现象中的不变的先后、相似的关系，而这些规律来自经验之中，人们寻找规律也仅仅是为了简化纷繁复杂的现象。而人们对规律的认识便是科学。科学的存在，只是为了描述经验现象，而并非探寻"为什么"。因为"为什么"是属于超经验的，人们是永远没有能力也没有可能知道的。当然还有关于对科学的五类划分，即把科学划分为天文学、物理学、化学、生物学、社会学。这五类学科并不是相互独立的，各个学科之间相互联系，并形成了统一的整体——科学。而实证精神又贯穿于科学的基本精神之中。孔德一直希望可以建立一个像物理学那样的实证社会学，他认为社会学可以像物理学一样分为社会动力学和社会静力学。另外，孔德主张利用"理智发展三阶段"来认识、解释理智、知识、社会乃至个人的历史发展现象。例如，从人类个体现象发展的历程来看，童年便是神学阶段；青年处于形而上学阶段，转向抽象思维；中年便处于实证时期。

2. 穆勒实证主义思想

穆勒是实证主义在英国最早的代表，在父亲的影响和熏陶下自学成才，并于 1820 年受到孔德实证主义的影响。他虽然认同实证主义，但反对孔德将实证主义作为精神权威和实际制度，也反对孔德后期所创立的人道教。穆勒以自身的传统经验论为基础，将自己所学与实证主义相结合，并通过心理学、逻辑学进行丰富、扩充和发展实证主义。同孔德一样，穆勒也同样认为知识源于经验。一切知识来源于对物的感觉的恒久可能性，这种感觉促使对象、物的构成，并使我们相信它们存在；反之，离开了感觉、物，对象便不再是对象，而只是一种假设。同时他也认为知识不应该讨论"为什么"，而人也不可能、没有必要去探寻形而上学的东西。对于规律，穆勒认同孔德对规律的阐述，除此之外，穆勒还创新发展了功利主义的伦理观，认为功利可以为人们带来幸福，而这也直接影响了后来的实用主义。

3. 斯宾塞实证主义思想

斯宾塞是英国实证主义的集大成者，他深受达尔文生物进化论、亚当·斯密的经济学、边沁的功利主义和孔德实证主义的影响，他把自己的哲学称为"综合哲学"。斯宾塞在知识论上坚持休谟和康德的不可知论的思想。此外，他还将宇宙划分为两个世界，一个是通过感觉经验可以认识的可知世界，而另一个是人们不可知但是万物之始的实在世界或者现象世界，我们可以用表象、符号来感知现象世界的存在，却永远不可能把握它。例如，根据牛顿的万有引力学说，力存在并使一切现象产生变化，也是一切知识的来源，但是这种力是什么，这对人们来讲是不可知的、形而上学的。

斯宾塞还创立了机械的均衡论，他利用进化论、能量守恒定律、物质不灭定律等理论来解释世界上的各种现象。他用均衡论来解释社会的现象，认为社会各阶级、各政党等各种力量都应当保持平衡，从而社会才能稳定、进步，而社会革命则是大忌。同时他还利用生物学进化论中"物竞天择，适者生存"的原理，创立"社会有机论"用以支持资本主义各国的对外扩张和殖民侵略。

二　分析哲学

（一）分析哲学的产生与兴起

分析哲学是现代西方哲学流派，它产生和兴起于西方哲学史从近代认识论向现代语言论转向的重要时期，而分析哲学的产生也是西方哲学进入现代的一个重要标志，它改变了西方哲学的发展方向，可以算是西方哲学史上的一场革命。[1] 分析哲学的产生主要是因为当时一些哲学家受到数理逻辑的影响，开始用数学逻辑和语言对哲学问题进行思考，从而挖掘出了新的哲学领域和哲学研究对象，这也标志着分析哲学的诞生。

分析哲学的发展主要经历了三个阶段：1900~1910 年，分析哲学的形成时期，以英国的摩尔、罗素和德国的弗雷格为代表，以逻辑思维奠定哲学分析方法；1920~1940 年，这是分析哲学发展的鼎盛时期，在这一时期以维特根斯坦为代表的维也纳学派兴起；第二次世界大战后，分析哲学家们基于各种原因从欧洲转移到美国，在美国继续发展、研究分析哲学，催生了以蒯因为代表的逻辑实用主义。[2]

（二）分析哲学的主要思想

分析哲学的形成是西方哲学家反叛绝对唯心主义运动的重要结果，主要是由英国哲学家摩尔、罗素引导的。他们认为传统的形而上学的思辨是没有任何意义的，主张哲学不应该和形而上学再继续纠缠，而应当用尽可能客观的方法来对语言进行逻辑分析，并阐明它们的意义。从广义上来看，分析哲学家包括逻辑经验主义、日常语言学派、批判理性主义哲学家

---

[1]　李朝东、姜宗强主编《现代西方哲学思潮》，高等教育出版社，2011，第 177 页。
[2]　刘放桐等编著《新编现代西方哲学》，人民出版社，2000，第 249 页。

和其他分析哲学家。20 世纪初，出于反抗当时占据主导地位的新黑格尔主义，英美哲学家在数理逻辑的基础上，继承休谟的唯心主义经验论和孔德、马赫的实证主义，发展出了分析哲学，分析哲学自 20 世纪 30 年代以来便一直在英美世界居于主导地位。

1. 日常语言学派

分析哲学中的日常语言学派，形成于 20 世纪三四十年代的英国，他们反对建立人工语言系统，认为人们日常语言本身就是完善的。日常语言学派的哲学家认为，哲学中产生的混乱起因于哲学家们对日常语言的错误使用，而通过规范这些哲学家的日常用语便可以规避哲学的混乱，他们都对形而上学不看好，但是他们赞同哲学家去研究形而上学的命题来促进人们对概念系统的认识。

虽然分析哲学家们来自不同的流派，但是他们的思想中仍然有很多共同的特征。首先，他们都重视语言分析的作用，认为哲学问题等同于语言问题。而日常语言学派更是认为哲学不是理论，而是哲学家们解释思想发现、提出新命题的活动。很明显，这种观点抹杀了哲学的本质，否定了哲学作为世界观和认识论的作用。其次，他们都注重使用分析方法来研究现实和分析语言的最终结构，并将分析方法夸大为哲学研究的唯一方法，并反对建立庞大的哲学体系，认为哲学应当回到现实中的具体问题上，从小问题入手，从而反对形而上学。

2. 逻辑经验主义

分析哲学的流派之一是逻辑经验主义。在第二次世界大战前后，欧洲大陆的逻辑经验主义者相继移居到美国，逻辑经验主义后来取代实用主义成为美国哲学界的一个主导流派。逻辑经验主义是 20 世纪 20 年代在欧洲，主要是在讲德语的地区诞生的，比如奥地利、维也纳、德国柏林等。逻辑经验主义承接于孔德、马赫等所创立的实证主义，与之不同的是逻辑经验主义代表人物大都有其他学科背景。当时拥有几千年历史的哲学日益衰败，拥有几百年历史的科学发展竟如此兴盛，导致逻辑经验主义者不愿意承认自己是哲学家。纽拉特、卡尔纳普等人曾表示，哲学作为形而上学体系的代名词，根本不能全面、科学地代表他们的工作。

但是，没有任何基础科学、普遍科学的哲学能够超越于各门经验科学，"除了经验方法以外，没有任何一种方法可以达到真正的知识，经验之外或经验之上的思维领域是不存在的"①。在维也纳学派看来，当时的哲学（形而上学）建立的基础主要是思考、思辨和人的理性，想要拯救哲学就必须瓦解形而上学。

在维也纳学派看来，形而上学的范围很广，不仅包括关于超自然的对象学说（上帝、绝对精神），而且被理解为一种声称能够用先验的方法（思辨的方法）获得的有关现实的论断或者规范陈述。占星等先验的方法与他们所倡导的哲学不符，他们认为哲学应该具有主体间性，可以有一个共同的标准，并可以用于相互之间的交流。而形而上学总是想要抓住经验之上不变的东西，并且将这些不变的东西称为本质或实在，用以解释现实生活中不断变化的东西。

逻辑经验主义认为知识问题其实就是语言问题，而非理性问题。从这方面来讲，逻辑经验主义者将知识概括为两类命题：一类是分析命题，包含数学、逻辑这一类可以推导、分析出来的命题，是具有必然性的；另一类就是综合命题，综合命题就是非数学逻辑，不可以推导的但是提供知识的命题，主要是自然科学、心理学、社会学等经验科学命题，只具有偶然性。前一类命题可以通过逻辑的法则来检验，后一类命题可以通过经验的方法来检查。而逻辑经验主义所拒斥的就是看似是命题却似是而非的形而上学，这类形而上学主张具体世界或者说综合命题可以通过某种方法来检验、证明，这种观点被逻辑经验主义所不齿。

卡尔纳普认为形而上学从认知上来讲是没有意义的，形而上学实质上只是一种情绪、人生态度的表达，是继承神学的一种表达。他还认为形而上学属于艺术，而形而上学哲学家属于"蹩脚的艺术家"。以往哲学中包含的三大部分，形而上学被划为艺术范畴，心理学归为科学，哲学就只剩下逻辑。哲学因此面临着巨大的变革问题。

19 世纪末期的德国和奥地利是分析哲学的诞生地，20 世纪初，英语

---

① 　陈蓉：《维特根斯坦对石里克哲学思想的影响分析》，《内蒙古农业大学学报》（社会科学版）2011 年第 6 期，第 308~309 页。

国家开始流行分析哲学，到 20 世纪中叶，其已成为在哲学领域占据主导地位的哲学思潮。分析哲学诞生的一个最主要的动因是现代逻辑。最早的逻辑体系是由亚里士多德建立的，但是这种逻辑体系主要是以自然语言为载体，自然语言具有随意性、歧义性和模糊性，容易导致"剧场假象"，由此科学形式化的语言便取代自然语言并成为现代逻辑体系中的重要因素。

（三）分析哲学的特征

分析哲学主要有三个特征。首先，分析哲学主要是以逻辑为内容，认为哲学的本质就是逻辑即讲道理。逻辑通常被认为是人类理性的表现，包括从最初亚里士多德以自然语言为基础创立的逻辑学体系，到后来以科学形式化为基础的科学逻辑体系。逻辑有四重含义，并且在分析哲学中具有广义和狭义之分。所谓狭义的逻辑主要是指"用逻辑的形式化语言表达思想的方式"。其次，这种狭义的逻辑和语言又极为相关，这就是分析哲学的第二个特征即以语言为对象，分析的目的是使语言不再具有歧义性、模糊性，将思想表达清楚。古希腊的智者也就是哲学家的前身特别喜欢语言辩论，他们希望在辩论中使其他人明白他们的思想，这可以看出语言在哲学中的重要地位。哲学与语言密切相关，语言是哲学的主要研究对象，在分析哲学领域亦是如此。最后，分析哲学最主要的特征即坚持分析方法，将哲学研究推到科学层面，因此分析哲学具有明显的当代特征。又由于数学和逻辑属于科学的一部分，在某种意义上来说分析哲学家也是科学家。

三 实证主义和分析哲学的密切联系：拒斥形而上学

实质上，马克思和恩格斯与孔德之间是一种对立的关系，但大部分学者都认为孔德的实证主义与马克思的实践哲学和唯物史观风马牛不相及。自普列汉诺夫以来，很多学者都认为实证主义不够实证，未脱离抽象的、思辨的形而上学理论；也有学者认为其理论过于实证，以至于将自然科学的方法强拉到社会历史研究领域，从而失去了实践中所蕴含的人的主观能动性和辩证性。这些观点都有一定的意义，但是孔德的实证主义克服了机械唯物主义，实际上是对圣西门实证主义的一种超越，① 与马克思学说是有几分相同的，笔者也认同这种观点。实证主义实质上太过于实证，理性批判和提倡经验这一点有其致命的理论缺陷，但其中拒斥形而上学的部分却值得肯定。

"霍克海默认为，形而上学不是追求一个人类的特别利益，它掩盖人们正确理解生活。"② 实证主义坚持严格地拒斥形而上学的立场，认为形而上学既不属于分析命题，也不属于综合命题，形而上学的句子表面上好像是在陈述事实，但是实际上并无事实与之对应，因而没有任何意义。在实证主义看来，形而上学的伪命题有两种，一种是所运用的词没有意义，如"神""理念""自我""非我"，完全没有经验对象与之对应；另一种是把有意义的词用违反逻辑法则的方式组合在一起，看起来像是句子，但是没有逻辑结构。在这个意义上，实证主义拒斥形而上学的立场已经深深打下了语言分析哲学的烙印。

"维也纳学派是现代分析哲学阵营里的中坚力量，也是逻辑实证主义哲学的重要代表。维也纳学派直接承袭了维特根斯坦关于'形而上学命题的无意义性'思想，但在具体论证和表述该思想时，他们又有自己特定的理论依据和论证角度。在维特根斯坦那里，对形而上学命题虚假性的揭示所依据的是'语言图像'论，而维也纳学派即逻辑实证主义者则主要是根据经验主义的可证实性原则来批判形而上学的。"③ 现代分析哲学的根本目的是拒斥形而上学。分析哲学主要是通过科学的、逻辑的或者说是通过强理论的方法来定位哲学，这点与实证主义也大不相同，但是其中的拒斥形而上学的部分可以说与实证主义不谋而合。

① 李天保：《马克思恩格斯语境中的六种"实证主义"》，《现代哲学》2019 年第 3 期，第 17~32 页。

② J. C. Berendzen, "Postmetaphysical Thinking or Refusal of Thought? Max Horkheimer's Materialism as Philosophical Stance", *International Journal of Philosophical Studies*, Vol. 16, No. 5, 2008, pp. 695~718.

③ 胡玻：《拒斥形而上学——论分析哲学对形而上学的批判》，《重庆社会科学》2003 年第 3 期，第 44 页。

第三节　结构主义与符号学指认"符号实践"
是人的存在方式

一　结构主义概述

（一）结构主义的形成

结构主义产生于 20 世纪六七十年代的法国，是法国哲学史上的一次大事件。哈贝马斯认为，变化周期漫长的西方哲学在 20 世纪的分化表现为四种各具特色的思潮，"分别是分析哲学、现象学、西方马克思主义和结构主义"。① 结构主义以索绪尔等语言学家的理论为基础来反对萨特提出的存在主义，同样也是企图用自然科学来改造哲学的一次尝试。结构主义接受并继承了语言学派的主要观点，并将语言学的思想、研究方法应用到哲学、社会学领域。结构主义的代表人物主要有列维-斯特劳斯、阿尔都塞、巴尔特等。

（二）结构主义的中心思想

20 世纪中期以来，西方社会一面为理性的失落所搅扰，另一面又因为自然科学、技术的进步而膨胀，就在这种张弛之下，具有松散的"结构"的结构主义便产生了。结构主义一诞生便伴随着一种矛盾，即寻求固定不变的范型和突破这种范型的努力，而这种矛盾同样也是推进哲学思想向前发展的动力。这或许是因为结构主义是由哲学以外的因素促成的思想，比如索绪尔的语言学和皮亚杰的心理学，布洛克曼曾补充道："结构主义的见解可以回溯到两个重要的启示源泉：在语言学上的是德·索绪尔；在数学上的是人们称作'布尔巴基'的数学家集团。"②

---

① 〔德〕哈贝马斯：《后形而上学思想》，付德根等译，译林出版社，2001，第 2 页。
② 〔比〕J. M. 布洛克曼：《结构主义：莫斯科—布拉格—巴黎》，李幼蒸译，人民出版社，2003。

结构主义主要有三个特点。首先，结构主义十分重视整体和部分的关系，并着力追求语言、历史、文化、人性、心理现象的系统性。这里的系统主要是指向更深层次的含义，而现象在结构主义者看来只是内在结构的外显。结构主义认为结构是源于人所固有的精神能力和认识框架，而这也体现了结构系统性追求从一开始便具有理性主义和绝对主义的色彩。其次，结构主义区分共时态关系和历时态关系，但是更加偏向于共时态关系。共时态关系主要是指系统内部同时并存的要素之间的联系，以及这种关联所造就的稳定组织。结构主义中的"结构"实质上是一种超越时间性的本质，是人的意识在把握世界时的先验形式，是具有的内在稳定性、客观性的无意识原型。最后，"结构"的内隐性和非主体性。结构主义者更加强调具体现象是隐性的、整体的、无意识模型的结果，这一模型是人在社会活动中受制于社会结构和集体无意识模型的双重作用的产物。这种对于结构的无限夸大，完全忽视了人的主观能动性，致使人成了单纯受动的载体。

1. 索绪尔结构主义语言学

索绪尔可以说是结构主义的开山鼻祖了，他将语言学研究模式引入社会各个领域，并将其变成具有普遍意义的方法论，这就是结构主义的雏形。索绪尔自小受祖父的影响，掌握了很多门语言，而这对他今后的事业有着重要的作用。他生前的出版物很少，但是他的学生根据他上课的讲稿整理的《普通语言学教程》却使他声名大噪，使他被称为结构主义的先驱和符号学的创始人。

索绪尔反对从心理学探究语言的"原子式观点"，他认为这样的研究只能得到破碎孤立的材料。受到"格式塔"思想的影响，以索绪尔为代表的语言学界开始转向对语言的结构、系统和功能进行研究。在索绪尔看来语言是一个封闭的系统，是由共时语言学和历时语言学所构成，但是共时语言学更值得研究者关注。索绪尔认为，语言学的任务在于："寻求在一切语言中永恒地普遍地起作用的力量，整理出能够概括一切历史特殊现象的一般规律。"[1] 语言有其自身可以遵循的一套规则，同时语言系统内部的

---

[1] 〔瑞士〕费尔迪南·德·索绪尔：《普通语言学教程》，高名凯译，商务印书馆，1999，第 26 页。

各个要素之间是相互依赖和相互制约的。索绪尔关于语言学的思想主要有：①区分语言符号的能指和所指；②区分语言和言语，把社会的语言和个体的言语区分开来，把普遍的语言系统和具体的语言系统区分开来，把意识原型作用下言谈表现的语言和此原型作用下的心理活动区分开来；③将语言系统中的共时性关系和历时性关系区分开来。

2. 列维-斯特劳斯的结构主义社会理论

在 20 世纪 60 年代，列维-斯特劳斯继承索绪尔的结构主义语言学，用来分析和研究社会学、人类学，使得结构主义声名鹊起，因此，他也被称为"结构主义之父"。

斯特劳斯还是一位著名的人类学家，他曾经到巴西的土著部落中进行了为期四年的考察，这也就不难理解为何他将结构主义应用到人类学和社会学之中了。他对结构主义的贡献主要从四方面说起。首先，他运用语言结构理论来分析亲属关系。他将亲属关系归结为一个整体，在这个整体中包含夫妻、父子、甥舅和兄弟姐妹这四种基本原子，其中夫妻关系和兄弟姐妹关系对立，父子关系和甥舅关系对立，"作为交换的女子"就如同其中传达信息的代码。通过结构主义方法论的分析，斯特劳斯提出交往的三个层面，即妇女的交往、商品和服务的交往、信息的交往；通过分析垂直的婚姻关系，斯特劳斯又发现了亲属关系中最为本质的东西，即其中更深层次、隐晦的乱伦禁忌，对乱伦关系的分析、使得自然与文化之间的二元对立消失了。其次，他运用结构主义来分析神话的结构。神话在人类历史中扮演着重要的角色，神话存在于语言之中，但同时又超越了语言，因此斯特劳斯分析指出神话都有共同的结构。神话是由很多"神话素"所构成，斯特劳斯运用结构主义并以万花筒比拟神话，提出人们对神话的理解应当更多地重视共时态的神话结构，这样才能把握神话中普遍存在的二元对立结构。再次，斯特劳斯将结构主义拿来分析图腾制度。图腾是每个原始部落重要的文化和标志，由于人类的分类思维，图腾文化具有众多的意义。斯特劳斯认为，在图腾体系中也存在着最普遍的结构，而这个图腾制度的结构理论可以解释很多与图腾相关的问题。图腾的本质在斯特劳斯看来是人类思维的一种表现形式，一种思考的逻辑图式。最后，斯特劳斯还聚焦了原始思维——野性的思维。如果仅仅从历史发展的角度来看，我们很容易将原始思维归到未开化、未驯服的不成熟阶段，通过运用共时性关系进行分析，他得出原始思维和现代的科学思维本质上都是一种"科学"的思维，都反映了理论活动秩序化的内在要求。因此，实质上古代人和现代人的思维一样好。

其实，斯特劳斯的核心思想中贯彻了一种以萨特为主的反主体性形而上学和构建人类中心论的"新人道主义"，他用结构、模式的观点来反对和取代强调主体的作用的传统哲学。

3. 结构主义衰落，解构主义兴起

由于方法中固有的不足，结构主义不可能绿树长青。结构主义忽略当时的历史背景和社会条件，更多关心的是抽离掉主体的稳定的无意识结构，关注文本、作品，但是直到今天"无意识"也仍然是一个不成熟的话题，因此可以看出结构主义的立足点本身就不稳固。到 1966 年 10月，德里达在霍普金斯大学结构主义会议上提出结构主义开始衰落，并提出了引人瞩目的解构战略。其实，在结构主义发展到"第三代"，即拉康、阿尔都塞、巴尔特时，他们实质上已经不认同结构主义的基本原则和基本理念，事实上他们已经带领哲学进入了后现代主义，即解构主义。结构主义抛弃了结构的先天预存和一成不变的思想，逐步走向实践活动决定论。

二　符号学概述

（一）符号学的形成

符号学于 20 世纪 60 年代兴起于法国和意大利，它与索绪尔的结构主义、皮尔士的实用主义和胡塞尔的现象学都渊源颇深。符号学的创始人也是索绪尔。索绪尔是著名的语言学家，在当时他认为语言也是人类使用的符号的一种，但是语言这种符号虽然庞大却不成体系，因此他认为语言学研究应该为符号学提供模式。

在 20 世纪上半叶，四种不同模式的符号学以及其他符号学出现，索绪尔的符号学理论由于得到布拉格学派、符号语言学派的热情推进，到60年代最先发展成为一种完整的体系展现在世人面前。到20世纪六七十年代，符号学作为一种理论得到广泛关注，很多哲学家不承认自己是"结构主义"者，但是他们对于符号学的热情简直无可比拟，而符号学也逐渐成为人文社科规模宏大的方法论。在这一时期，索绪尔的符号学理论如日中天，以皮尔士为代表的另一种符号学也在不断推进。70年代中期至今，符号学仍然在不断发展，以皮尔士的开放符号学模式为主，符号学更多地与其他学派相结合并广泛地应用于具体课题之中。

（二）符号学的中心思想

符号学从字面上来理解主要是指对符号的研究。那么何为符号？索绪尔根据希腊词根"semeîon"生造出"semiologie"来解释符号；有学者认为符号其实就携带意义的感知，是表意与解释之间的连续带。对于符号学的定义学术界争论了很多年，现在国内一般认为符号学研究事物符号的本质、符号的发展变化规律、符号的各种意义以及符号与人类多种活动之间的关系。符号学的原理应用到各具体领域就产生了部门符号学。

1. 索绪尔的符号学

索绪尔所建立的符号学主要是研究人类社会使用符号的规定的科学。在他的结构主义语言学中，首先提到了区分语言符号的能指和所指。共时性的语言系统乃是一个符号体系，如果说符号是语言的要素，那么发音就是语言的基本单位，但是体现视觉形象的文字却后来者居上，把语言的根本性的结构淹没在表意的文字海洋里。所以语词、符号的意义就是所指，而语词的发音造成的心理痕迹是能指；概念是所指，音响意象是能指，两者相结合构成符号的现实形态，将概念和印象、观念和声音统一起来，语言学的研究就是要针对这种生理、心理和精神的总体活动来展开。符号系统当中存在明显的任意性和差异性，和实在没有对应关系，只有从整体而言，才能发现符号的约定论的意义。①

---

① 李朝东、姜宗强主编《现代西方哲学思潮》，高等教育出版社，2011，第303页。

通过把语言符号划分为"所指"和"能指"两大板块，索绪尔为研究文化符号、意识形态的学者们提供了行之有效的分析方法。而在当时以及20世纪八九十年代，符号学在欧美文化批评界也是盛极一时。一直到现在，全球学院训练的文化批评者仍有不少在进行文化现象分析时使用符号学方法。

2. 皮尔士的符号学

皮尔士的符号学与索绪尔大不相同，他的符号学模式更加开放，到目前为止皮尔士的符号学仍然被应用于很多具体的问题研究之中。皮尔士是根据与对象的关系将符号分为三种：具有理据性的像似符号和指示符号（或者索引式符号），以及靠社会约定的有特殊意义的规约符号（或者象征符号）。

像似符号从字面上来理解就是符号和事物本身有一种相似关系。任何感知都有作用于感官的形状，即任何感知实际上就是个潜在的像似符号。指示符号也称索引式符号，顾名思义就是这一类符号与对象事物之间存在因果、衔接、整体和部分关系等，该类符号的作用就是将解释者的注意力引到对象上，例如道路上转弯时的转弯路标。最后一类符号是规约符号，也称作象征符号，这一类符号与对象物之间不存在学理上的联系，是长期以来社会所约定俗成的、具有一定含义的符号，例如红绿灯。

总而言之，在皮尔士看来符号与对象越相像或者越接近对象就越容易被辨别出来，反之，那些越抽象或是带有民族文化性的符号识别也就相对困难。那些全世界通用的一般就是相像或接近对象的共识性符号。而要成为文化类型，则要根据能指或所指的思维去做。当然如果遇到既不能使用共时性符号，也不能使用能指和所指思维去做的，就只能使用强制性的规约符号。

三　符号实践是人存在的方式

索绪尔认为，人类语言是一个符号系统，而且人类的其他活动也是符号系统，应该有一种科学来分析这些活动，找出支配它们的惯例体系。人类活动是具有传递意义的，只要这些活动起着符号的作用，那就一定存在着一套惯例体系，否则就失去交际意义。事实上，社会上使用的一切表达方式，原则上都以群体规范为基础，换句话说，都以惯例为基础。绝对任意的符号是最接近符号学理想的符号，作为一切表达系统中最复杂、最广泛的系统，语言也最具有典型性，所以，语言符号的任意性和惯例性使得语言学可以作为整个符号学的"总模型"，而非语言符号的任意性并不是那么明显。

索绪尔语言符号学和皮尔士符号学是现代各符号学和语言学派以及各语言学科的理论基础。通过对索绪尔和皮尔士的符号学进行分析、理解，我们可以感受到符号在我们日常生活中，以及在理论中都具有十分重要的作用。我们不可否认符号的作用，但是符号的作用有限。这一点符号学家们却没有意识到，他们从结构主义语言学、现象学或者实用主义中归纳出符号学，并发展符号学理论，并将符号应用到很多理论和现实的具体问题之中。但是他们夸大了符号的作用，他们将与人类相关的东西都冠上符号，认为人离开符号之后就不能互相交流沟通，人类文明离开了符号就会枯竭，甚至一度认为"符号实践是人存在的重要方式"，这种观点是错误的，也是我们值得警惕和反省的。

实质上到了后期结构主义这里，结构主义逐步摆脱先天预成论的纠缠，并逐渐趋向于实践活动决定论。后期结构主义抛弃以往结构主义所倡导的结构的先天预存和一成不变的特性，相反倡导以实践活动为主导，沿"主—客"进行双向分化。由此，符号学就聚焦于考察人们行动和实践的符号，而以实践、活动为基础的相关结构，最后转换的思维产物符号操作就替代了实在的行动，再到后来符号学深入发展，并逐渐取代了实践哲学的思维方式，从而也为形而上学、文化意识形态与现实世界的二元分裂提供一定的思考和依据，从而又推进了哲学革命的进一步发展。①

---

① 任平：《马克思之后的哲学革命：当代路向及其意义》，《学术月刊》2009 年第 10 期，第 49~58 页。

第四节　现象学的"意向性实践"
和生存论的逻辑

一　现象学

（一）现象学的形成

埃德蒙德·胡塞尔是现象学的创始人，他在继承康德理性批判精神和狄尔泰的历史理性批判的基础上开启了意识理性批判理论的大门，并影响着文学、社会历史学、语言学、逻辑学、美学、伦理学等的发展。在胡塞尔的哲学中，"意识"不仅是与客体相对的主体实在和功能，而且"意识"本身已经成为一种重要的分析对象。胡塞尔的现象学主要分为三个阶段：①前现象学时期；②现象学时期；③纯粹现象学时期。

1887～1901年，胡塞尔在哈勒大学教学，我们一般把他这一时期的思想称为以心理学为主的前现象学时期，即描述现象学时期。通过对当时新康德主义的思考和批判，他觉得哲学的目标应该是宏大的，哲学应该回到事物的本身，去探寻更深层次的东西，并从学术根源上来理解这些深层次的东西。于是他依据自身的数学基础和心理学基础来解释数的本质和数的概念的理智根源。但是以心理学为起点的研究思路最终会导致怀疑论和相对主义，因此胡塞尔又依据逻辑原则将兴趣放在"纯粹的""本质的""意向的"心理学方面，并于1894年5月，开始进行心理学主义的批判。

1901～1916年，胡塞尔在哥廷根大学任教，也是在这所大学里，他从逻辑学研究转到了"一般认识论"研究，即创立先验现象学，代表作是《现象学的观念》《纯粹现象学和现象学哲学的观念》。在这一时期，胡塞尔的研究主要涉及了"知觉和想象""想象与图像意识""内在时间意识的现象学"等，他也进一步认识到没有对"简单的、最底层的理智行为的详细研究"，就不可能获得对判断理论的绝对性阐明。他的现象学在哥廷根大学广为传播，"哥廷根现象学派"逐渐形成，而这段时期也被称为胡塞尔"现象学的心理学"向"纯粹现象学"过渡的时期。[①]

1916~1930 年，胡塞尔在弗莱堡大学任教时所形成的发生现象学，即从具有主动性纯粹自我或超越论的主体中寻求知识形成的根源。在这一时期胡塞尔主要关注的问题是世界作为一种客体性在逻辑上所具有的主观性（主体性）前提是什么？针对经验论者和唯理论者的回答，胡塞尔认为世界作为一种客体性在逻辑上所具有的主观性（主体性）前提既不能从自然界出发，也不能从预设的主题出发，而应当从"自我"或者说是主体出发，即笛卡尔的"我思"。而在我思这一过程中，一定要坚持"我"的纯粹性以及"思"的纯粹性。这样的"我思"才具有超越论的主观性，也才是一切客观性的根源。[②]

（二）何谓现象学？

在《现象学的观念》中，胡塞尔明确给出了现象学的定义："但现象学同时并且首先标志着一种方法和思维态度：特殊的哲学思维态度和特殊的哲学方法。"[③] 通过上述定义，"作为哲学的现象学"和"作为方法的现象学"构成了现象学的两大部分。虽然是两部分，但是这两者之间又是紧密联系的，共同构成了胡塞尔现象学。

（三）现象学方法

现象学的方法主要有三个：①现象学悬置和面对实事本身；②现象学的本质还原；③现象学的超越论的还原。

（四）意向性实践

意向性一词原是经院哲学的用语，后被胡塞尔的老师布伦塔诺引进哲学和心理学，用于区分心理现象和物理现象。一切心理活动的共同特征就在于它总是指向某个对象，通俗来说就是意识本身就是一种具有指向性的

---

① 李朝东、姜宗强主编《现代西方哲学思潮》，高等教育出版社，2011，第 77 页。
② 李朝东、姜宗强主编《现代西方哲学思潮》，高等教育出版社，2011，第 77~78 页。
③ 〔德〕胡塞尔：《现象学的观念》，倪梁康译，上海译文出版社，1986，第 24 页。

活动，指向性的活动使得意识和对象之间发生作用。但是胡塞尔在超越论的还原和超越论的自我纯思考活动的基础上提出了意向性特征的"意识活动"的结构，进而他将这一结构归纳为意向主体、意向活动、意向对象、对意向对象的断定，这四个要素之间互相连贯、具有统一性。

意识具有的最突出的特性就是意识总是具有指向性。而"被给予性就是对象在认识中构造自身"，给予某物意识意味着某物被构造为对象。因此，在超越论的主体中存在着由原初获得的印象、回忆等行为构成的"内在的"时间。这种原初地获得的行为是直接自明的被给予性行为，因而是"意识行为"。这种内在的有关现在、过去和将来的意识结合在一起就构成了"内在的时间意识"。①

从内在的时间意识出发，胡塞尔阐述了"声音"被构造为对象的过程。总而言之，胡塞尔的现象学实际上是试图解决近代欧洲思想在知识理论和价值学说等方面的困境和难题。他的纯粹现象学方法和理论，试图通过方法论批判，以超越论的自我的意识活动获得的绝对知识作为超越性的理论，这不仅仅为科学认识奠定了基础，而且使追求客观有效和普遍必然的真理体系的哲学本身成为可能，从而解决了欧洲科学的危机。②

二　生命哲学

克尔凯郭尔是丹麦哲学家和神学家，他的哲学主要是强调个体，对于个体的感受例如生存、体验、孤独、焦虑、信仰等进行研究，这些思想对当时神学、哲学、文学的发展都有很大的影响，以及对后来的雅斯贝尔斯、海德格尔、萨特等哲学家有着尤为深远的影响。克尔凯郭尔被誉为生存哲学的先驱和存在主义之父。

（一）克尔凯郭尔的个体生存哲学

克尔凯郭尔通过坚持基督教信仰的绝对性和主观性来批判黑格尔以绝对理性主义所建立的形而上学的庞大体系。他反对通过纯粹的思辨和绝对

---

① 李朝东、姜宗强主编《现代西方哲学思潮》，高等教育出版社，2011，第93页。
② 李朝东、姜宗强主编《现代西方哲学思潮》，高等教育出版社，2011，第93页。

的理性来理解人，企图用"生存意志"来代替"绝对精神"，希望哲学家从人出发去理解整个"存在"和世界。黑格尔夸大人类的理性为绝对精神，这个绝对精神不仅使人产生主观精神，而且可以外化为自然、社会等客观精神，最终再回归本身，这一套哲学体系几乎囊括了全部的议题，并认为自身是一套包罗万象、可以回答宇宙间的一切问题的庞大的形而上学体系。

但是在克尔凯郭尔看来，黑格尔的哲学体系中包含了对人类理性能力的滥用和夸大，包含着人类理性能力的自大和僭越。克尔凯郭尔正是出于对黑格尔哲学的不赞同以及自身思想植根于《圣经》中的基督信仰传统，对黑格尔哲学提出了质疑。首先，他抨击了黑格尔哲学的"绝对性"，他认为黑格尔哲学不是哲学的终结，也不是真理的全部，仅仅是黑格尔对以往哲学家思想的总结；其次，他反对黑格尔提出的"客观理性"和"人类理性"，认为人的理性实际上产生于人的智力，那么人的理性又怎么能作为真理的标准呢？因此他反对夸大理性的作用，反对用抽象的思辨取代个体的生存。

同时克尔凯郭尔认为，古希腊哲学家苏格拉底也是反对思辨哲学的个体生存论的代表。苏格拉底所提出的"认识你自己"，注重个人的品德等在克尔凯郭尔看来都是和自己的思想契合的。苏格拉里最后为了真理而牺牲，这在克尔凯郭尔看来与耶稣献身的精神是相同的。实际上，黑格尔是将伦理学归为科学的一部分，并且在一定程度上缺少了克尔凯郭尔所讲的个体伦理学，而克尔凯郭尔则将伦理学视为某种生活哲学，并以此否定以黑格尔为代表的任何抽象思辨论里的价值，更加侧重于个体在实际生活中的道德行动和道德承担。在他看来，哲学的中心不在于思辨的理论，而在于苏格拉底式的伦理献身或者耶稣式的信仰上的委身。

克尔凯郭尔的"个体生存哲学"论述了人的生存的三个阶段：审美阶段、伦理阶段和最高的宗教阶段。从伦理阶段到宗教阶段，需要人们"信仰的一跃"。而孤独的个体在这一跃中所包含的不仅有痛苦和冒险，还有行动和意志上的决断，当然还包括了上帝自上而下的"恩典"因素，到达宗教阶段也就是个体的人面对上帝的存在。在这惊险的一跃中渗透了恐惧、痛苦，因此当有人问如何成为宗教徒时，克尔凯郭尔回答说：承受苦难。[①] 可以看出，克尔凯郭尔的生存哲学，实质上是孤独的个体独自面对基督的受苦受难的"生存性信仰"，同当时封建教会所倡导的"快乐神学"形成强烈的反差。克尔凯郭尔是当之无愧的"存在主义之父"，他的思想对当时神学、哲学、文学的发展都有很大的影响，也为雅斯贝尔斯、海德格尔、萨特等哲学家的相关思想奠定了基础。

（二）叔本华的"生存意志论"

叔本华的思想主要是基于康德哲学、柏拉图哲学和古代印度经典《奥义书》。他十分轻视思辨哲学，并称谢林、费希特、黑格尔是"康德以后著名的三个诡辩家"，但是他唯独崇拜康德，在吸收康德哲学中"物自体"和"现象界"二分的观点时，他加入了古代印度思想中"心物一元"的思想，实现了"物自体"和"现象界"、"意志"和"表象"的统一。他十分重视古代印度的智慧，并提到梵文典籍的影响绝不亚于希腊文化复兴的影响，由此，他认为那些已经接受并消化了远古印度智慧的人，足以能够懂得他的阐释。

叔本华的思想中包含了"意志高于知识""悲观论"这两大块内容。他将"生存意志"作为宇宙的本体和他的哲学思想的中心内容，并主要分为三点来阐述。①在主客二分的基础上，他提出了"世界是我的表象"的论断。因为这世界的存在完全是针对人即"表象者"的关系来进行的，也就是说全世界都是同主体相关的客体。②叔本华还主张"世界作为意志"。在叔本华的思想中，意志是最高级的，是整个宇宙存在的终极原因，亦是世界的本体。意志的产生是因为人类反观自身，直观认识到最内在的本质，所以意志是身体的先验前提，也是认识的先验前提，意志高于理智和认识，生存意志的客体化便是这整个世界。③叔本华虽然将生存意志作为世界的本体，但是认为在生存意志客体化的过程中，存在相互争斗的求生欲望，而在预想解决人类盲目求存获取意志的问题时，叔本华又显露出悲

① 〔丹〕克尔凯郭尔：《基督徒的激情》，鲁路译，中央编译出版社，1999，第124页。

观情绪和"无"的思想。这些思想又导致了叔本华思想中存在悲观主义和虚无主义色彩，这也是我们应该摒弃的。

（三）尼采的"强力意志论"

叔本华的思想极大地影响了尼采。1865 年，在莱比锡的一家旧书店中，叔本华的《作为意志和表象的世界》深深地吸引了尼采。但是十年后，尼采通过自身思想的积淀，又以贵族式激进主义同叔本华的消极的悲观主义和虚无主义进行了殊死搏斗，但是最后却也只是落得个发疯的结局![1]

尼采的核心思想主要包含两个方面的内容："强力意志"和"超人"学说。首先，尼采所理解的强力意志承于叔本华的生存意识，但同时又是对其悲观、消极的生存意识的超越。强力意志是指积极的、正面的、肯定生命欲望的宇宙自我创造，是自我超越性的精神性力量，[2] 这一概念的变化主要是由于尼采将古希腊神话中酒神"狄俄尼索斯"醉和力的精神进行形而上的艺术化。我们应当从多角度来考察尼采所讲的"强力意志"，强力意志首先是尼采哲学思想中的核心观点，指的是宇宙的本体；这种强力意志中既包含了酒神的精神，同时也包含了为了贵族主人而牺牲奴隶的贵族英雄观，而这其中最重要的一点就是强力意志中暗含了尼采的"超人"思想。其次，上帝已死，那么清算旧传统、反对基督教禁欲主义和理性形而上学体系（包含道德观）便被尼采视为己任。上帝死了，那么价值思考便转移到"超人"身上，他曾说过："我的兄弟，请告诉我：如果整个人类还缺少一个目标的话，这个目标难道不是人类本身吗？"[3] 但是尼采仍然陷入了形而上学的旋涡之中，上帝已死，永生思想不攻自破，因此他又创立了"永恒轮回"一说。而这也使得海德格尔将尼采视为"最后一个形而上学家"。[4]

---

① 李朝东、卓杰：《形而上学的现代困境》，甘肃人民出版社，1995，第 58~59 页。
② 李朝东、姜宗强主编《现代西方哲学思潮》，高等教育出版社，2011，第 26 页。
③ 出自尼采《快乐的科学》，载《上帝死了——尼采文选》，戚仁译，上海三联书店，1989，第 269 页。
④ 刘放桐等编著《新编现代西方哲学》，人民出版社，2000，第 62 页。

（四）柏格森的"生命哲学"

柏格森是法国哲学家，他曾提出了"生命冲动"学说用以反对自然科学中的进化论和目的论。他的生命哲学思想体现了他对直觉的提倡和对理性的贬低。在他看来，科学理性具有局限性，仅仅能把握事物运动的相对性，而直觉却可以体验和把握生命的绵延以及实在本身。

柏格森创立的"绵延说"实际上是他对事件的另一种不同于传统自然科学的阐述，而对时间的深刻理解也是他的生命哲学的起点。以往的时间都局限在外在的空间之中，而柏格森却将时间理解为我们内在所经历着的一种生命、意识的持续过程，是一种生命之流，并以此与以往的假时间区分开来。这也可以看出他对自然科学机械世界观的批判。柏格森也反对用自然科学的简单还原论来解释高级复杂的生命现象，相反他认为哲学的方法就应该提倡直觉，用人的直觉（经验）体验内在生命之流，从而把握宇宙生命的真谛。也是在此基础之上柏格森提出了利用"生命冲动""创造进化论"，即自由。针对这一点我们可以具体来看一看柏格森将生命比作风的例子，首先他提出了"创造进化论"的观点，"生命是自从世界开端便一举而产生的一大力量和巨大的活力冲动，它奋力在遇到的物质阻碍中间打开道路，逐渐学会通过组织化来利用物质；尽管出于适应性，它一部分被物质制服了；但是它总是奋力以自由活动能力找到新的出路，总是在一些对立的物质障碍中间寻求更大的运动自由"①。其中的"生命冲动"与尼采的"强力意志"不谋而合。

柏格森提倡直觉、反对理性，体现了他思想中所包含的"直觉主义"，通过贬低数理逻辑，强调用直觉把握生命实在，从而使人类从"科学主义至上"的束缚中解脱出来，来关注自身的生存与发展。

（五）雅斯贝尔斯的生存哲学

卡尔·雅斯贝尔斯是德国存在主义的重要代表人物之一。从少年起，

---

① 〔英〕罗素：《西方哲学史》下卷，马元德译，商务印书馆，2008，第348页。

他就开始关注思考人与人生等哲学问题。但是大学期间他就读的却是法律专业，后转向心理学，直到第一次世界大战之后，战争给世界和全人类带来的问题和痛苦使得雅斯贝尔斯转向哲学。他认为科学不能真正解决人生和社会的问题，只有哲学才有这个作用。基于当时的背景，他致力于建立一种"世界哲学"，以求哲学世界大同。

雅斯贝尔斯将自己的哲学称为"生存哲学"，这主要是因为他的哲学涵盖了"生存"和"存在"这两个方面，他试图用自己的哲学来解释人类生存的一系列问题。雅斯贝尔斯认为，哲学起源于人们对自然现象的疑问以及对已有知识思考的怀疑，真正的哲学是由于人们在边缘境地超越自身所产生的。雅斯贝尔斯承认，科学可以为人们解决很多实际问题，但是对于人生存在的意义问题只有哲学才能破解。同科学相对，哲学是一种个人实现真正自我的思维活动和行动。

雅斯贝尔斯进行哲学思考的起点是"存在"，在他看来，"凡是成为我们的对象的事物，宛如从存在的背景中趋近我们。凡是被认为是对象的任何东西都不是存在"[①]。可见，所谓的存在没有任何的规定，因此，凡是客观的事物均不存在。在以存在为本体的基础上，他指出人类只有通过生存，超越存在，才有可能成为真正的人，才能以一种非理性的主观精神和存在状态存在。

通过对当时复杂社会问题的剖析，他指出当今人类生存的问题主要体现为"人性的缺失"，而人类想要实现自身，则必须经过在边缘境地的震惊阶段才能达到。雅斯贝尔斯说："自身存在含义在于：自身存在处于交往之中，并非孤立的我的存在：自身存在不再是可替代的纯理智，它只在此时此地的历史一次性中；自身存在不再是经验性的实存，它只是作为自由而存在着。"[②] 这也体现出雅斯贝尔斯生存哲学中成为自己、实现自我的重大意义。

通过对克尔凯郭尔、叔本华、尼采、柏格森、雅斯贝尔斯的生命哲学和生存哲学的归纳和总结，我们可以知道生存哲学和生命哲学本质上认为

---

① 〔美〕W. 考夫曼编著《存在主义》，陈鼓应、孟祥森、刘崎译，商务印书馆，1987，第151页。
② 转引自徐崇温主编《存在主义哲学》，中国社会科学出版社，1986，第281页。

哲学的任务应当回归正道，回到对人自身、人存在的意义等问题上，反对哲学像科学一样追求机械论、目的论，认为哲学有自己的任务需要完成，不应该只注重思辨和形而上学。

三　意向性实践和生存论的逻辑

哲学问题上的意向性不是"倾向"或"意图"，而是指意识的构造。最初对"意向"问题的讨论分析是在中世纪时期，当时的哲学家托马斯·阿奎那将其描述为有意图的精神行为，弗朗茨·布伦塔诺是真正将"意向"作为哲学术语加以运用的哲学家。他的学生埃德蒙德·胡塞尔曾经指出："在描述心理学的类别划分中，没有什么比布伦塔诺在'心理现象'的标题下所做的，并且被他用来进行著名的心理现象和物理现象之划分的分类更为奇特，并且在哲学上更有意义的分类了。"① 意向性成为现象学不可或缺的基本概念，意向性分析的工作主要是从胡塞尔的现象学研究开始的。胡塞尔的现象学实质上是抛弃自然的思维方式。要想实现人性重建，首先必须从实现纯粹的意识出发，然后通过意向性以及意向性行为和意向性对象三位一体来构成主体化、价值化的实践哲学。

"在《存在与时间》中，我们可以看到知识论路向与生存论路向的基本对照。前者被称为'范畴性质'，它概括了在'逻各斯'中以各种方式可言及的'存在者的一切先天规定'；后者被称为'生存论性质'，它与最广义的现成状态（范畴性质）相区别，是'着眼于此在的生存结构而获得规定的'。上述二者乃是存在性质的两种基本可能性。因此，最简单地说来，例如就'在世界中'而言，所谓空间上'一个在一个之中'乃属范畴的性质，而'依寓于'、'融身于'等等则属生存论的性质。"② 海德格尔的此在不再是一个被给予的客体，而是通过当下状态来谋划并领悟存在过程的意义的"在此具有生命活动的个人"③，这个个人可以通过自我谋划、

---

① 〔德〕胡塞尔：《逻辑研究》，倪梁康译，上海译文出版社，1998，第364页。
② 吴晓明：《当代哲学的生存论路向》，《哲学研究》2001年第12期，第10页。
③ 〔德〕海德格尔：《存在与时间》，陈嘉映、王庆节合译，生活·读书·新知三联书店，2006，第89页。

自我设定而达到在场的目的，并且成为一个特殊的存在者；而且他无论是打开物的世界或打开与他人共在的世界，也都是可以通过日常活动、实践、交往等来实现。周围感性世界就作为一个由日常生活来界定的"境遇"，因而形成了被某些学者推崇的、与马克思哲学革命本真意义完全一致的"生存论"路向。

萨特则认为"存在先于本质"，先有人类，然后是人类在实践行动中一步步地造就自己的本质。由上述分析可知，人的本质并不是由预成的某物和自然对象所决定，而是由主体自身和个体自由的活动实践所决定。人的本质在一定程度上取决于人如何活动、实践。萨特在《辩证理性批判》中进一步认为，实践论的存在主义就是指："马克思的整体实践与存在论的个体自由实践的关系共同决定了历史的形成。"①

第五节　西方马克思主义的实践哲学

一　西方马克思主义的形成与发展

西方马克思主义哲学关于实践观的讨论已经不再是从本体论的意义上来说了，而是从实践哲学内部的不同特点、不同流派的区别来讨论。西方马克思主义主要是对产生并流行于西方国家的各种马克思主义派别的总称。西方马克思主义哲学大致从 20 世纪 20 年代开始，至今已有一百年之久，在这么长的时间里，西方马克思主义哲学共经历了三个阶段。早期的西方马克思主义者主要是当时欧洲共产党中与苏联的正统马克思主义者意见相左的一些人，他们分别从理论和实践两个方面来阐述与苏联马克思主义理论的不同，代表人物主要有卢卡奇、葛兰西等。50 年代至 70 年代，是西方马克思主义发展的黄金时间，这一时期形形色色的马克思主义像雨后春笋一样冒了出来，其中的代表就是法兰克福学派。最后一阶段就是 70 年代至今，这是西方马克思主义的衰退期，在这一时期，形形色色的马克

---

① 任平：《马克思之后的哲学革命：当代路向及其意义》，《学术月刊》2009 年第 10 期，第 49~58 页。

思主义基本退出历史舞台，仅有英美两国的分析的马克思主义仍然活跃着。

二　西方马克思主义实践观的主要思想

以卢卡奇的《历史与阶级意识》、葛兰西的实践哲学为开端，西方马克思主义逐步进入实践转向，到西方马克思主义发展的最繁荣时期主要是以法兰克福学派所提倡的实践哲学、以社会批判和文化批判来重新阐释马克思主义哲学的核心要义。比如说马尔库塞就认为人的实践是人本的直接证明，也是人化与异化的根源等，表明了在马克思哲学之后西方马克思主义者对哲学革命和哲学转向的进一步探索。

（一）卢卡奇的《历史与阶级意识》

卢卡奇是西方马克思主义中最富有创造力的哲学家之一，他的思想精华主要凝聚在《历史与阶级意识》这本书里，主要包含：物化和阶级意识。这两个主题也深刻地影响了西方马克思主义未来发展的方向。

卢卡奇在《历史与阶级意识》中谈论的物化，实质上和马克思的异化思想是一样的，都是指人的存在与其本性相对立，人由本来的主体变为客体。在当时资本主义迅速发展的时期，资本主义所引导的市场经济也渗透到生活的方方面面，人的劳动也变成一种商品，随着工业专业化程度的加深，分工越来越细致，人的个性也逐渐被磨灭。自然，物化不仅仅是人自身、劳动的物化，还包括上层建筑和意识形态的物化。物化既然扭曲了人性和社会，那么如何消解物化才是卢卡奇真正要思考和解决的问题。他从两个方面来阐释：①解决物化必须通过实践，必须消除物化的根源，即资本主义体系；②实践还必须和认识相结合，只有先认识了现存的物化结构，才能开始革命的实践。这也就牵涉到卢卡奇所讲的第二个主题——阶级意识。

在卢卡奇看来，"历史"和"阶级意识"其实是可以相等同的，而且历史是由阶级意识决定的。而在《历史与阶级意识》一书中，卢卡奇还提到了一个很重要的范畴，即总体性范畴，实质上是为了强调人的活动所具有的主观能动性和变革性，这是具有一定的合理性的。总体性范畴是卢卡奇针对唯物辩证法所具有的革命性和批判性所提出来的，尤其是针对第二国际的一些共产主义者将马克思主义哲学庸俗化、形而上学化所提出的。他曾依据总体性范畴来说明主客体之间所存在的同一性。在卢卡奇看来，辩证法的关键决定因素在于主客体之间的相互作用，但是这种相互作用的限定条件使其只能适用于社会历史领域；也就是说，在自然界中运用辩证法，就根本不能实现理论与实际的统一。卢卡奇所强调的主客体统一的辩证法，是能动的、批判的。在他看来，人创造历史的过程在实质上就是主体认识、改造客体，进而达到两者统一的过程。①这一点也是卢卡奇把历史唯物主义方法的本质看作理论和实践的统一的根本原因所在。

　　无产阶级必须先将物化的意识转变为历史过程本身的组成部分，才能瞄准物化、消灭物化，因此无产阶级意识是一个比物化更重要的主题。俄国十月革命结束之后，卢卡奇和很多西方马克思主义者都相信整个资本主义体系已经到了崩溃的边缘，大革命的形势一片大好。历史进程中的客观条件和物质基础已经具备，唯欠主观条件。卢卡奇将阶级意识分为在现实生活中形成的"心理的阶级意识"和阶级在生产过程中因特殊地位和社会处境、历史地位而形成的"归属的阶级意识"，很明显，真正的无产阶级应该拥有归属阶级意识。无产阶级带领全人类进入自由王国必须具备与其相适应的阶级意识，这样无产阶级才能担负起整个历史发展的使命，才能以实践的革命推翻资产阶级和资本主义体系。

（二）柯尔施的理论与实践思想

　　针对马克思主义理论和实践的关系问题，柯尔施在他的《马克思主义和哲学》这本书中研究和探讨过，对这一关系的探讨也是他的理论中很重要的一部分内容。在他看来，想要推翻依靠统治阶级的意识形态来维护的资产阶级统治，就要追根溯源从意识形态层面展开斗争。那么想要将这一

---

　　① 杨卜海：《概述西方马克思主义的实践哲学思想》，《西安社会科学》2010年第1期，第21~22页。

项工作做好，首先就要做到摒弃马克思主义哲学和第二国际理论家们的理论。在柯尔施看来，第二国际的理论家实质上已经偏离了马克思主义哲学继续发展的道路，因而同资产阶级的学者没有什么大的不同了。但是第二国际的理论家们却十分不愿意从意识形态层面展开斗争，原因主要在于第二国际的理论家把一切哲学等同于无用的智力游戏，等同于统治阶级维护统治地位的迷信。在他们看来，科学社会主义同马克思主义哲学并不存在必然联系。但柯尔施认为，马克思主义哲学中包含了实践和理论的辩证统一的关系，不仅在理论层面上对资本主义进行哲学批判，同时在现实中也不断致力于无产阶级推翻资产阶级的革命，从某种意义上来说，对于资本主义的哲学批判，构成了整个革命过程的一部分。所以，尽管马克思主义强调了物质的重要性，但依然继承了具有黑格尔唯心主义特点的关于理论和实践的辩证关系的思想。

（三）葛兰西的实践哲学

葛兰西是意大利共产党的领导人和国际共产主义运动活动家，但是在当时他长期被意大利法西斯政府监禁，就是在这样艰苦的环境下，他写了大量书信和笔记，集结为《狱中札记》和《狱中书简》出版。他立足于哲学、历史和政治三者来阐述他的哲学观，尤其是他的实践哲学立足于历史性和历史主义的思维方式，反对把实践哲学机械化、唯心化。他的实践哲学以人的实践为基础建立起来，是关于人与自然、人与人的学说，葛兰西强调实践哲学的功能在于通过有机知识分子来夺取无产阶级的文化意识形态领导权，并提出了"阵地战"和"运动战"相结合的革命战略。

葛兰西将马克思主义哲学称为"实践一元论"。在意大利法西斯政府的监狱中他不断地学习马克思的著作，并在学习的基础上形成了自己的理论体系，他把自己的哲学称为"实践哲学"。由于对马克思原著的深刻理解，他极力批判第二国际中的一些理论家把马克思主义哲学同新康德主义等哲学思潮等同的做法。他认为，马克思主义哲学是以实践为基础的能动的、批判的实践哲学理论体系，是"实践一元论"。葛兰西认为，社会形态与意识形态实际上都是具体的历史活动的产物。而实践的同一性的内容和基础就包含客观的物质、自然和主观的意识与精神。在葛兰西看来，离开了这样的实践，具体的历史活动也就不复存在了，物质与精神、自然与人的同一性也就不存在了。他还坚持强调人民群众是历史进步的动力，而人民群众从自发性转向自觉性的历史也就是意识形态的发展历史。还有就是葛兰西十分重视知识分子在革命和实践中的地位和作用，在他看来，知识分子实际上和工人一样，而这一点也正是马克思主义哲学和资产阶级哲学之间的区别所在。①

葛兰西是在他自己的哲学观的基础上来理解实践哲学内涵与功能的，也是在其哲学观的基础上来对实践理论进行进一步的阐发的。他的哲学观中涵盖了很多领域、很多内容，例如强调哲学与日常生活、文化史、政治之间的联系，强调哲学的历史性，认为哲学的首要和根本问题就是解决"人是什么"的问题，同时还强调了哲学在改变人们心态、传播新文化上的指南功能和作用。葛兰西的哲学观不仅阐释了实践哲学的内涵和功能，而且还突出强调了实践哲学的历史性的特征。这一特征首先是指理论家个人的主观努力——创造了实践哲学；其次，实践哲学的产生也是站在以往的哲学理论的基础上进行批判和反思的产物；最后，实践哲学还是人们正确看待、分析问题的方法论指导。而且由于立足于哲学、历史、政治，葛兰西的哲学是综合哲学。因此，他反对将哲学当成单纯的概念来理解，提出要立足超越近代理性主义哲学的知识论解释，站在实践、辩证法的基础上来看待实践哲学。也正是因此，他提出了知识分子理论、文化领导权理论、阵地战和运动战的革命方略，深刻显示了他的哲学观对他阐释实践哲学内涵与功能的支配作用。所以要想了解葛兰西的实践哲学，必须把握其综合哲学观的内容。②

（四）马尔库塞关于人的实践的思想

在西方马克思主义学派中影响最大的就是法兰克福学派，该学派从 20

---

① 杨卜海：《概述西方马克思主义的实践哲学思想》，《西安社会科学》2010 年第 1 期，第 21~22 页。

② 王雨辰：《葛兰西的哲学观与其实践哲学的关系》，《学术研究》2018 年第 9 期，第 1、7、177 页。

世纪 30 年代诞生一直到 60 年代衰落，出现了大批人才和大批著名的代表人物，其中最重要的有霍克海默、阿多诺、马尔库塞和哈贝马斯等。该派主要是以社会批判理论著称，但其理论中也包含有实践哲学的内容——马尔库塞的人本学，这是马尔库塞关于人的实践的重要论述。

马尔库塞在当时法兰克福学派中的影响较大，他最著名的著作就是《单向度的人——发达工业社会意识形态研究》。在这本书里，他阐述了单向度和多向度的对立，引言中他首先提到了技术已经不再是中立的了，涉及科学技术的合理性促成并维护政治的合理性；科学技术越来越成为集权主义统治的有力工具，而这也就决定了科学技术从自由的变成了资本主义奴役人的工具。马尔库塞认为，"技术作为一种生产方式，作为工具、装置和器械的总体性，标示着机器时代，它同时也是组织和维持（或改变）社会关系的一种方式，它体现了主导性的思考和行为模式，是控制和支配的工具"①。也正是在资本主导下，以科学技术为工具的时代人逐渐变成单向度的。人由单向度的需求到单向度的思想，社会也越来越单向度，以至于政治、艺术、哲学也变成了单向度的。

随着科学技术的发展与机械化的产生，在劳动过程中，人和机器的关系发生了颠覆性的变化，技术所占的比重越来越大，人越来越失去过去劳动中的自主性，人越来越成为机器的附庸。在人与机器的关系中，人失去了主体性，人的自主性转化为了机器的自主性，也就是说人将其所具有的主体自发性转变成了机器所需要的特性。马尔库塞认为"个体主义的理性已经转变为技术理性"②，因此，人使自己的生活从属于事实性的物质世界，在这个世界中，机器取代人占据主导地位。在马尔库塞看来，资本主义社会呈现单向度的原因，是科学和技术的大幅度结合并被技术化，最终形成了技术理性，技术理性逐渐支配着社会的方方面面，因此，支撑人们行为理性的基础已经变为逐步建立起来的机器化过程，而不再是要被改变

①　Herbert Marcuse, "Some Social Implications of Modern Technology", in Douglas Kellner ed., *Technology, War and Fascism*, Lodon and New York, 1998, p. 41.

②　Herbert Marcuse, "Some Social Implications of Modern Technology", in Douglas Kellner ed., *Technology, War and Fascism*, Lodon and New York, 1998, p. 44.

的人或社会。"马尔库塞对单向度社会趋势形成的分析是从现实出发的，他看到资本主义社会晚期，科技发展到一定阶段，其作为资本统治工具的作用凸显出来，这使我们了解科技发挥作用具有双重逻辑：既可以推动生产力的发展，也可以为资本主义统治服务。"①

如何解除人的单向度呢？马尔库塞在这本书的最后给出了自己的答案，即人们只有通过实践将人从异化中解救出来，才能摆脱现在的单向度处境。"人们不得不打破外部强加于他们身上的理念和价值，并发展和实现与其理性的旨趣相协调的理念和价值。"② 在物质生产已经能满足人们生存需求和日常所需时，世界上不再有大规模的"生存斗争"时，自由和解放就会变成人类最真实、最迫切的需求。但是在资本操控的世界中，人们已经看不见社会的不合理之处了，异化的社会在人们眼里显得十分合理。人们为了虚假的需要，日复一日忙于工作，一方面维持了现存的生产和再生产体系，另一方面个人再也没有精力去追求更重要的自由和解放。因此就需要寻找到人化和异化的总根源即人的实践，从而实现人的复归。③

三 西方马克思主义实践哲学的局限性

其实西方哲学从古希腊时期就开始了对实践哲学的研究，只不过到了近代，哲学离开了现实生活转向形而上学的层面，哲学变得也就越来越扑朔迷离，实践也就变成了一个名词。进入 18、19 世纪后，现代西方哲学家又重新认识到实践的重要性，开始反形而上学、反对思辨，并要求哲学重新回到现实生活中，重新关注人生存的问题，这从而也推动了哲学的实践转向。对于西方马克思主义者不懈地追求实践哲学的精神我们给予肯定，但同时相对于马克思所提出的实践观来说，现代西方各哲学流派所提出的

---

① 郭先红：《技术理性、科技与主体：对单向度社会趋势的再思考》，《学习与实践》2017 年第 10 期，第 132 页。

② Herbert Marcuse, "Some Social Implications of Modern Technology", in Douglas Kellner ed., *Technology*, *War and Fascism*, Lodon and New York, 1998, p. 43.

③ 任平：《马克思之后的哲学革命：当代路向及其意义》，《学术月刊》2009 年第 10 期，第 49~58 页。

实践观，仍然存在一定的局限性。

首先，无论是重新解读马克思主义实践观还是反对以苏联学者为代表的正统马克思主义，或者是进行社会批判，西方马克思主义者对于马克思实践观的解读仍然存在一定的局限性。虽然笔者对于马克思主义实践观的理解可能也很不到位，但是笔者想要站在前人的肩膀上，对现代西方马克思主义的实践观进行评价。西方马克思主义者喊着"重建马克思主义"的口号，反对将马克思主义教条化，这一点任何人都不可否认。苏联马克思主义和苏联模式确实存在一定的弊端，而西方马克思主义者利用这一契机打着"重建""解构"马克思主义的旗号，采取分割对立和制造内部矛盾的手法来重读马克思主义，首先切入点就有一定的偏差。还有一些思想家、革命家甚至是共产党的高级领导人被资本主义所蒙蔽，打着批判资产阶级的旗号，用资产阶级哲学来歪曲篡改马克思主义哲学，他们提倡自由，反对专制，他们都对苏联的模式提出了批判。还有一些领导者脱离马克思所说的阶级基础、脱离工人运动，把新工人阶级与中间阶层形成的联合阶级作为自己的阶级基础，但是离开了最坚定的阶级力量，革命又怎会成功？还有最重要的一点是否认物质第一性和意识第二性的唯物主义原则，坚持人本主义或实证主义的唯心主义路线。[①]

其次，从批判的立足点来讲，西方马克思主义哲学批判的立足点——"实践"的范畴并不等同于马克思主义哲学批判意义上的"实践"。西方马克思主义者将"实践"归结为马克思的早期著作《1844 年经济学哲学手稿》中所提出的异化范畴。列斐伏尔曾指出："异化问题是哲学的核心观念，特别是当代马克思主义哲学中最重要的问题……全部马克思主义哲学的真谛正是以异化为其深层逻辑框架的。"[②] 西方马克思主义者特别是法兰克福学派认为随着资本主义的发展，异化现象有愈演愈烈之势。他们正是立足于"异化"这一范畴，对资本主义社会的异化现象展开全面的批判，由马克思所讲的人的异化扩展到社会的各个层面，包括技术异化、意识形

---

① 杨卜海：《概述西方马克思主义的实践哲学思想》，《西安社会科学》2010 年第 1 期，第 21~22 页。

② 张一兵：《折断的理性翅膀——"西方马克思主义"哲学批判》，南京出版社，1990。

态异化、消费异化等，消解了马克思哲学本身的实践批判精神。西方马克思主义哲学批判是一种人道主义的价值批判，其本质具有伦理意义，而不是马克思哲学在实践基础上的包括政治经济学、哲学和科学社会主义理论三位一体的科学批判。

最后，西方马克思主义者并不认同马克思哲学提出的通向未来理想社会的手段和方式，他们认为应当进行温和的心理层面的变革。西方马克思主义者和马克思都基于对资本主义社会的批判，试图在未来构建一个理想社会。马克思主张采用阶级斗争和暴力革命的手段来推翻资本主义的统治，其革命的主体力量是无产阶级，革命的最终目标是消灭私有制，建立共产主义社会，从而实现人的自由全面发展。但是西方马克思主义者认为，资本主义进入发达工业社会阶段，其面临的最大问题不再是生产的匮乏和工人阶级的贫困，而是工业社会对人的本能和人性的摧残。因此，法兰克福学派认为，晚期资本主义社会变革的途径和目标也只是主观的、意识的、心理的革命，并且实现社会变革的主体也不再是通常意义上的无产阶级，因为传统意义上的无产阶级已经变得有产化，因而失去了以往的革命性。他们认为，社会变革的力量是别样的"无产阶级"，即那些厌恶现存的生产方式的人，包括知识分子、青年学生、社会底层的被遗弃者、流浪者等，因为这些人的意识形态中存在着与现存社会不同的价值和批判现实的可能，蕴藏着社会变革的萌芽。由此可见，西方马克思主义者并不是从唯物史观的角度探寻社会发展的规律，并没有真正理解马克思所讲的经济基础和上层建筑的辩证关系，他们寄希望于资本主义社会自身来完成这种变革，只能陷入深深的失望情绪和悲观主义之中，其所谓的理想社会也只能在现实社会历史发展中流产。

四　马克思主义实践观的超越性

马克思主义哲学从来都不是以创立一个哲学体系为目的，而是以全人类的自由和解放为主题。马克思在摆脱人本主义"抽象的人"的基础上十分注重人的现实生活及人的主观能动性。而这一论断把人从抽象拉回了现实，也为当代哲学实践指明了新的方向，并引发了实践论的哲学变革，还发起了哲学历史上的划时代变革，当然，同时也克服了现当代西方哲学实践观的局限性，以彻底的立场和革命的态度超越了现当代西方哲学。

（一）马克思主义哲学实践观推动哲学发生了重大变革

马克思与现代西方哲学家在批判、反思近代哲学弊病时，以实践将哲学从形而上学中拉回到了现实，并实现了对近代机械唯物主义的超越。与此同时，马克思还更加强调实践的社会性、现实性，并强调人与实践之间的本质关系，并指出了实践对于人类生活的意义即"全部社会生活在本质上是实践的"，"哲学家们只是用不同的方式解释世界，问题在于改变世界"。① 马克思的唯物史观最基本的观点就是实践，马克思主义哲学就是在实践的基础上建立起来的。以实践的观点为支点，马克思主义哲学为杠杆，从而使哲学彻底回到了现实中。哲学开始关注人的现实生活、人的社会实践，并鼓励人们积极发挥主观能动性并通过实践来实现改造世界，从而实现共产主义和全人类的自由解放。马克思将哲学与现实社会相结合，为哲学指明了未来发展的方向。

（二）马克思主义哲学实践观是一种总体性的实践观

不论是早期古希腊哲学家对实践的探索，还是现代西方哲学家对实践理论的不断推进，都有着十分重要的意义，但是到了马克思这里，实践观才真正成为一个完整的、科学的理论系统。马克思主义哲学认为，人和世界之间存在着认识与被认识、改造与被改造的关系。而人最本质的存在形式就是实践，通过实践不仅可以实现主观世界和客观世界的分化与统一，也实现了人化世界和自在世界之间的分化和统一。实践活动不仅是客观的、物质的，也是主观的、精神的。因此，实践不仅能使人认识必然性，还能带领人们超越必然性；实践既面向现实，也指向未来：包含了理性的成分，同时包含了人的主观的情感、意志和价值观，人类就是实践活动的

① 《马克思恩格斯选集》第 1 卷，人民出版社，2012，第 135、136 页。

主体。从这个层面上来讲，马克思的实践观也就克服了其他一切哲学的片面性，实现了总体性和全面性。①

（三）马克思主义哲学实践观是具有历史性的实践观

实践活动在马克思这里是一种历史的、现实的活动，是连接人与自然界的纽带活动。在马克思的思想中实践理论占有很重要的地位，是马克思全部思想的基础。马克思在批判、吸收西方传统哲学实践观点基础上形成了自己的实践哲学，并且鉴于当时资本主义生产方式下的人类的生存境遇，马克思的哲学思考始终与现实的人的生存与发展相联，在他看来，实践哲学的终极目标就是实现共产主义和全人类的自由全面发展。通过实践人类不断地把自然世界改造为人化世界，通过实践人类实现了主观世界客观化，也是通过实践人类实现了客观世界主观化。因此，在马克思的唯物史观中，实践是人类认识世界、改造世界的基础。而且，在实践的历史过程中，人与自然及社会、主观性和客观性、非理性和理性、理想和实际都实现了具体统一，并趋向于最终的理想状态，从而真正实现人的本质，而这也是马克思实践观无法被超越的原因。

（四）马克思主义实践哲学是具有真正本原意义的实践观

马克思主义实践哲学摆脱了以往哲学所存在的阶级局限性，同时将哲学革命与变革西方资本主义的运动有机结合起来，从而使哲学摆脱了抽象，让哲学能真正指导人类的现实生活和实践。通过将实践从理论层面贯彻到现实中，在强调人类认识世界和解释世界的同时，更突出改造世界，进而实现人的全面解放。所以，马克思彻底克服了西方哲学家们无法避免的种种不彻底性和片面性，马克思主义哲学也克服了近现代西方哲学的缺陷，即在超越近代西方哲学的同时，也超越了现当代西方哲学，从而创立

---

① 范蓉：《论现代西方实践哲学的局限及马克思主义实践观的超越性》，《开封教育学院学报》2016年第8期，第14~15页。

了具有真正本原意义的实践哲学。①

　　通过对马克思主义哲学以及马克思之后的西方哲学家的实践思想的分析可知，马克思主义实践观在总体上完成了实践哲学的转换，在哲学体系的历史上具有重要的作用和远大的意义。正是在这一意义上，我们至少可以说：马克思哲学革命开了实践哲学先河，在当代演变为一种多形态、多路向，然而又具有时代共性的趋势。但是，在当代，无论是实践哲学还是哲学革命本身，并非无条件地就等于马克思的哲学。既然马克思的哲学革命与实践哲学仅仅成为当代多元路向中的种，我们就不能在哲学革命和实践哲学理解上无条件地"以西解马"。在当代哲学革命与实践哲学问题上，马克思哲学与其他哲学的区别和对立出现了时代性的变化，不再是本体论意义的，而是进展到实践哲学内部。我们需要在实践哲学共性基础上认真分析各自的个性，研究在新的时代底版上两者对立的新形态、新特点，进而在共性和个性的联结点上全面把握两者的对话关系。②

---

① 范蓉：《论现代西方实践哲学的局限及马克思主义实践观的超越性》，《开封教育学院学报》2016 年第 8 期，第 14~15 页。
② 任平：《马克思之后的哲学革命：当代路向及其意义》，《学术月刊》2009 年第 10 期，第 49~58 页。

第四章 维特根斯坦哲学革命的
考察：语言之维

第一节 维特根斯坦语言观的出场
背景与出场逻辑

一 维特根斯坦语言观的出场背景

（一）时代背景

在维特根斯坦生活的时代，资本主义已经发展到了很高的程度，欧洲资产阶级将原始资本和雇佣劳动与现代技术相结合，推动了第二次工业革命的发生。对商品货币关系进一步界定，市场经济发展体系逐渐成熟，造成了城乡对立和阶级对抗，促成了国际分工和殖民浪潮的兴起。在资本主义初级阶段，自由竞争占据主导地位，政府推行一切由市场调节的自由经济政策，推动生产力的发展，导致社会两极分化，引发了阶级斗争。在1870~1910 年发生的五次经济危机，使得资本主义国家的经济几乎到了崩溃的边缘。鉴于此种情况，一方面为了集中资金，另一方面也为了避免盲目竞争所带来的两败俱伤的局面，一些大企业根据市场的需求和企业自身的供给能力，对生产和市场的关系达成了协议，将整个生产部门和市场需求的大部分甚至是整个行业的产、供、销连成块。让企业结合自己的实际情况对产品进行定价，企业为谋求最大利益，在某些方面会同其他企业进行联合，导致垄断的出现。可以说，在某种程度上，这几次经济危机在客观上也促进了资本主义经济的发展。

从国外市场来看，19 世纪末 20 世纪初期，各主要资本主义国家掀起了瓜分世界的狂潮，一些不发达国家和自给自足的封建主义国家就成为它们猎取资源的对象，整个世界的小农经济已经几乎完全卷入了资本主义经济发展的浪潮当中。在这段时间，资本主义国家一方面加强对其他国家的政治入侵，迅速将不发达国家变成自己的殖民地；另一方面殖民化浪潮使得资本主义国家具有更丰富的原料产地和廉价的劳动力，有利于资本主义的进一步发展。而在资本主义国家初步产生的垄断则给予了这些大企业丰厚的回报，刺激了它们将垄断这种经济体制以最快的速度推向它们国家所占有的殖民地的野心。企业的合并和垄断化进程也就进入了加速发展阶段。实际上，垄断资本主义是资本主义经济发展的一个阶段，而垄断资本主义在资本主义经济发展的各个阶段也具有举足轻重的地位，它极大地影响着世界发展的各个方面。从政治方面看，各个主要资本主义国家进一步推行资本主义制度，力图使整个世界或者它们所控制的殖民地都成为资本主义制度控制下的国家奴隶。这使得在这一时期许多学者和各国有识之士对政治制度进行了专门的研究。

在思想上，与当时经济发展相适应的多种政治思潮不断出现，产生了诸如新自由主义、社会民主主义和列宁主义等各种政治思潮。而在经济方面，整个世界经济开始步入经济一体化的格局，世界性的市场已经开始逐步形成。各国经济的联系不断加强，冲击着其他国家自然经济的发展，为非资本主义国家带去了先进的生产和管理制度，极大提高了生产率。工业行业生产总值和贸易行业贸易额呈几何倍数增长，但其中存在的一个不容忽视的问题就是，在这一时期，社会财富的分配也极为不公平，贫富差距开始扩大。工人阶级和中产阶级的工资和生活水平与经济的发展不成比例，出现了富者愈富、穷者愈穷的局面。贫富两极分化的现象在这一时期尤为明显。（当然，这一时期的竞争不只是发达资本主义国家与其殖民地之间的实力相差悬殊的不平等竞争，也包括主要发达资本主义国家之间的竞争。）各国在这一时期也制定出有利于本国竞争的各种方针和外交策略。例如美国在 19 世纪末对亚洲实行的"门户开放"政策；20 世纪初，面对美国的"大棒政策"和"金元外交"，英国与其他国家结盟，放弃"光荣孤立"政策；德国一改俾斯麦的"大陆联盟体系"，推行更具进攻性的"世界政策"。经济的发展，世界殖民地不断被瓜分，使得各国的经济利益团体矛盾不断升级，殖民地国家和第三世界国家的各种资源被掠夺，为它们长期陷入贫困埋下祸根。而发达资本主义国家之间的互相竞争和矛盾升级，最终导致了第一次世界大战的爆发，殖民地和世界市场开始被重新分配。

（二）个人家庭环境

维特根斯坦的父亲卡尔是极其严厉而又神经质的人。卡尔从小就难以管教，具有反抗性格。他反抗长辈们用权威的借口强加给他的严格的维也纳资产阶级的古典教育，力图从所生长的环境当中独立出来，走自己选择的路。他在 11 岁时就企图离家出走，17 岁时因写出否定灵魂不朽的文章而被学校开除。维特根斯坦的爷爷想给卡尔请家庭教师，但是卡尔成功地气走了家庭教师并离家出走。他先在维也纳躲藏了几个月，在身无分文的情况下带着一把小提琴逃往纽约。在美国的两年多时间里，他先后做过服务员、沙龙音乐演奏者、酒吧招待员和家庭教师。冒险经历锻炼了年轻的卡尔的独立性和胆识。当他 1867 年返回维也纳时，便根据自己的兴趣学习工程技术。一个多月的学习和一段时间的学徒期后，卡尔成为保罗管理的轧钢厂工程的制图员。他抓住这一机会，显示出卓越的经营才智，以至于不到 5 年时间他就取代保罗成为公司总经理。以后的 10 年他证明了自己是奥匈帝国最精明的实业家，并在 19 世纪的最后 10 多年成为帝国钢铁工业的带头人，也是最富有的人。虽说维特根斯坦家族的名声、财富和地位在维特根斯坦之前已有三代积累，但正是他的父亲卡尔使维特根斯坦家族成为帝国最富有（路德维希·维特根斯坦的父亲卡尔·维特根斯坦拥有在欧洲数一数二的财产）、最显赫的家族之一，维特根斯坦家族几乎成为当时帝国社会文化的标志。

路德维希·维特根斯坦就出生在这样一个家庭中，其家族成员都有着惊人的天赋。路德维希的哥哥和姐姐都拥有极高的艺术天赋，有的甚至是顶尖的音乐天才。所以在当时，只要提到维也纳的艺术家或者哲学家这类人物，有见识的人都会联想到维特根斯坦家族，因为这类优秀人物往往是这个辉煌家族的一分子。

然而，出生在这样的显赫家族里并不一定是一件幸福的事。维特根斯坦家族具有最显赫的社会地位，也具有最大的野心。这样的野心使这个家族对成员定下了极为严格的标准，成为一名天才，是每一位出生在这个家族的孩子理所应当的天职。这种标准如此严格，以至于路德维希的三个天才哥哥都因此而自杀。这样看来，路德维希成为一名出色的哲学家实在是理所当然的，这也是他作为家族成员必须履行的职责。他是如此优异而精深，轻易超越了他的老师伯特兰·罗素。

二　维特根斯坦语言观的出场逻辑

（一）维特根斯坦对康德哲学思想的批判和继承

1. 维特根斯坦对康德图型说理论的继承和发展

康德在《纯粹理性批判》中首次提出图型说，并对 Schema（图型）① 进行了深刻的阐述，"每一次将某一对象划分到某一个概念中时，这一对象的表象一定同此概念的本质是相同的"②。康德认为，知性产生了构造范围，因此，构造范围是先天的；但是，经验是后天所得，是人通过社会实践和生产方式获得的。因此，只有将先天的构造范围和后天的经验有机结合，才能形成知识。如何结合？如何统一？必然需要一个媒介，将两者联系起来，最终运用到经验对象中去。康德还强调，知性是主体与生俱来的，是主体综合能力的体现，但是人类的感性却是我们无法预知的。在康德看来，这主要是因为人的感性认识是人在社会实践中习得的，是后天具备的，具有不确定性。因此，在知性和感性之间需要一个媒介，即"图型"。"实际上，我们纯粹感性概念的基础并不是对象的形象，而是图型。"③ 康德在对传统经验论和后天理性论进行分析和改造后，对感性经验

---

① 对于 Schema 的翻译有很多种，比如"图像"、"图式"和"图型"等，本书统一采用"图型"的译法。
② 〔德〕康德：《纯粹理性批判》，邓晓芒译，人民出版社，2004，第138页。
③ 〔德〕康德：《纯粹理性批判》，邓晓芒译，人民出版社，2004，第140页。

和先天理性能力实现了协调，并通过"图型"这个媒介进行了有机整合，因此，康德的图型论本质上立足于感性经验和先天理性能力的结合与协调。

维特根斯坦在《逻辑哲学论》中，明确指出语言和世界的紧密关系，二者在逻辑上具有同构性，在此基础上维特根斯坦提出了图像论（即语言图像论）。图像论主要包括四个方面的内容：第一，命题属于实在的图像；第二，图像代表某种事实；第三，语言和世界具有相同的逻辑结构，即命题与事实具有相同的逻辑形式；第四，前后两个相互关联的系列在逻辑上存在着同构关系。

需要强调和注意的是，康德所讲的图型具有抽象意味，类似于地图的结构，而并不是简单的原物临摹式的图画，也不是由人类创造出来的某一具体图像。简单来说，就算是对同一事物，不同的人站在不同的描绘角度，所描绘出来的图像自然也会有所不同；或者是站在相同的描绘角度，描绘出来的事物实际上也不相同。通过对图像的分析发现，图像和事实之间存在着一种始终不变的对应关系，即在命题和某种既定事实之间存在着相同的逻辑形式，因此，命题是通过一定的逻辑形式来描述世界的。

同时，在维特根斯坦看来：对象是构成实在的最小单位，对象通过特定的方式构成了特定的事态，这一事态即事实。那么同理，在语言中，最小的单位就是事物的具体名称，这些具体的名称通过一定的排列方式构成了各式各样的命题。其中，通过某种方式所构成的基本命题又构成了对象的真值函项，而这些命题的综合也就是语言。由此推出，语言和世界之间实际上是一种反映和被反映的关系。其中，名称和对象之间、基本命题和原子事实之间是一种一一对应的关系，相对应的，语言和世界之间处于一种同构关系。而图像论主要就是对这种同构关系的阐述。因此，维特根斯坦的图像论和康德的图型说之间既具有共同点，也具有一些差别。维特根斯坦的图像是语言，语言和事实之间存在着逻辑上的同构关系，康德的图型具有概念和对象的双重特点，并且图型和对象也是同构的。

维特根斯坦的图像论实际上是对康德图型说的继承与创新，不仅是对康德理论的进一步发展，也是对其逻辑形式的一种深刻反思，是对康德逻辑形式的深刻批判。

2. 维特根斯坦对康德划界理论的批判和超越

康德在《纯粹理性批判》中，反思和批判了人类的理性能力。在他看来，人类的认识能力是有限的，人类只能对社会中出现的事物和现象作出反应；而对于这些事物或者是现象的本质，人类是没有办法去把握的。通过这一分析，他对可以认识的现象和不可认知的物体进行了划分。同样的，维特根斯坦也做过类似的划分，在《逻辑哲学论》中对思想的表达进行了划分，也是将表达人类思想的语言分为可说的和不可说的。而这也可以体现出维特根斯坦在一定意义上对于康德哲学的批判和继承，表明了两人在思想理论上所存在的关联性。在休谟之前，欧洲的唯理论和经验哲学存在着很大的分歧，休谟怀疑论的出现，终结了这个分歧，并对理性能力和限度进行了批判，使得人们对理性能解决一切问题的"理性万能主义"的信念产生了怀疑和动摇，对理性的能力和有限性有了清晰的认识。

在这一点上康德认为，休谟的怀疑论极大地影响了自己，使他能够摒弃自己的独断论立场，从而走向先验论哲学的立场。随后，康德立足于自己的先验论哲学立场，认为哲学史中所出现的关于独断论和怀疑论的巨大争论并非偶然，存在着最根本的原因。由于人类的认识能力没有得到限制，传统形而上学追求对绝对事物的认识。但是人类理性认知能力又是有限的，因此人对世界最初的认识只是局部的认识，在社会实践的过程中，渐渐过渡到对世界的整体性认识。但是由于缺乏正确理论原则的指导，这种对世界的认识终将会陷入黑暗。简而言之，康德对于世界的划分是从认识的可知性层面上开启的，世界被划分为可认识的现象界和不可认识的本体界。人类对于世界上的事物的认识，仅仅停留在现象层面，而本体是超验的、是不可知的，是超越人们能力之外的，如果非要去探索对本体界的认识，最终就只能陷入理性的辩证谬误之中。而关于这一点，康德在《纯粹理性批判》中也讲得很明白。相对应的，维特根斯坦划定的则是人类语言的界限，这两者在某种程度上具有相似性。

维特根斯坦在《逻辑哲学论》中，除了重点阐释了语言图像论的概念之外，还在此基础上为可说和不可说划出了一条明显的界限。因此，他的哲学中存在的批判精神实质上和康德哲学中的批判精神相一致，均指向了划清界限的问题。维特斯根坦还在他的著作中说："给出命题的本质，意味着给出一切描述的本质，也即给出世界的本质。"① "我的原因的界限意味着我的世界的界限。"② "逻辑充满着世界；世界的界限也是逻辑的界限。"③ "我们不能思考我们所不能思考的东西；因此，我们也不能说我们所不能思考的东西。"④ 维特根斯坦认为语言是世界的图像，语言的界限构成世界的界限。除此之外，语言和世界之间是存在着逻辑同构关系的，因此我们可以借助语言来描绘整个世界。但同时需要注意，维特根斯坦的哲学属于语言分析哲学，而语言只能够对现实世界中的事实进行描述，这是语言学中的界限；而康德的图型论是对现实世界和语言知识之间关系的讨论，超越了可说的界限，除此之外还有其他一些不属于"事实描述"，就比如说"伦理判断"。实质上，康德的图型论就是为了反驳传统哲学中存在的形而上学的理性思辨，传统哲学为了研究和道出不可说之物费尽心机，却最终只能落入理性思辨的旋涡之中。再回到维特根斯坦的理论中，我们发现他除了提出"界限"概念外，还阐述了"显现"的概念：命题是实在的模型，因此命题可说，但命题的形式不可说，只能在说出命题的过程中"显现"自身。

（二）维特根斯坦对弗雷格"语境原则"的批判和继承

1. 弗雷格的"语境原则"

20世纪语言学的发展中诞生了一个新的学科——语用学，在语用学的研究中，语境是一个至关重要的因素，为推动语用学的发展，众多学

---

① 〔奥〕路德维希·维特根斯坦：《逻辑哲学论》，贺绍甲译，商务印书馆，1996，第74页。
② 〔奥〕路德维希·维特根斯坦：《逻辑哲学论》，贺绍甲译，商务印书馆，1996，第85页。
③ 〔奥〕路德维希·维特根斯坦：《逻辑哲学论》，贺绍甲译，商务印书馆，1996，第85页。
④ 〔奥〕路德维希·维特根斯坦：《逻辑哲学论》，贺绍甲译，商务印书馆，1996，第85页。

者展开对语境这一原则的研究。学界对语境的解读多是从 1923 年马林诺夫斯基系统提出语境思想开始的，很少有人注意到弗雷格语境原则的重要性。弗雷格对语境原则的发展做出了原创性贡献，他在 1879 年出版的《概念文字》这一著作正式标志着逻辑学史的转折，为语言学的发展开辟出了新的领域。与此同时，弗雷格提出的语境原则也是当代西方哲学十分重视的、进行哲学分析的重要原则之一。维特根斯坦等就继承了弗雷格的语境原则，并以此为出发点。① 学者王路也曾经指出，弗雷格的"语境原则"深刻影响了维特根斯坦。这种影响主要表现在两个方面，"一是现代逻辑的思想，二是应用这种现代逻辑的方法来分析和思考哲学和数学问题"②。

1884 年，弗雷格在他的《算术基础》这一著作中，在为"数"下定义时提出三条基本原则，其中之一为"必须在句子联系中研究语词的意谓"③。只不过后来这一原则才被有关学者称为"语境原则"，通常的表述是："一个词只有在句子中才有意义。"学术界通过对弗雷格思想的深入研究，认为弗雷格提出这条原则的目的是将"心理学的东西和逻辑的东西，主观的东西和客观的东西明确区分开来"④。对于每一个具体的语词，弗雷格认为不能仅仅了解这一个语词的特定含义，要将这个语词融入具体的语境、具体的命题中去理解。人们首先必须想到的是完整的命题，语词只有在命题中才具有意义。1963 年，达米特在他的著作《实在论》中指出，弗雷格确定名称指称的方法实际上就是对语境原则的最大体现。

在谈到"数"的概念时，弗雷格明确表明不能通过表象或直觉的方式得到"数"的概念，"认为由于语词只有在句子的联系中才意谓了某种东西，所以，重要的是要说明含有一个数词的句子的意义"⑤。因此，我们可

---

① 叶秀山、王树人总主编《西方哲学史》第八卷，凤凰出版社、江苏人民出版社，2005，第 109 页。
② 王路：《弗雷格和维特根斯坦：一个常常被忽略的问题》，《开放时代》2001 年第 3 期，第 104 页。
③ 〔德〕弗雷格：《算术基础》，王路译，商务印书馆，1998，第 9 页。
④ 〔德〕弗雷格：《算术基础》，王路译，商务印书馆，1998，第 8 页。
⑤ 叶秀山、王树人总主编《西方哲学史》第八卷，凤凰出版社、江苏人民出版社，2005，第 108 页。

以看出，弗雷格研究数字的方法是逻辑研究，通过逻辑研究为数学提供坚实的逻辑基础，由此可知，实际上意义的基本单位就是句子。同时，弗雷格也在其他著作中提到这一思想，在《概念文字》中，弗雷格认为句子在语境原则中应该是居于首要地位的，通过分析简单句，进而理解复杂句，句子概念就是通过归纳分析简单句和复杂句，进一步了解句子内部存在的基本逻辑结构后得出的。也就是说，我们不能仅仅思考词或者概念，而应该将句子置于具体的语境中去理解。这也就是弗雷格在《算数基础》中说的"只有在完整的句子中词才有意谓"①。弗雷格改变了过去只研究单纯句子概念的模式，开始关注句子中词与词的内在联系，并且认为这种联系具有很大的作用，可以说是认识的前提和基础。此结论一出对以往的哲学实质上造成了很大的冲击。

除此之外，更为重要的是，弗雷格还意识到非言语语境在判断意义中的重要作用。即在理解具体语境意义时，需要一定的非言语手段作为表达思想的重要手段，例如眼神、示意、手势等。弗雷格在关注语词概念、句中词与词的联系以及语境的同时也考虑到了肢体语言、语气等在判断语词时的重要作用。这是因为弗雷格注意到语词有的时候并不能包含句子的所有含义，还需要语境、一些副语言的补充说明。

其实，弗雷格提出的这一系列思想都是为了他的数学逻辑体系服务的，他想要给数学提供一个清晰明了的逻辑体系。而维特根斯坦又将弗雷格所创立的这一套逻辑体系运用到他的哲学体系之中，在认识世界的基础上尝试着解释世界，为其语言研究提供新的路径。

2. 维特根斯坦对弗雷格"语境原则"的批判和继承

从维特根斯坦的哲学著作《逻辑哲学论》来看，他的语境思想大量吸收和借鉴了弗雷格的思想，维特根斯坦将其阐述为"只有命题才有意义；只有在命题的联系关系中名称才有指谓"②。在这里他提到了命题，这主要是因为命题的特殊性，命题融合了诸多单个表达式，而且只有在命题中才有意谓，这也就是说命题的变项实质上可以是任何一个表达式。具体而

---

① 〔德〕弗雷格：《算术基础》，王路译，商务印书馆，1998，第77~78页。
② 〔奥〕路德维希·维特根斯坦：《逻辑哲学论》，贺绍甲译，商务印书馆，1996，第35页。

言，单个表达式是没有办法构成任何意义的，只有将表达式放入命题中它才能够发挥自己的作用。而这也是维特根斯坦研究语境的重要原因，也是他后期思想的理论基础。维特斯根坦后期提出了"意义即使用"，这主要是基于在他看来任何指称都有其特定的适用场合，离开了这些特定的适用场合，它都不能够获得意谓，也就是没有使用价值的。

在《逻辑哲学论》中，维特根斯坦扩展了弗雷格的语境原则，强调要明确语词和短语之间的联系，必须将语词置于命题之中。在维特根斯坦本人看来，语词是一个命题意义的最基本组成部分，并且它可以出现在很多个语词当中，因此语词具有这些命题的共同特征。这也就是说，语词标示着一个形式，同时也代表一定的内容。这是因为命题中的语词不仅是为了构成纯粹的命题，这个命题还要表示一定的本质内容，而这也就需要命题的一般形式。在命题的一般形式中，除去词语之外的其他部分都是可以按照一定的规则进行变化的。例如"维特根斯坦"这个词，将它放到不同的命题中我们就可以感受它其中的不同含义：维特根斯坦是一位语言分析家；维特根斯坦师从弗雷格；维特根斯坦的思想十分重要；等等。因此，语词不可以脱离它所属于的固定命题而单独存在。正如维特根斯坦在其著作《逻辑哲学论》第六章中所提的关于哲学的正确方法，除了自然科学的命题，"关于不可说的就不必去说，万一有人想要去说有关于形而上学的东西就应该给他指明他的命题中缺乏某些记号以指谓……"① 因此，在维特根斯坦看来传统的形而上学中缺乏具有特定含义的语词，而且其中的命题也都是违反逻辑所创造出来的假命题。

在对维特根斯坦《逻辑哲学论》的理解中，学者王路认为维特根斯坦在很大的程度上是继承了弗雷格的思想，就比如说从句子出发来考虑问题和用现代逻辑的方法来对语句进行分析处理总结，符号语言比自然语言更加具有优越性等，在深入研究的基础上，王路甚至认为维特根斯坦《逻辑哲学论》中的很多思想都是对弗雷格思想的拿来主义。就比如说，一个句子的意义就是它的思想，只有句子才有意义，名称只有在句子中才能表示

---

① 〔奥〕路德维希·维特根斯坦：《逻辑哲学论》，贺绍甲译，商务印书馆，1996，第104~105 页。

出明确的意义，这些很明显都是弗雷格的思想。当然我们也不可否定维特根斯坦在继承弗雷格思想的基础之上的创新，比如建立自己的命题函项理论，又比如丰富和发展意义图像论。

所以说，维特根斯坦有一些基础的思想还是来自弗雷格，只不过维特根斯坦在研究弗雷格的思想的基础上又丰富和发展了语境原则。例如他们都承认对意义和指称进行区分，讨论专名和确定摹状语，但区别是维特根斯坦认为摹状语是不完全符号；两人都认为逻辑的基础是"真值函项"，此外，维特根斯坦尝试用真值函项来解释全称命题和存在命题；同时，两人都认为算术是先天的，但维特根斯坦把算术等式解释成一个伪命题。

维特根斯坦继承和发展了弗雷格语境的原则，他在《哲学研究》的前言中写道："因为新的思想只有同我的旧的思想方式加以对照，并且以旧的思想方式为背景，才能得到正确的理解。"[1] 弗雷格的语境原则贯穿维特根斯坦思想发展的始终，弗雷格曾经说过必须在句子联系中研究语词的意谓，不能个别研究语词的意谓，这一点也被维特根斯坦所认同并体现在后期维特根斯坦语言游戏及生活形式等观点中。维特根斯坦在《哲学研究》中提出，"这也就是弗雷格的意思。他说，一个词只有作为句子的一部分才有意义"[2]。由此可见，弗雷格对维特根斯坦的深远影响以及后者对启蒙老师的由衷敬爱。

（三）维特根斯坦对罗素逻辑分析方法的批判和继承

1. 罗素的逻辑分析方法

罗素对分析哲学最大的贡献是提出了"逻辑分析方法"，在其整个思想发展过程中，罗素坚持一条基本原则，那就是"哲学的主要任务就是对语言的逻辑分析"[3]。罗素的逻辑分析方法主要借助"现代数理逻辑"这一工具，从事物的表面形式上来分析各种语言命题，尤其关注与人们生活息

---

① 〔奥〕路德维希·维特根斯坦：《哲学研究》，李步楼译，商务印书馆，1996，第2页。
② 〔奥〕路德维希·维特根斯坦：《哲学研究》，李步楼译，商务印书馆，1996，第36页。
③ 叶秀山、王树人总主编《西方哲学史》第八卷，凤凰出版社、江苏人民出版社，2005，第119页。

息相关的日常语言，试图从对日常语言的分析中得出具体的哲学结论，这一点也正是受到了弗雷格的影响。

罗素在《数学原理》一书的序言中提到，"在全部的逻辑分析方面，我主要受益于弗雷格"①。在研究的出发点上，罗素和弗雷格二人是相同的，都是由于对日常语言的不满而展开对语言的逻辑分析。正是日常语言语法和语词结构的不清晰才导致人们对日常语言产生误解。当人们对某一个语词的概念理解固定之后，人们就会用这个词来表示在某些方面具有相似性的事物，从而忽略了具体事物之间在本质上是否具有同一性。在现实中，当某个词语被赋予了固定的表述对象后，人们就会被这种观念所干扰，自觉或者不自觉地受到它的影响，顺着习惯或者观念而来认定这个概念就是表示它所代表的对象的存在。还有就是哲学中经常会出现一些抽象名词，其中有很多抽象名词的含义不是很明确，有很多都带有歧义，在这种情况下也就影响了哲学的科学性。而在句法结构方面，基于习惯的原因或者是其他原因，我们经常被带有陈述意味的句法结构或者是句法形式所束缚和限制。例如，对于主谓结构，会把谓词与同一属性的形而上学联系起来，这些都极大地影响了我们理性、正确的思考。所以，在一定程度上，罗素的逻辑分析方法在消除日常语言中的词语对哲学的消极影响上有很大的作用，从而有利于建立一套系统科学的人工语言框架。

罗素对逻辑实证主义的发扬具有重要的作用。他在1905年发表的《论指称》一文中，首次用逻辑分析方法来研究哲学问题，并且在此研究领域中取得了巨大进步。他在当代哲学中首次强调逻辑分析的重要性，认为逻辑分析方法主要是"下定义"，包括"实在定义"和"语境定义"。但罗素在分析过程中使用"语境定义"的分析方法，让人猜测他也是受到了弗雷格的影响。在罗素看来，语言是语境定义的对象，即通过语言符号来实现相互替换。罗素将定义理解为一种陈述，"某个新引入的符号或者符号组合的含义，与我们已知道其意义的其他某些符号组合的含义是相同的。严格地说，定义不是它出现于其中的主词的一部分。而且，它无所谓

---

① B. Russell, *Principia Mathematica*, Cambridge：Cambridge University Press, 1910, pp. Ⅷ-Ⅸ.

真假，它是意志的表现，而不是命题"①。

对于传统逻辑形式的不足，罗素同样也指出了传统逻辑形式不能作为分析哲学的工具。传统逻辑所具有的思维定式限制了其思维方式的拓宽和发展，在罗素看来，命题的唯一形式只能是主谓命题。简单来说，"C>D"这类命题并不是主谓命题，而是表示两者间关系的命题，它标示出的是 C 和 D 这两者之间的关系。所谓的主谓命题就是包含有一个主项，这个主项主要是指一个物体；再有就是包含一个谓项，谓项的作用就是对主项的属性进行分析说明。例如，"这条路是直的"，这才是所谓的主谓命题。罗素也特别在乎这两个命题之间的区别，寻找出其中的区别对消解两者的混淆而造成的错误有一定的作用，并认为事物之所以是此事物是因为它具有此事物的属性。再联系到现代数理结构中的"外在关系说"——对事物之间所存在的像纽带一样的关系进行分析。又比如说，传统逻辑认为事物之间的关系是内在于事物或者附属于事物内部属性的，即若 Q 内在于 a 或 b 中，那么 Q（ab）Q（ba）这两者就没有根本区别。用日常生活中的例子来说，将"黄河比长江短"等同于"长江比黄河短"这岂不是很荒谬，而罗素发现了这些问题，而且也通过分析很好地解决了传统逻辑学中出现的问题。

与弗雷格通过逻辑分析来研究数学的目的一样，罗素研究逻辑分析是为了建立一种理想的人工语言，而这种理想的人工语言可以克服日常语用中的很多缺点，可以澄清很多假命题。在现代数理逻辑基础上建立的人工语言能够准确表述哲学命题，从而有助于人们理解和解答哲学困惑。同时罗素的分析方法强调命题意义的准确性、推理过程的严密性以及推理结果的可靠性，而这些也对后来的分析哲学家产生了极大的影响，并被广泛运用于语言哲学和科学研究之中。在后期的研究中罗素也不断创新，将逻辑分析方法用于分析逻辑中一些不完全符号，并进一步提出摹状词理论。总之，罗素在哲学和逻辑学上的成就源于他对逻辑分析方法的天赋和灵活运用。

---

① B. Russell, *Principia Mathematica*, Cambridge: Cambridge University Press, 1910, p. 11.

2. 维特根斯坦对罗素逻辑分析方法的批判和超越

维特根斯坦在《逻辑哲学论》前言中指出："这本书讨论哲学问题，并且表明，——我相信——这些问题之所以提出，乃是基于对我们语言逻辑的误解。"① 在这一著作中，通过对"我们语言逻辑"的具体分析，"为思想划一个界限，或者毋宁说，不是为思想，而是为思想的表达划一个界限"②。

罗素认为逻辑分析方法同样适用于哲学研究，但维特根斯坦并不这样认为。在维特根斯坦看来，哲学本身就是逻辑分析，他将逻辑分析、语言分析或者说语言批判等同，而这种思想的提出实际上可以说是为哲学的分析提供了新的路径。在维特根斯坦看来，当时哲学的主要任务就是与形而上学划清界限，而要与形而上学划清界限就必须将逻辑分析方法作为研究方法。③ 也正是因为所有的问题都被维特根斯坦的逻辑分析法解决了，因此他也想要为哲学再制定一个清楚的能够与形而上学划清关系的界限，将形式化的逻辑分析方法引入对哲学问题的研究中。这样一来，哲学就会在逻辑分析法的指导下发展，从而也能正确处理具体命题之间的关系。"给出命题的本质，意味着给出一切描述的本质，也即给出世界的本质。他认为语言和命题的本质就是世界的本质：世界是所有可以经过语言的命题描述的事实的总和。"④ 维特根斯坦认为，通过逻辑分析方法展开对语言的分析，可以辨清语言、思想与世界之间的关系，明确语言的地位，引导哲学的语言学转向。

对于罗素的日常语言学观点，维特根斯坦并不是全盘吸收接纳，罗素本人对日常语言所持的观点主要是它不能承担起表达人类思想的任务，而且在逻辑句法结构上也存在着一定的缺陷。这些缺陷导致人类思想的缺陷，使得我们的思想容易产生混乱。由此可见，要推动语言以及人类思想的发展，我们需要借助一种更为有效的语言来取代日常语言，以精确有效

---

① 〔奥〕路德维希·维特根斯坦：《逻辑哲学论》，贺绍甲译，商务印书馆，1996，第 23 页。
② 〔奥〕路德维希·维特根斯坦：《逻辑哲学论》，贺绍甲译，商务印书馆，1996，第 23 页。
③ 全增嘏：《罗素和维特根斯坦的"逻辑分析"方法》，《复旦大学学报》（社会科学版）1963 年第 1 期，第 6 页。
④ 韩林合：《〈逻辑哲学论〉研究》，商务印书馆，2007，第 427 页。

地表达人类的思想。维特根斯坦与罗素和弗雷格不同,"他在《逻辑哲学论》中坚信日常语言和日常思想是完全合乎条理逻辑的,在这个问题上他从来没有改变过自己的看法"①。

第二节　以维特根斯坦"语言图像论"为代表的语形学思想及其缺陷

一　语言的混乱导致哲学的混乱

在学术界,一般认为维特根斯坦的哲学思想主要分为三个时期:前期、中期和后期。从 1911 年维特根斯坦师从罗素到他完成《逻辑哲学论》这段时间是他的思想的前期阶段。在这一阶段,他主要是通过逻辑分析方法展开对语言的哲学思考,研究语言如何能够表述世界。在研究的过程中,他发现了当时语言中所潜在的很多问题。首先就是语言的内在结构在一定程度上被社会中的自然语言的语法结构所遮盖了,所以就导致出现了很多语言误用的现象。举个简单的例子,日常生活中我们用得最多的就是"是",但是"是"在不同的语境中意义也不相同。它作为连词、作为指称的等号以及作为存在时的意义完全不同。这也就是说,一个词在逻辑结构中所处的位置直接影响它的意义。维特根斯坦认为在哲学上的诸多争论正是人们对语言结构的错误理解所造成的,想要彻底解决这些争论,就必须明确语法逻辑结构,避免相同语言符号的滥用。而分析哲学先驱弗雷格的"概念文字"、罗素的逻辑分析方法中的逻辑分析体系实质上就是为了解决这一类问题。其实语言最基本的作用就是指称对象,而指称的意义和它在句子中或者说在命题中的逻辑位置关系密切相关。

完善的语言实际上并不能解决所有的哲学问题。维特根斯坦在他的著作《逻辑哲学论》中对语言的有限性问题进行分析,即前文中提到的"语言为思想划界",这超出了思想的界限。维特根斯坦认为,能够用语言表

---

① 〔英〕贝克尔、海克尔:《罗素与维特根斯坦:两种不同的哲学观》,张金言译,《世界哲学》1990 年第 1 期,第 57 页。

达的东西不仅是可思想的，而且也是可能的。实际上，逻辑的作用的确十分大，但逻辑并不是万能的，就像有一些超出逻辑范围之外的东西我们就不可能用——不管这个语言多么完善——语言来表达和认同。因此，维特根斯坦认为，语言不能表达的事物不是没有意义的，而是超出了语言的逻辑"可操作"的范围。

通过以上的分析和研究，我们大致可以了解到维特根斯坦为了解决哲学中的困惑和难题所做出的巨大努力。首先就是对"可以言说"和"不可言说"的事物进行划界，逻辑能表达的部分就是我们可以言说的部分，反之超出逻辑体系之外的东西我们便不可能用语言来掌握它，虽然人类一直在为不可言说的东西做出努力。针对这一点，维特根斯坦在《逻辑哲学论》中也曾给了一个解决办法，那就是对不可言说的东西保持沉默，这是因为在维特根斯坦这里，他认为传统的形而上学所犯的错误就是因为触碰了处于逻辑范围之外的东西所犯的语言错误，而一个接一个的错误就是哲学混乱的直接原因了。

二　关于世界本体论的探讨

（一）维特根斯坦之前的哲学家对世界"本体"的探讨

传统哲学十分关注世界本体问题，即我们所生活的世界是由什么所组成的。早期的自然哲学家群体曾经对"始基"这个概念展开研究，并提出了关于世界本体的设想，这是早期人类从神话思维向哲学思维过渡的重要环节。直到柏拉图和亚里士多德时期，"本体论"才正式作为一个哲学分支登上哲学舞台。柏拉图的《巴曼尼得斯篇》这一著作代表着西方本体论的萌芽。在柏拉图之后，亚里士多德将本体论正式建设成为一门学科，使其成为形而上学的重要组成部分。亚里士多德在《物理学》《范畴篇》《工具论》等中，建立起他的本体论思想，并在《形而上学》中将这些思想系统化，构建起本体论研究的基本框架。除此之外，亚里士多德还提出了"第一哲学"的概念，对哲学和具体科学这二者之间的关系进行明确分析界定。他认为哲学是整体之学、本体之学，而科学则是部分之学、现象之学。哲学研究的最根本的目的就是寻求各种最初的根源和最高的原因，即"第一因"。因此，哲学是明因之学，亚里士多德将哲学对本体论的研究上升到哲学学科的高度。

中世纪哲学家认为"存在"就是"上帝"，因此关于本体论问题的探讨自然就成了关于上帝存在的证明。经院哲学对于"实在论"和"唯名论"这二者的讨论，重点在于"一般"和"共相"的实在性问题。从某种意义上来讲，这一问题继承了柏拉图的理念论和亚里士多德的实体说，开启了近代哲学关于本体论问题的探讨。近现代哲学从本体论存在的角度讨论存在论问题的取向，把它看作一种哲学形态和哲学观念，从这个理解出发展开对本体论问题的探讨。之后，休谟和康德对该种论述展开批判，使得传统本体论成为"存疑"的问题，在康德之后，黑格尔通过绝对精神理念重新恢复了本体论哲学的基本信念。休谟和康德二人对传统哲学问题的批判为现代西方哲学研究开辟了新的道路，并在其发展过程中进一步克服了黑格尔哲学本身的缺陷。纵观整个西方哲学流派史，均将传统的"本体论"问题看作形而上学的问题而展开激烈的抨击和批判。马克思彻底抛弃了以往的传统哲学家对"本体论"探讨的态度和观点，把哲学的"阿基米德点"建立在现实的人类的社会交往实践当中。马克思从人类最基本的社会实践活动即生产劳动出发，把物质这一概念融入人的劳动的社会实践过程当中。他认为劳动不仅能够使得物质自然界发挥其对人类的效能，同时在某种意义上也是对自然的占有，因为"一切生产都是个人在一定社会形式中并借这种社会形式而进行的对自然的占有"①。

（二）前期维特根斯坦的"逻辑本体论"

在关于"世界是由什么组成的"这个问题上，多数哲学家都认为世界是实体的总体并且具有稳定的结构。维特根斯坦与这些哲学家所持的观点不同，他认为"世界是事实的总和"，而且创造性地从语言问题这个角度

————————

① 《马克思恩格斯文集》第 8 卷，人民出版社，2009，第 11 页。

展开对本体论问题的思考。语言和世界之间是一一对应的关系，它能够描述整个世界，二者在逻辑结构上存在一定关联。因此命题就是语言所表达出的那些事实的图像，维特根斯坦将这个语言和世界的关系的理论称为"语言图像论"，这是他的著作《逻辑哲学论》的最基本、最核心的理论，同时也是维特根斯坦前期哲学思想的标志。

维特根斯坦在《逻辑哲学论》中，对"语言图像论"的基本观点做出这样的解释：事态是对象的结合，事实是存在的事态的复合，世界是事实的总体。他认为世界是存在于逻辑空间中的诸多事实的总和，而居于逻辑空间中的事实就是世界的最基本组成部分。维特根斯坦在对对象、事实、事态、逻辑空间这些概念以及相互之间关系的研究中得出了世界的最基本逻辑框架结构。此外他还论述了这些概念之间存在的关系：事态是对象的组合，事实是存在的事态的复合，世界是事实的总体。

第一，事态是对象的组合。对象是单个的个体，哲学研究不可以再对对象进行二次拆解，对象存在的最本质特征就是它是事态的组成部分，不同性质、不同属性的对象之间进行整合重组就构成事态。简单对象是固定不变的，它们就如同生态链条中的一个环节，各个对象之间环环相扣，构成不同的事态。而在社会实践过程中，对象的组合配置则是可变的和不定的，不同的对象之间可能采用相同的配置方式，同样的对象之间也可能采用不同的配置方式，这些都是构成不同事态的不同路径。

第二，事实是存在的事态的复合。简单对象通过不同的配置方式组合就构成不同的事态。各个不同的事态之间是相互独立的，它们不存在因为某种联系而产生的推导关系，也就是说我们不能从某一个事态的存在或者是不存在而推导出另一个事态的存在或者不存在。每一个事态都具有存在或者不存在两种方式，"发生的事情，即事实，就是诸事态的存在"[①]。不同的事态它们相互独立，既不完全等同也不相互排斥，所有存在的事态总体构成事实的总体，因此事实和事实之间也是彼此独立的。

第三，世界是事实的总体。"世界是事实的总体，而不是事物的总

---

① 〔奥〕路德维希·维特根斯坦：《逻辑哲学论》，贺绍甲译，商务印书馆，1996，第25页。

体。"① 维特根斯坦认为，所有各自独立存在的事态即独立的事实综合起来构成世界这个整体，世界存在的最基本的要素就是事实。事态是对象以一定的方式通过相互关联构成的，任意对象在事态中彼此发生联系的方式构成事态的结构。因为事实是存在的事态的复合，所以事实的结构是由不同的事态组合结构所构成的。维特根斯坦在谈论"世界"这个概念时就引入了"逻辑空间"这个概念，他说："逻辑空间中的诸事实就是世界。"② 因此，在维特根斯坦的观点中，逻辑世界要比现实世界的范围大，世界是逻辑空间中的一个重要组成部分，世界的结构同时也是世界的逻辑结构。

维特根斯坦认为世界和世界的组成部分都具有一定的逻辑结构，出于"语言图像论"的需要，只有命题具有意义时它才能够成为实在的图像。而且命题要有意义就必须符合逻辑语法结构，并通过一定的逻辑语法结构将其表示出来，使其成为命题来描述这个世界，这就必然会要求构成世界的最基本要素也必须具备构造性。

三　维特根斯坦"语言图像论"的内涵

维特根斯坦对于"可说的"和"不可说的"部分的界定涉及一个十分重要的概念，即"语言图像论"概念。维特根斯坦所建立的认识论，是以"语言图像论"为基础的认识论，在某种层面上来说是维特根斯坦语言本体论在认识领域的延续。他的"语言图像论"概念的提出，与弗雷格的概念文字和罗素的逻辑原子论的概念是分不开的。这正如他的著作《逻辑哲学论》中的论述一般，这一概念的提出，不仅得益于弗雷格巨著的影响，而且受到罗素先生的巨大影响。无论是弗雷格还是罗素，都对语言的变革提出构建系统逻辑框架的设想。自然维特根斯坦在受到他们的启发之后，所提出的"语言图像论"概念使传统逻辑无法解决的日常语言问题得到有效解决。而后，弗雷格也在他的《概念文字》中对日常语言中出现的混乱和模糊问题进行了详细的分析，并创建了一系列的形式化符号，即"为算

---

① 〔奥〕路德维希·维特根斯坦：《逻辑哲学论》，贺绍甲译，商务印书馆，1996，第25页。
② 〔奥〕路德维希·维特根斯坦：《逻辑哲学论》，贺绍甲译，商务印书馆，1996，第25页。

术及可划归为算术的数学分支提供严格的逻辑基础，并证明所有合格的算术推理都遵循逻辑推理的规则"①，即语言能指的和所指的关系具有唯一对应性。在这一点上，罗素和弗雷格二人具有相似性，罗素也认为在对哲学进行研究的过程中，必须严格按照逻辑分析方法来进行，借助有效的逻辑分析框架，设计出比较理想的语言，用于对哲学命题进行正确客观的描述，从而解决以往不能解决的问题。弗雷格和罗素二人提出的关于日常语言的逻辑分析方法，首次强调了逻辑分析的重要性，二者还将逻辑分析方法运用到诸多方面。

维特根斯坦作为罗素的学生，他的思想受到其老师的影响。但是与罗素不同的是，维特根斯坦对哲学和语言的研究，不是只从传统数学逻辑的角度出发，而是将这种逻辑研究方法在弗雷格所倡导的关于语言的形式中逐步渗透，使得罗素的原子理论在无形中被人们熟知。另外，维特根斯坦还指出了人们在日常语言的使用过程中出现的逻辑错误和混乱，在他看来，正是日常语言的逻辑错误使得哲学出现了许多不必要的问题。所以，维特根斯坦认为这就是整个哲学研究过程中的错误之处。这一观点的提出，使得整个西方哲学在语言研究上进行一次大转弯。

维特根斯坦在其前期的哲学研究中最具特点和代表性的就是他提出的"语言图像论"。维特根斯坦这一观点主要是指向将所有语言的命题看成一个个有关事态的逻辑组成的图像，而其中作为命题的基本构成就是名称。每一个名称都代表着一个对象，对象和对象之间的直接结合构成事态，就对象之间的逻辑形式而言，事态和事态之间也存在着一定的逻辑结构。任意一个命题都是事实的反映，命题一边是发生的事实，另一边则是对事实的摹画，此处的命题并不是对事实的简单直接描绘，不是字面上的图像，维特根斯坦在此将命题称为事实的"逻辑图像"。他认为语言是对世界的反映，语言和世界之间具有一种相同的"逻辑形式"。因此，维特根斯坦研究中对语言和世界关系的讨论就是从"语言图像论"开始的。

首先，在维特根斯坦看来，一般情况下，我们所处的世界并不是传统

---

① 陈嘉映：《语言哲学》，北京大学出版社，2003，第87页。

意义上人们认为的经验的世界，而应该"是事实的总体"，也就是由各种逻辑建构起来的事实的世界。因为，如前文分析的那样，事态是对象的组成，对象是逻辑中的元素，甚至是逻辑在建构这个世界上的最终的点，所以这个意义上的对象的含义与以往的含义并不相同。但是反过来讲，这里提到的事态又跟罗素先前提出的原子理论有所矛盾，所以，对象这个概念已经是终点了，是不可再被分解的东西，因此对象是简单明了的。维特根斯坦在此对世界进行描述，更明确地讲是对世界的结构进行描述，所以归根到底，维特根斯坦的世界研究的出发点和落脚点都是基于世界的整体上的逻辑架构，而不是某一概念。

其次，所谓"命题的总体即是语言"① 也就是说，在维特根斯坦的语言研究中，任何一个命题的组成都是基本命题的构成，而名称就是这些基本命题的组成内容。值得说明的一点就是这些名称并非我们传统意义上的物的概念，而是类。这也就意味着，即使有时这些名称出场的语境的差别使得其意义有所不同，但是其基本形式是相同的。用维特根斯坦的话来讲，名称就是最简单的符号，我们不可以对其进行进一步的拆分、重组、整合。而且由于名称是最简单、最基础的符号，在研究和分析名称的过程中我们是不可能经历复杂深奥的研究过程的，我们只会立刻到达逻辑分析的终点。

最后，关于语言和世界的逻辑关系在图像上的呈现，我们分别对世界和语言进行分析之后，就要展开对语言和世界关系问题的分析，即语言图像论。维特根斯坦语言图像论的最基本思想就是：语言和世界在逻辑关系上的概念具有同构性，正是基于这种关系，语言才能对世界进行描述。此处的语言和我们日常生活中的语言是不同的，我们只有借助语言的逻辑概念，才能对语言的概念作出解释。在此处，存在着一种逻辑关系：简单符号代表着对象，对象之间的相互的组成排列使得事态得以成立，而每一个基本命题就是一种事态的形成，这种直观表现就是图像，而命题组成了基本命题，因此命题就是事实的图像。此时这一图像可以被看作一种模型，

---

① 〔奥〕路德维希·维特根斯坦：《逻辑哲学论》，贺绍甲译，商务印书馆，1996，第41页。

图像中每一个组成要素通过其固定的榫卯结构最终搭建组成事实的图像，并且各个相应的轨道也是各个对象的反映，如此事实终将通过图像得以展现，而这种展现也表明它和被表示的对象之间必然具有某种关系。如果实在的某种形式能够被图像所反映的话，那么就意味着图像能够摹画这种实在。正是因为实在和图像之间具有同构的形式，所以它才能够被图像所摹画出来。

从维特根斯坦图像论的本质来看，他要厘清世界和语言之间的一一对应的关系，尤其是世界、事实和对象这三者之间的关系。维特根斯坦在《逻辑哲学论》中这样分析：既然世界是事实的总体，是一切已经发生、正在发生和将要发生的所有的事实的总和，那么世界就是所有事实建构起来的，是逻辑的世界，在对世界的进一步分析中，我们能够加深对事实的理解。此外，在分析过程中，所有的事实都会保持着最初的样子，一件事情发生了它就必然会形成事实，所有事实状态的总和构成事态。所有的这些论述都说明在维特根斯坦的观念中，对象就如同物理界不可辩驳的事实一样，是固定不变的。同时，维特根斯坦还认为，人们在对世界进行感知和认识的过程中，是通过逻辑图像作为渠道进行感知和认识的。在这个逻辑架构起来的关系中，语言是对世界的描述和体现，而命题就是外现的语言，名称是命题运用中的托。当我们描述社会中的某一具体事物时，要使用具体的名称来指代，二者有一种内在联系，这种联系就是命题之间、对象之间的逻辑，所以这就是构成世界整体不可缺少的因素。

从维特根斯坦对语言和世界关系的论述中，可以看出语言图像论即认为语言是反映世界的图像，每一个正确的命题和事实都是一一对应的，名称和对象也是一一对应的。因此，在前期，维特根斯坦的思想在某种意义上来讲属于意义指称论的范畴。命题不仅仅代表的是对世界的客观描述，同时也离不开主观世界的影响。那些有着逻辑关系的问题，其最好的解决方式就是通过命题。但是从另一个意义上来讲，并不是说所有的命题都是具有特定意义的。如果名称不存在指称的含义，那么就可以讲这个命题没有特定的意义。换句话说，只有一个命题有意义，那么在其表达的思想这一点上才具有真正的意义，也就是说命题呈现的有关事实的逻辑图像是有意义的。因此，事实和命题之间的相通性就在其逻辑关系的连接，命题在世界投影后，事实才出现。

总的来说，维特根斯坦所研究的理论并不是什么非常新鲜的理论，但他将人对语言的研究视线从天国拉回人间，从概念意义研究进入事实逻辑分析，对整个世界语言和可说不可说进行了全面、科学以及系统的分析论述，也将逻辑形式和描摹刻画进行严格区别。逻辑形式指的是抽象的存在形式，而描摹刻画指的是命题和命题之间所呈现出来的相互关系。在维特根斯坦看来，语言的逻辑形式只能显现，但是无法说出。因为语言不可能将逻辑形式清楚反映，硬要去反映只会陷入泥潭，只有命题才能将其反映出来。

综上，语言在维特根斯坦的研究中被定义为世界的逻辑图像，要揭示世界的逻辑结构，必须对逻辑图像进行准确的分析。但是，维特根斯坦的"语言图像论"最终要通过这种分析为思想划定一个具体的界限，分清可说的和不可说的部分。在维特根斯坦看来，通过逻辑分析来解决传统的哲学问题是毫无意义的，"关于哲学问题所写的大多数命题和问题，不是假的而是无意义的"[①]。从这个角度出发来看，对于其意义性的有无或者多少，在没有确定这一系列问题的真切答案之前，对此的讨论都是白做功夫。许多关于世界的问题、哲学的思考都是在不清楚语言的逻辑情况下产生的各种误会，所以维特根斯坦才断言说深刻的问题不是问题。

四　对"语言图像论"的评析

维特根斯坦前期哲学研究的目的在于通过对语言进行逻辑分析以便来把握语言的本质，从而解决语言如何描述世界、世界如何被语言描述这样的哲学问题。这也正是维特根斯坦"语言图像论"的重要内容。他的"语言图像论"得以构建的基础是名称和对象之间的关系，即名称代表着对象，维特根斯坦在此基础上分析研究语言和世界这二者之间的关系：语言和世界之间具有相同的逻辑结构，也就是说命题和事实之间具有相同的逻

---

① 〔奥〕路德维希·维特根斯坦：《逻辑哲学论》，贺绍甲译，商务印书馆，1996，第41~42页。

辑形式，因此我们只要能够认清语言的含义，就可以揭示出整个世界的逻辑框架结构。但是还要特别注意的是，语言中有很大一部分词语，它们既不能代表事物的名称，也不能和事物构成一一对应的关系。因此，"语言图像论"的研究就会陷入某种困境，主要表现在：一方面是语言图像论本身的困难，另一方面是理想语言自身的困难。

名称在任意一个命题中都代表着对象，维特根斯坦在其基础上构建起了"语言图像论"的基本框架。所论述的命题是否正确，关键取决于名称和对象之间是否具有简单性，是否存在一一对应的关系，只有这样才能使描述实在成为实在的图像。在维特根斯坦的"语言图像论"中，对于名称或者是命题来讲，对象是一种尚未确定的逻辑对象，而且仅仅是一种逻辑假设、一种逻辑上的对象。在对整个世界进行描述的过程中，这种假定的逻辑对象组成描述整体。

但是，维特根斯坦的这个假定并不能实现他对哲学论述的目标，这是因为在语言中有很大一部分词语既不代表事物，也不与事实构成一一对应的关系。因为将某一个具体的语词和被指称对象相结合的观点，和认为货币存在的意义就是仅仅能够购买商品是相同的。实际上，和货币一样，语言也具有多种功能。人们在社会实践过程中使用语言时，倾向于将语言的功能局限于描述，这就如同在商品交易环节将货币的功能局限于购买一样，这种说法是十分荒谬可笑的。因此，维特根斯坦在名称代表对象的基础上建立起来的命题和实在之间的关系，就会丧失其可靠性基础，从而图像论也就丧失了它逻辑结构构件的客观依据。所以，名称和对象之间到底是一种什么样的关系呢？人们是如何得到简单名称的？所有的这些问题维特根斯坦在其《逻辑哲学论》中都未能提出完美解答，从逻辑构建的角度上来看，语言图像论本身就存在着不小的困难。

在《逻辑哲学论》中，维特根斯坦所描述的"语言图像论"实际上是从对日常语言的理解开始的语言的理想性转变。在维特根斯坦之前的很多哲学家都通过研究语言和语言的结构来描述整个世界，并且意图通过语言的描述、命题的真值演算，将世界用一种十分精确的方式"图示"出来。"语言图像论"中所涉及的语言，从其逻辑意义上来讲，是一种以理想语言为导向的逻辑语言，这是一种指称简单对象和描述一切事态及其逻辑组合关系的语言。这种语言是在逻辑语法的指引下进行的，并且在其运用过程中能够排除日常语言的一切缺陷，因此在某种意义上来讲，它是一种"理想语言"。但是这种语言和日常语言是不同的，它对具体特定的对象没有指称意义，不能使语言使用者实现相互交流，也不能实现语言的拓展和延伸。在这一论述当中，维特根斯坦逐渐认识到，他所使用的描述世界的语言是具有局限性的。在《逻辑哲学论》当中，他只对语言的结构、意义和使用范围进行了逻辑分析，对于逻辑产生的根源和运用范围并未展开研究论述。那么，语言、思想和世界之间为什么必须具有先天的逻辑同构性？为什么逻辑符号能够代表世界的逻辑结构？在对这些问题进行研究之时，维特根斯坦认为所谓的逻辑形式和逻辑结构并非什么观念、脑海中的东西，不是什么空中楼阁或者自己产生自己，而是扎根在现实基础上的，尤其是在日常语言的使用中才得以出现。所以它们不可能独立于现实和日常语言，如果独立存在了，就不会有逻辑的产生。维特根斯坦正是在对"语言图像论"进行自我批判的基础上，才逐步实现其哲学转向的。

第三节 以维特根斯坦"语言游戏说"为代表的语用学思想的反形而上学性

一 思想转变的原因

维特根斯坦个人的教学经历使得他开始意识到逻辑分析方法和日常语言用法之间的矛盾。首先，1920~1926 年，他在小学当教师期间，对于哲学思想认识开始出现转变，"他后期强调语言训练对于语言意义的理解的运用，这一点与其小学教学经历是密切相关的。从这种语言启蒙教育的过程中，维特根斯坦积累了对哲学思考的第一手资料，同时也发现了哲学问题的根源"[1]。在这段从教经历中，他的教学实践和哲学信念之间产生了巨

---

[1] 张学广编著《维特根斯坦：走出语言的囚笼》，辽海出版社，1999，第217页。

大的矛盾，这使他认识到，语言符号并不都是在命题中出现的，它们可以经过组合形成有意义的语言单位，而不是描述事实。描述事实只是语言的一种功能，只是作为语言多种用法中的一种，逻辑分析也只是局限在对命题研究的过程中，这也只是语言的某一种功能。

其次，与维也纳学派的交往也促进了维特根斯坦哲学思想的转变。在与维也纳学派的交往过程中，维特根斯坦对维也纳学派产生影响，而且维特根斯坦本人从这种交往中获得了反思自己思想的机会。维特根斯坦在他的《逻辑哲学论》这部著作中对可说和不可说的进行了划界，将消除"对我们语言的逻辑的误解"作为整个著作的主旨。在此基础上，维特根斯坦从第三者的立场阐述自己的思想，实际上也是对他早期的语言观展开批判，这种批判也是基于维也纳学派对他的早期思想的误解。在这种情况下，维也纳学派对维特根斯坦早期语言思想的误解是促使他对自己早期思想展开批判，出现思想转变的一个十分重要的影响因素。

最后，荷兰数学家伯罗维和斯拉伐对维特根斯坦思想的批判，也促进了其思想的转变。伯罗维在他的一次演讲中对崇拜逻辑语言和逻辑形式的倾向展开尖锐批判，他认为日常语言是人们在社会实践过程中形成的语言，这种语言并不比逻辑语言低级，它绝对不服从于逻辑形式所表达的规则，以一种比较灵活的方式来传达人们的意愿。维特根斯坦从伯罗维这里得到的启示是：逻辑形式和逻辑结构并不是脱离日常生活和语言的，不是先天存在的，而是植根于人们的日常语言中。维特根斯坦从伯罗维的演讲当中，认识到了自己哲学发展的新方向，即通过语言的特征来论述逻辑的性质，然后可以用逻辑来规定、限制语言的用法。另外，斯拉伐对维特根斯坦的批评使得他认识到逻辑分析的作用是比较有限的，它所揭示出的逻辑结构和语言表达并不是一一对应的关系。伯罗维和斯拉伐的批评使维特根斯坦认识到他早期哲学思想的缺陷，即对日常语言的性质、作用和意义的认识具有狭隘性。

二　语言游戏的概念及特征

维特根斯坦在后期发现了他前期研究的错误和不足，于是为了纠正这些错误，并对奥古斯丁的哲学图画展开有力的批判，他撰写了《哲学研究》，并在其中详细分析论述了两种不同的语言观。事实上，奥古斯丁认为脱离日常生活的字词有其所表示的含义以及它的具体意义。但是人是社会实践中的人，是社会的主体，人与人之间的交流交往都要借助于语言来实现。在后期，维特根斯坦提出了"语言游戏说"，认为在现实生活中的日常语言的使用可以看作是一场"语言游戏"。这里用游戏指代语言的使用，是因为语言在使用过程中相互交织的各种不同或相同的行为从整体上看如同游戏。就好像儿童在具有独立自主能力和意识之前，在学习说话的时候就是对他人说话的语词、语气等的模仿和重复，这些就是语言游戏，这种行为方式最突出的表现就是集行为和语词于一体。儿童对语词的认识和复述并不是目的，只是熟练使用语言的一种方法、一种手段。除此之外，在现实的人的实践活动中，人参与的具体活动和活动中所依赖的场景、工具等这一切都属于语言游戏的范畴。从某种意义上来讲，语言游戏和象棋游戏是一样的，语言和象棋都是达到目标的一种手段，在这个事实类比的基础上，维特根斯坦提出了自己的哲学观点。

维特根斯坦的语言游戏说和奥古斯丁的语言图画论这二者是相对的。后者一个比较显著的特点就是将语言置于孤立存在的状态中，使其脱离日常生活环境，单独研究语言的意义。在这种情况下，语言实际上就成为一种固定的符号而没有任何意义，对于外部事物的指称似乎依靠的也是某种比较特殊的力量，只不过哲学家以及其他学者对于语言的这种特殊的力量并没有合理的解释。因此，就会有人有这样的疑惑，语言究竟是通过什么样的方式或者什么样的途径对外部事物进行有效反馈的，或者如何使语言和外部事物产生联系。维特根斯坦认为，奥古斯丁语言图画论的不足之处在于将语言与实际使用这二者割裂开来，正因如此，语言在指称外部事物方面的神秘力量才难以得到解释。而他的语言游戏说要求人们细致观察字词等在实际中的运用方式和规律。因为组成语言的字词是这种游戏中的工具，语言工具是多种多样的，它们的使用方法也是多种多样的。这也就是说，字词在语言中的地位和作用是随着语言环境的改变而改变的。举例来说，总有伴侣对"爱"产生疑问，他们会互相询问对方是否爱他/她，对方会肯定地回答说爱着对方，并且是深深爱着。实际上，这里的爱都是有不同含义的，这些含义不是人们所赋予它的，只是因为它处于特殊的语境、有特殊的用法。句子和字词的用法具有多样性，而且随着语言环境的改变在我们生活中的用法也是不同的。就像维特根斯坦在其《语言哲学》中的论述：语言是有多样性这一特性的，在不同的语境中、在不同的人的口中，同一语言会有不一样的含义，所以语言的多样性不是固定的，"新的语言种类，新的语言游戏会出现"①。

维特根斯坦对语言的这种理解与那种把语言看作某种固定不变的观点不同，他主张人们要对两种语言进行分析比较。维特根斯坦是这样认为的，"将语言中工具的多样性，用法的多样性，以及字词和句子种类的多样性同逻辑学家们所说的语言结构相比较很有意思"②。因此，不同的语言具有不同的特征，那些共同的、一般性的东西不存在于相同的语言之中。句子和语言之间的联系也是如此，并非由共同的本质特征将它们联系在一起，而语言之间的关联只在于其某种相似性，在逻辑上的某一点的衔接使得语言和语言、语言和句子相连了，如果非要揪着语言和句子的相通性就会陷入形而上学。在维特根斯坦看来，语言是处于一定的时间和空间的，并不是非时间、非空间的幻想，"在谈论它时就像我们在下棋时对待棋子一样，我们陈述游戏的规则，而不描述它的物理属性。'一个字词到底是什么？'"③ 由此可知，维特根斯坦在语言哲学的研究中是将语言放在了具体的时间和空间的语境之中，是从现实存在的基础上去考察的，而不是建立在思维的楼阁之上。若有人问字词的含义，涉及的是如何在日常生活中使用语言的问题。在此，我们也能深刻理解维特根斯坦主要强调的是将字词从抽象理想带回到日常生活，让字词发挥其在日常生活中的作用。

① 王晓升：《走出语言的迷宫：后期维特根斯坦哲学概述》，社会科学文献出版社，1999，第 23 页。
② 王晓升：《走出语言的迷宫：后期维特根斯坦哲学概述》，社会科学文献出版社，1999，第 23 页。
③ 王晓升：《走出语言的迷宫：后期维特根斯坦哲学概述》，社会科学文献出版社，1999，第 108 页。

"语言图像论"是前期维特根斯坦哲学的立足点，"语言游戏说"是后期维特根斯坦哲学的立足点。研究的主要目的在于加强语言在实际生活中的运用，不是只从逻辑分析层面对语言进行剖析。维特根斯坦在其语言游戏说中，认为字词是语言表达的工具，不同的字词在语言表达中具有不同的作用。维特根斯坦认为"字词在语言中就如同这些工具的作用一样是各不相同的"①。人类在社会实践中使用语言的原因是为了能够不断在日常实际的使用中使自己的语言得到锻炼，使自己熟练掌握语言的字词用法、句式规律，在指称事物和表达人类思想方面有正确使用方法，而不是进行字典式的学术研究整理。字词在日常语言的运用中有多种用法，这种用法也会投射到语言在游戏中的使用。字词只有在实践中，才可以被当作表达的工具或者手段，一旦它脱离我们的日常生活，就不可以再以工具的身份出现，因为这个时候形而上学的思想幽灵就会降落在这些脱离实际的语言上。维特根斯坦认为最终在我们认真研读某一字词或句子的时候，哲学家的身份会让我们更加费神研究，使得我们常常会将这些字词或句子的研究脱离其实际的生活和现实语境，单单对其进行思考就很容易误认为这个字词或句子是有意义的。也就是说，"使我们感到迷惘的是"这些字词和句子在印刷好的书稿中"有着清一色的外观"，但仅仅从字面上看并没有看到作者真实的运用方式，所以在这种情况下，关于字词的工具化问题就被抛出来。

维特根斯坦提出的"语言游戏说"使得语言活动被形象化为了一种游戏，使得人们在使用语言时能够理解其对字词和句式运用的意义，也说明了这些运用不是一种无序的、简单的运用，而是有其规律在其中的。于是，在语言活动中，字词的运用也就具有一定的规则，这就如同游戏有规则那样。所以，维特根斯坦认为将游戏规则的概念加入语言活动的规则中，可以分清字词的使用规则和逻辑规则之间的区别。如前所述，对语言的逻辑分析是一种合乎规则的、严密的分析，逻辑规则是确定的，因此在这种情况下，字词的用法也是唯一的、确定的。但是人们对语言的使用是

---

① 王晓升：《走出语言的迷宫：后期维特根斯坦哲学概述》，社会科学文献出版社，1999，第11页。

要回归到日常生活中的，离开具体的语言情境，字词的用法在逻辑上也就不具有严密性。"字词的应用并不是每次都由规则限定的。"① 在一般情况下，人们不会对字词规则进行严格的一对一遵循，而是有点随机和盲目的，有时候会有一种声音指出说如果不按照规则做事和选择，那么人们又怎么可能会一直认为自己在遵守这个规则的前提下做出正确的事呢？或者说如果他们没有遵循规则，我们一般也无法察觉这一情况，那么讨论字词规则又有什么意义呢？所以在进行游戏的过程中，我们会一边玩这个游戏，一边为了更加好玩，也方便自己，会重新加入新的游戏规则或者干脆重新制定游戏规则，类似的，语言也是如此，所以维特根斯坦才会说："语言和游戏的类比在此不是很有帮助吗？"②

维特根斯坦借助语言和游戏的比较，说明了语言使用规则的随机性。正是这一特性，使得语言在真正运用过程中总是给予了语言新一轮的游戏规则，没有人能真正掌握规则，反而促使语言具有新意，使得同一个字词也有不同的意义，尤其是不同的人在不同的语境中使用的时候，这一点就更加明显。维特根斯坦的研究分析表明，字词的意义会随着语境的不同而表现出不确定性和多样性。人们在使用字词的过程中，会根据实际情况的变化引申、拓展它的含义，字词也会随着人活动的变化而发展。维特根斯坦的这种论述还表明，人们对语言游戏规则的遵守程度取决于人们的行为与规则的一致程度，而且这种程度需要在使用中进行考察。维特根斯坦认为只有把"与规则一致的过程"和"包含规则的过程这二者区分开来"③，才是考察这个游戏的要点，也就是说人们在日常生活中的行为与规则的一致或者是行为合乎规则。这一点只是说明了行为的结果与规则的要求是相同的，仅凭这点就说行为能否被支配在于规则是不现实的，过于片面。例如，计算器虽然能够计算出符合规则的结果，但是这也只能说明计算器的

① 王晓升：《走出语言的迷宫：后期维特根斯坦哲学概述》，社会科学文献出版社，1999，第84页。
② 王晓升：《走出语言的迷宫：后期维特根斯坦哲学概述》，社会科学文献出版社，1999，第83页。
③ 王晓升：《走出语言的迷宫：后期维特根斯坦哲学概述》，社会科学文献出版社，1999，第13页。

计算过程和结果与规则一致，不可以说其计算完全遵循规则。人们只有在社会实践活动中通过各种训练，掌握各种手段和方法，提升了自己的能力，才懂得如何遵守规则、如何应用规则。这就对人们对规则的遵守程度和理解程度以及应用程度提出了较高的要求，我们只有站在更高的视角之上、更大的范围之外，才能全面考察人们的行为，考察人们是如何在日常生活中使用这种语言以及如何理解和遵循这些规则的。从某种意义上来讲，遵循规则就是一种语言游戏，而语言游戏构成我们充分理解和把握人们遵循规则的基础。

维特根斯坦的"语言游戏说"的提出是对奥古斯丁的语言与实在的关系的否定，将其语言图画论的画卷打破，而且也是对其他哲学家追问语言本质的本质主义企图的否定。所以这"游戏"一说就是维特根斯坦在对语言的运用以及解读语言哲学相关的系列问题上的最新解答。

三 对语言游戏的深入思考

要理解维特根斯坦的语言游戏，我们需要来好好谈谈语言是如何被看作游戏和在什么情况下被看作游戏等问题。

首先，维特根斯坦的"语言游戏说"中的"游戏"二字指的是什么呢？他本人并没有对游戏的概念给予明确的回答和解释，因为在他的观点中，"游戏"一词总给人一种含糊不清，甚至有种不正经定义的感觉，所以维特根斯坦放弃了对这个词语的具体概念解释，只从具体的事例讲解或者理论阐述中去引导人们进行理解。之所以选择这样做，这与维特根斯坦反对的本质主义有莫大关联。在他看来，如果给一个名词下具体的定义，"任何一般的定义都有可能被误解"①。因为这种定义是僵硬的，是当下的甚至是过去的，与变化着的现实很有可能会脱离，如果严格按照某一解释的定义出发，这个词在这个场景或者那个场景就很有可能会被误会，因为如前文所述，使用者、语境不同，字词的含义不同。因此，如果对"游戏"二字下了解释定义，那么这就被局限了，等于画了个圈给自己、给别

① 王晓升：《走出语言的迷宫：后期维特根斯坦哲学概述》，社会科学文献出版社，1999，第71页。

人，而谨慎对待这个定义，不轻易定义，就给这个词的意思带来了无限可能，使得我们能够在举例和描述中通晓其意，如我们举例的某某游戏，球类的、益智类的等等。可以通过这样的方式来对游戏进行描述，强化人们对游戏的认知，在向别人进行论述时，就可以采用这种解释方法。

维特根斯坦说："举例不是间接的解释方法，而是缺少更好的方法。"① 所以通过举例来解释"游戏"二字的含义，不仅是避免自己被圈住，也是因为字词有随机性的特性，有多样化的解释，最为关键的一点就是游戏和非游戏之间的界限并不像我们所想的那么分明，它们不是一是一、二是二的关系。人们之所以无法对游戏这样的语词下定义，是因为在界限没有清晰被划出之前，我们很难看到界限究竟在哪里，或者说界限的明确性还不足以显现出来让我们看到，所以有时候我们会人为地规定界限，但也是因为这样，我们不清楚这个界限存在的意义是什么了，究竟应不应该存在了。因此，两者是否具有界限就取决于我们是否对语词有需要，如果有游戏的需要，那么游戏与非游戏之间的区别就异常鲜明，反之则不然。虽然我们目前对语词的界限进行了明确划分，但是这绝不是说使用有关概念之前就必须将之与其他概念分得清清楚楚，使得我们的选择只能是这些概念，而那些概念就因为不符合而不被需要了。维特根斯坦说，只有"划定了界线才能使我们这个概念有用吗？根本不是这样的！"② 如此，当我们明白游戏和非游戏之间并非有一条明确的界限之后，就可将同样需要遵守规则的语言活动当成是一场游戏了。

语言活动作为一种游戏的解释就是如此，但是一个新的问题又出现了，那就是这种游戏在什么意义上才能称为游戏，又在什么意义上不是游戏？如果从游戏和非游戏的界限出发，由于并没有明确的界限，我们会简单将一切东西都看成游戏，包括我们的生活、我们每天在做的事情、我们的人生都是一场游戏，这无疑是消极的。维特根斯坦的出发点也不是如

---

① 王晓升：《走出语言的迷宫：后期维特根斯坦哲学概述》，社会科学文献出版社，1999，第 71 页。

② 王晓升：《走出语言的迷宫：后期维特根斯坦哲学概述》，社会科学文献出版社，1999，第 69 页。

此。所以事实上，只有语言才能被说成游戏，应从语言的角度出发来说明。当然，维特根斯坦也认为语言和游戏在某种程度上并不能相提并论，两者是不同的，他讲道："设置这些语言游戏是因为我们要将它们当做比较对象，其用意是我们不但可以通过相似性，而且还可以通过非相似性来阐明我们语言的事实真相。"① 维特根斯坦将语言比作游戏是为了方便人们在语言的考察过程中，能带入游戏规则和游戏运行的思维方式，由此来说明语言运用的真相。不过需要注意的是，在这里语言活动被看作一种游戏，但这并不是说语言活动是一种游戏，只是在某种程度上是游戏而已，也并不是学界通常理解的那种严格意义上的游戏。

维特根斯坦认为，人们所使用的语词是多种多样的，因此语言游戏也就可以是多样化的，并非一种单一模式的。不过即使语言游戏有多样化特征，但仍旧在其根源上有一个沟通连接点使得它们并非完全不同的，这个共同点就是家族相似性。家族相似性表明语言虽然在漫长的人类生活中演化出了各种各样的类型，有各种各样的意义，但总体上来看这仍旧是人类最朴素的对外表达方式。所以在某种意义和某种程度上来说，各种各样的语言游戏构成一整套非常庞大的语言游戏体系，这种意义和程度主要是指语言具体的完整性，语言不管变成什么样都能够被人类所用，能够满足人类正常活动的需要。同时，维特根斯坦强调这种完整性是不能被误解的，而形而上学误解了这种完整性。奥古斯丁的"语言图画论"中阐述的语言游戏只是人们生活中语言游戏的一种，并不是语言游戏的全部，他认为语言观是一种简单的由字母排列组合形成的。因此，维特根斯坦在这里所讲到的完整性并不是奥古斯丁所指出的简单的由字母排列组合的系统观，他认为这种完整性是一种相对的完整性。这种相对性就表现在以下两个方面。第一，在人们生活的一定范围内，任何一种语言游戏都是我们生活形式的重要组成部分，是我们生活中最广泛的语言游戏的一部分。离开了集体的生活环境，语言游戏也就失去了意义。对画家和其助手而言，"画笔""画纸""画板""颜料"这四个词语实现了他们之间的交流，因此，这四

---

① 王晓升：《走出语言的迷宫：后期维特根斯坦哲学概述》，社会科学文献出版社，1999，第 69 页。

个词就构成了完整的语言游戏。当交流出现困难时，他们就要借助其他非词语表达，如手势、眼神等传递信息。第二，对于广义和狭义上的语言游戏来讲，必定是和具体的社会实践密切联系，随着社会实践的发展而不断发展和变化。维特根斯坦认为，人类日常生活实际上是一种广义的语言游戏，回归到画家和他的助手之间则是一种狭义的游戏。从广义上来讲，我们的语言就好像是自然界，在这个自然界中总会有新的物种出现，同时也会有物种灭亡，语言也是这样的，在人类社会实践过程中，新符号、旧符号总会有一些新的用法。在我们的实践活动中，会不断出现新情况、产生新问题、出现新事物，这时就需要有新词语，或者赋予旧词语以新意义来说明这些发展变化了的情况。同时维特根斯坦也认为，完整性这个概念是相对的完整，并不是绝对完整。因此，在理解维特根斯坦的完整性时应该从总体意义上来理解。

四 "语言游戏说"作为反形而上学的语用学武器

维特根斯坦写作《逻辑哲学论》这部著作最初的目的是要取消哲学问题产生的根源，它试图以"语言图像论"为基础，通过对语言进行逻辑分析来解决传统哲学的形而上学问题。但是这一任务并没有完成，而且还产生了一些无法解决的哲学问题。维特根斯坦认为人们对语言的误解和使用是传统哲学问题产生的根源，在意识到自己的研究并没有摆脱对传统语言的误解之后，他也承认他的《逻辑哲学论》并没有摆脱形而上学的困境。因此，维特根斯坦放弃了逻辑分析的方法和"语言图像论"，开始向"语言游戏说"转变。

第一，语言本身是没有本质的，它只是一种活动而已。古希腊以来，为探究世界的本质，哲学家从复杂多变的事物中寻求事物的本质，认为世间万物存在着共同的本质，这种活动贯穿整个西方哲学史的始终。维特根斯坦前期的哲学也是这样的，在《逻辑哲学论》中，他通过逻辑分析的方法试图来揭示事物的本质。在维特根斯坦后期，这种对事物本质的追求和探讨使得近代哲学家患上了"哲学病"，并开始了很长一段时期对事物本质的无谓争论，这就好像苍蝇飞入了"捕蝇瓶"。因此，在后期他提出了

"语言游戏说",从根本上消除事物的"本质"这类形而上学的问题,希望能够带领哲学家们走出长期固守于形而上学的困境。

第二,关于"家族相似性"问题。按照人们对于世界的传统认知,凡是被称为游戏的活动一定具有一个共同的特征,因为它们拥有共同的名称。人们通常认为游戏具有娱乐性、竞争性、共享性,受运气影响等许多共同的特征,但是维特根斯坦却不这样认为,在他看来只要我们能够认真分析一下我们日常生活中的纸牌游戏、球类游戏、奥林匹克游戏、益智游戏等,会发现没有哪一种事物的本质是所有的游戏共有的,在它们之间我们只能看到"一种错综复杂的互相重叠、交叉的相似关系的网络"。它们确实以"错综复杂的重叠、交叉的相似关系"彼此相互联系并形成一个大的"游戏家族",就好像大家族中的家庭成员在相貌、神情、性格、步态等方面具有的相似性一样,不同游戏之间的相似性也具有一定的互相重叠和交叉。在此,维特根斯坦将这种相似性称为"家族相似性",他对语言游戏的考察向人们表明了,人类游戏活动的多样性在一定意义上也造成了语言用法的多样性。维特根斯坦通过将语言和游戏进行比较,揭示出了这两者在某种程度上的相似性,这表明"语言游戏"之间不存在共同的本质特征,而"家族相似性"才揭示出了语言使用的多样性特征。

维特根斯坦的"语言游戏说"首先是对语言之间的"家族相似性"关系的一种揭示,它否定了隐藏在语言问题中的本质主义观点,其次也是对语言用法的丰富多样性的一种揭示。他认为"语言游戏"活动不存在共同的本质特征,只是具有"家族相似性",语词的用法和意义只有在具体的语言活动中才能体现出来,这样语言就被融入了现实的"生活形式"之中。

第三,"语言游戏"和人们的"生活形式"是密切相关的。按照维特根斯坦对语言游戏的理解,它是人类所使用的语言和人类行为的一种结合,重点在于考察人们使用语言的动态活动,告诉人们要在社会实践过程中来考察语言的意义。这就决定了我们必须关注与"语言游戏"密切相关的"生活形式"。

在《哲学研究》中,维特根斯坦对"生活形式"着笔极少,并没有给到"生活形式"这个概念下一个比较明确的定义，但我们可以通过他对"生活形式"概念的使用来把握和理解。"生活形式就是指在特定的历史背景条件下通行的，以特定历史继承下来的风俗、习惯、制度、传统等为基础的人们思维方式和行为方式的总体或者局部。"① "生活形式"概念的外延特别丰富，它既可指整个人类社会（或整个部落、整个民族）思想行为的总体，又可指社区、社会群体的思想和行为的总体或局部。② 人类的生活方式彼此之间相互影响、互为前提，相互交织在一起。人们的思想、行为是在其"生活形式"中所表现出来的。换句话说，人是社会的人，人们的任何思想和行为均不能超越其"生活形式"。不论是人们的生产活动，还是精神实践活动，都可以从人们的日常生活形式中找到其存在的根源。在这一过程中，语言扮演着十分重要的角色，它起源于人们的各种社会实践活动中。维特根斯坦说："语言游戏一词的用意在于突出下列这个事实，即语言的述说乃是一种活动，或者是一种生活形式的一个部分。"③ 从维特根斯坦的论述中，我们可以看到，"语言游戏"和人们的"生活形式"是密切相关的，并且也是人们的"生活形式"的一个十分重要的组成部分；"生活形式"是"语言游戏"的基础。他所认为的"语言游戏"其实就是人们在日常的社会实践活动中的对语言进行使用的一种活动，要把握和理解语言及其用法必须回归到日常生活中去。

在对"生活形式"和"语言游戏"这两个概念进行分析和论述的过程中，我们可以发现：在某种意义上，语言其实就是一种社会现象，它是人类生活的重要组成部分。"语言游戏"则是我们生活的重要组成部分，生活形式与语言的运用及发展是密切相关的。但同时也要注意的是，任何"语言游戏"都存在一定的规则，因此，语言规则和人们的日常生活是密切相关的，语言游戏是遵守规则的活动。维特根斯坦所说的"语言游戏"指的是人们在日常生活中即具体的语言环境中使用语言的一种活动。语言

---

① 韩林合：《维特根斯坦论"语言游戏"和"生活形式"》，《北京大学学报》（哲学社会科学版）1996年第1期。

② 段惠琼：《论维特根斯坦"语言游戏论"与语言的多样性》，《作家》2009年第14期。

③ 〔奥〕路德维希·维特根斯坦：《哲学研究》，李步楼译，商务印书馆，1996，第17页。

的使用要符合规则，这就决定了语言游戏在其发展过程中也应该遵守语言规则。"语言规则"是指人类在使用语言的过程中所要遵循的规则，这种规则比我们日常生活中语言所遵循的规则要广泛得多。在进行语言游戏的过程中，如果没有一定的规则约束，那么人们就可以在任何语境下随意使用语言，在这个使用过程中语言会出现混乱或者被误解，人与人之间的语言交流也会受到很大影响。

维特根斯坦的"语言游戏说"不是首先强调语言的意义，而是重在探讨语言在日常生活中的用法，使得语言在日常生活中能够发挥其实际作用。语言只有在人们的日常生活中被广泛使用，才具有意义，这一论断扭转了以往语言哲学研究中的实体论倾向。维特根斯坦的"语言游戏说"强调我们必须重视和遵守语言的正确用法即游戏规则，克服传统哲学中的形而上学缺陷，这样在一定意义上就可以消除和避免哲学中的混乱。

第四节　维特根斯坦语言观对"哲学革命"的深化与不彻底性

一　维特根斯坦对传统哲学的批判

从 20 世纪初期开始，维特根斯坦就将研究目标转向了对传统哲学的形而上学的批判，反思传统哲学领域的研究方法和观点。他认为传统哲学家所讨论的很多问题都带有严重的机械主义色彩，是脱离社会实践的，其研究是没有任何意义的。他也提出，在传统哲学家眼中的很多问题都是哲学家对语言用法和意义的误解和误用所造成的。在维特根斯坦看来，要解决和消除传统哲学问题，必须借助语言的逻辑分析手段，这也是贯穿维特根斯坦的整个哲学发展过程的基本信念。

因此，维特根斯坦在对哲学进一步研究的过程中，写出了《逻辑哲学论》这部具有很大影响力的著作，这也是分析哲学的经典著作。维特根斯坦在《逻辑哲学论》中的基本观点就是他认为哲学病出现在表述传统哲学的语言身上，因此他在分析传统语言哲学时借助现代逻辑工具，通过对语言进行适当的分析和批判来解决和消除传统哲学问题。"语言图像论"是维特根斯坦前期哲学的核心思想，在后期，为解决语言和语词的运用问题，他提出了"语言游戏说"。这是在对"语言图像论"批判的基础上提出来的，他认为只有将语言的运用置于具体的语境中，才能揭示语言的实际意义，从而消除哲学问题，这是维特根斯坦通过分析语言的用法试图解决哲学问题的一条新的出路。从某种意义上来讲，如果前期的维特根斯坦哲学认为我们应该在语言的科学性和逻辑性运用中看到语言的合法性地位，那么后期的维特根斯坦的观点与此则截然不同。他认为哲学话语在某种程度上来讲是一种哲学语言，我们要在日常生活中来理解它的具体意义。

维特根斯坦也认为，人们对语言使用的混乱和误解是传统哲学问题产生的主要原因。解决全部哲学问题实际上就是通过"语言批判"，语言批判的具体方法就是展开对语言的逻辑分析。"语言图像论"和"语言游戏说"是维特根斯坦展开对语言的批判的两个十分重要的方案，只是前者提倡从逻辑分析的角度展开对语言的批判，后者提倡从语言使用意义的角度即语用学的角度展开对语言的批判，但是两种方案的最终目的都是旨在消除传统哲学的形而上学问题。因此，"语言批判"是贯穿维特根斯坦哲学始终的主旋律，同时也是这个哲学史发展过程的主旋律。维特根斯坦前期和后期的批判方法是截然不同的，在前期他注重静态地、单纯地从语言表达的形式出发，采用逻辑分析的方法展开对语言的批判；在后期，他注重动态地从语言问题的实际应用中，采用人们日常生活中使用的比较常见的方法展开对语言的批判，在这一研究中揭示出了语言的复杂性和意义的多样性。虽然他在前期的"语言图像论"研究和后期的"语言游戏说"研究中所采用的方式和手段各有不同，但是最终目标都是一致的，即解决传统哲学问题。在此还应该注意的是，后期的维特根斯坦哲学是其前期哲学的一种延续，是在批判基础上的超越和升华。总而言之，维特根斯坦在前后期都坚持"语言批判"的路线，他的哲学是属于批判哲学范畴的。

维特根斯坦哲学出现的时间与德国古典哲学兴起的时间相差久远，因此很多哲学家认为这两者之间根本不存在联系。但是在对二者进行考察分析的过程中，我们发现德国古典哲学对于当代西方哲学的发展还是具有一定影响作用的。从世界哲学史发展过程来看，西方哲学的发展与德国古典哲学的发展密切相关，甚至可以说这二者之间具有密切的关系。在德国古典哲学发展中，不同的哲学家对于现代西方哲学的作用及影响也是不同的。学界普遍认为，对于现代西方哲学发展产生重大影响的是康德和黑格尔，而之后的费希特、谢林、费尔巴哈等人的影响则要小一些。国外很多学者针对黑格尔在 20 世纪西方哲学的发展中所起到的巨大作用发表过诸多论述。美国学者 M. 怀特在《分析的时代——二十世纪的哲学家》中写道："几乎 20 世纪的每一种重要的哲学运动，都是以攻击那位思想庞杂而声名赫赫的 19 世纪的德国教授的观点开始的，这实际上就是对他的特别显著的赞扬。"① 从黑格尔、费尔巴哈、马克思恩格斯，到逻辑实证主义、实在主义和分析哲学的创始人等，都是在与之前的思想家进行斗争的过程中不断发展起来的。

维特根斯坦哲学重点在于研究语言问题，叔本华、罗素、弗雷格等人都对他的哲学思想的形成产生过十分重要的影响。维特根斯坦哲学没有像德国古典哲学那样把哲学的"阿基米德点"建立在概念演绎的基础上，是由于以下两方面的影响。第一，罗素的系统完善的数理逻辑思想对他影响很大，这也为维特根斯坦哲学研究的视野和方法论奠定了坚实的基础，为他直接将前期哲学的基点建立在自己的语言之上提供了可能性条件。第二，维特根斯坦在与摩尔等人的交流交往过程中，对于自己前期哲学中存在的问题有着清醒的认识，并开始将研究对象转向日常语言领域，使哲学研究开始走出形而上学，开始进入人类日常生活领域。维特根斯坦的哲学不仅仅是他个人哲学思维方式的转变，而且也是对西方传统哲学的否定。其中要特别注意的是他的"语言游戏说"，他从一开始对语言的静态分析向对语言意义的动态研究的转变，其主要倡导的动态观察，其实就是不需要任何理论分析和反思的语言实践。人们的理解，是一种使用语言的活动，这种理解也只有在语言活动中才能得到实现。语言产生于人类的社会

① 〔美〕M. 怀特编著《分析的时代——二十世纪的哲学家》，杜任之主译，商务印书馆，1981，第 3 页。

实践活动，因此应该从人类的日常生活中去理解语言。维特根斯坦的哲学，无论是在思维范式上，还是在其实质内容上，都与传统哲学截然不同。维特根斯坦立足人们的日常生活，注重行动，强调使用，鼓励践行，目的是让人们关注生活、关注语言、关注活动。人们的语言是社会的语言，生活是语言中的生活，对语言的践行应该植根于人们的日常活动中。

二 维特根斯坦重视"实践"概念

语言哲学是分析哲学的主要流派之一，它的本质是语言实践论。语言哲学的"语言实践"转向，在弗雷格、罗素以及前期维特根斯坦那里还不是很明显，还带有浓厚的本体论痕迹，经后期维特根斯坦对于"语言游戏说"和"语言即生活方式"观的重新分析后，语言哲学研究开始从语言的逻辑句法分析向语用分析转变。从言语行为和实际交往的过程中考察语言的意义，因而完成了向语言实践论的转变。

在这里我们要特别注意的是，维特根斯坦的实践概念和传统哲学中的实践概念是不同的。在后期，维特根斯坦本人关注的是语言的使用，即语言实践。他认为实践就是"语言游戏"，并且能够通过"语言游戏"带人们走向生活世界，这也就转换了古往今来的实践思维的视角，"实践"一词也就被赋予了更加丰富的内涵。他也认为，语言游戏其实就是整个人类的社会实践活动，人们在日常生活中对语言的使用其实就是人类最基本的实践活动，而这种使用语言的实践活动，在某种意义上来讲，也是人类存在的基本状态。人之所以能够成为人，首先是由于实践活动，同时也是由于人们对语言的使用；人之所以被称为"制作者"、被誉为"理性者"、被称为"游戏者"，首先在于人是"语言者"。

维特根斯坦哲学重在关注实践的语言性和语言的主体，他的"语言游戏说"的主体是人，人也是"语言游戏"的参与者。在人类的日常生活中，语言如何被使用，什么人在使用语言，语言在什么环境下被使用，这些都属于语言意义的论述范畴。因此，人类的"语言游戏"作为一种实践活动，它在一定程度上也代表着人类的存在状态，人类的"生活形式"是其"语言游戏"的基础。不过我们应该指出的是，维特根斯坦本人的"语言游戏说"是以人类的社会实践作为理论基础的,"实践"其实就是"语言"出场的道具,重在语言,而不是实践,因此维特根斯坦所说的实践只是人类的"语言实践"。在人类社会中,语言是最基本的存在,它的重要性常常会被人们忽视,但是离开它人类就无法交流,但人类社会的各种问题仅仅通过语言是无法得到解决的,就像仅仅依靠空气我们人类也无法在地球上生存一样。

三　维特根斯坦对形而上学的拒斥

传统哲学的形而上学的根本错误就在于,试图在"现实世界"的基础上再虚构出一个超感性的"本体"世界,哲学的任务就是围绕人们对"本体"的追求展开讨论,这种哲学上的错误造成了哲学研究和现实生活的脱节。无论是前期、中期还是后期的维特根斯坦哲学,都对传统哲学的形而上学性表现出了明显的拒斥。在维特根斯坦的前期代表作《逻辑哲学论》中,他将其"语言图像论"作为研究的基础,在哲学界首次提出了"语言的界限"问题,并指出传统形而上学的问题就是把哲学家所认为的"不可言说"的东西当作语言分析研究的对象,结果产生了一系列"毫无意义的问题和命题"。"语言图像论"是维特根斯坦对传统哲学的形而上学性展开攻击的"炮弹",它的核心观点就是:任何一个命题都是一个基本事实的图像,由全部命题构成的整个语言系统就是由所有的事实构成的整个现实世界的图像,即语言是现实世界的图像。

中期是维特根斯坦从前期向后期转变的关键时期,也是其后期思想形成的关键时期。从前期维特根斯坦准备写作其代表作《逻辑哲学论》到后期开始认识到其哲学研究的缺陷并写作《哲学研究》这一时期,他都致力于构建一种"理想语言",并且把对"理想语言"的追求作为研究的目标。前期维特根斯坦哲学关注的是"逻辑语言",后期关注的则是"自然语言"。在后期的哲学研究中,他提出了"语言游戏说"的概念,在某种意义上是为了克服前期哲学研究的缺陷。无论是逻辑语言还是自然语言,都是人类表达思想、交流交往的工具,是人们可以认识并且掌控的东西。语言和传统哲学中的理念、上帝、绝对精神、彼岸世界等各种概念相比,与人类的日常生活关系更加密切，更加接近人的生活实际，因此对于传统哲学的形而上学性也具有批判的意味。

在此还应该指出的是，不管是具有严密逻辑特征的人工语言，还是自然语言，在维特根斯坦前期或后期的哲学研究中占据着"本体"的重要地位，这也造成了哲学研究的不彻底性。在其前期哲学研究中，语言的本质就是世界的本质，语言的界限也就是世界的界限，整个世界从本质上来看就是语言的世界，一切问题都可以通过语言分析来解决。从哲学思维的范式上来看，这种观点将世界视为单纯的语言世界，他又将其抽象化的表达方式视为一种通过逻辑思维来架构的方式，这也正是传统形而上学思维模式的典型翻版。因此可以说，维特根斯坦自认为他在哲学研究中已经批判或者是抛弃了传统形而上学，但是在具体的研究考察过程中他还是自觉或不自觉地陷入了传统形而上学思维范式的泥潭中。

第五章　马克思语言观与维特根斯坦
语言观之异同

马克思哲学是关于自然、社会和思维发展一般规律的科学，并且马克思哲学一直以来都致力于改变世界。而维特根斯坦的哲学致力于研究语言和数学，与马克思哲学分属两个不同的派别，且绝大多数学者认为，维特根斯坦的哲学是"哲学不能干预语言的实际运用……哲学让一切事物都顺其自然"①。维特根斯坦的语言哲学只是专注于解释语言，他并不注重对问题的解释，只认为"哲学问题就是语言问题"②，这是一种显而易见的关于语言的分析哲学，所以哲学界普遍认为两者的哲学观相去甚远，可以说没有任何共同点。③ 但事实上，虽然马克思哲学重点在于改变世界，但是改变世界的最大前提是了解和解释世界，所以马克思的哲学并非完全是"改变世界"的哲学。马克思也在解释世界，在马克思看来，过去的哲学家们用不同的方式解释世界，解释世界历史发展过程中出现的一切不合理或者合理的现象，这种行为是对"不合理"的顺应和保护，是一种消极应对世界、自我逃避的方式，所以马克思认为哲学的真正任务是在理解世界之后能够消除这些"不合理"的现象，也就是将理论与现实结合起来。而学界对于维特根斯坦哲学观的解读也过于片面。维特根斯坦在《哲学研究》一书中解释道，"哲学就是一场战斗，它以语言为手段来解释我们理解上的

---

① L. Wittgenstein, *Philosophical Investigations*, Oxford：Wiley-Blackwell, 2009, p. 55.
② R. Rorty, *The Linguistic Turn：Recent Essays in Philosophical Method*, Chicago：The University of Chicago Press, 1967.
③ G. Kitching, N. Pleasants, eds., *Marx and Wittgenstein：Knowledge, Morality and Politics*, London and New York：Routledge, 2002, p. 1.

困惑"，"哲学只是把一切事物摆在我们的面前"。① 所以哲学不是解释、不是推论，只是对这个世界的问题提出解决方法，而这个世界的问题的解决并不是依靠哲学，这可以表述为"对那些隐藏的东西不感兴趣"。所以，维特根斯坦是将哲学用来分析、解释语言困惑，使得关于这个世界的问题得到解决。由此，维特根斯坦哲学与马克思哲学在某种程度也是一致的，虽然存在一定区别，但两者并不存在根本性的对立。

第一节 马克思语言观与维特根斯坦语言观之同

一 作为批判性语言观

（一）马克思语言观的批判性

1. 对传统哲学的批判性

德国古典哲学是传统哲学的典型代表，包括黑格尔、费尔巴哈、康德、费希特等人的哲学理论，这些理论共同组成了德国古典哲学体系。虽然德国古典哲学家的哲学观点不一，但是他们提出的观点与讨论的主题却在内部逻辑上具有相通性和相似之处。可以说，后人的哲学观点、哲学著作甚至是哲学体系在某种程度上是对前人哲学体系的批判继承与创新性发展。此外，需要强调的是，虽然德国古典哲学家的哲学观点构成一个体系，但又是不同的，体现哲学的不同方面。逻辑学、形而上学、伦理学、美学、认识论、方法论、政治哲学与法哲学等，都是德国古典哲学体系的重要内容。若从研究或阐释古典哲学家的哲学观点来看，又可分为语言哲学、实践哲学、精神哲学等哲学流派。这样将德国古典哲学划分为许多个哲学流派，将某一哲学家的观点、思想视为不断变化发展的过程，不仅是历史与逻辑相统一的精神的体现，而且对于我们研究与把握德国古典哲学及其对现当代西方哲学的影响具有重大的理论意义。

---

① L. Wittgenstein, *Philosophical Investigations*, Oxford: Wiley-Blackwell, 2009, pp. 52-55.

　　马克思语言观是在深刻批判黑格尔哲学、费尔巴哈哲学等传统哲学的基础上形成的，马克思语言观的批判性主要体现在对传统哲学中的抽象语言观和资产阶级语言的深刻揭露和批判。在传统哲学的语言观看来，在我们通过经验和理性去认识和改造世界的过程中，语言仅仅起着工具的作用，而对于语言本身而言却并没有作为重要因素加入这一认识和改造世界的过程中。在此，它将语言和时间割裂开来，并未使之融合在一起，反而粗糙地将语言问题和现实活动和人的感性直接分离理解。马克思认为，经验在一定程度上是以我们身体的感觉特性为中介的，对于外部世界的经验和理性认识需要以客体和主体的自然特性和社会特性的相互作用为中介，其中就必定有语言的参与。马克思在《德意志意识形态》中指出，哲学语言的秘密就在于哲学家们把语言变成一种力量，一种可以认识世界和改变世界的力量，而要拥有这种力量，使语言成为所谓的"独立王国"，就要使"思想通过词的形式具有自己本身的内容"①。所以，马克思发现，传统哲学的语言观用"概念"的形式使"语言"独立为观念世界的抽象化语言，成功脱离现实世界的实践，成为神秘化的思想、观念、精神等观念世界中的抽象化、思辨性的语言。使传统哲学蒙上一层神秘的面纱，使语言获得独立于现实世界的地位和力量，成为观念世界的产物，是传统哲学家的得意成果，让语言成为概念的实体，使之沉浸在自我臆想的虚幻的世界之中。但在马克思看来，唯心主义使哲学意识过于抽象化和思辨化，唯心主义认为哲学意识是"脱离生活的性质和根源"②，所以传统哲学的抽象语言观的哲学基础就是不现实、缺乏根据的，它将现实的人、实际生活以及语言这三者之间的联系给切断了，语言不是现实世界的产物，语言不是人的发明创造，语言是上帝精神的旨意、是上帝的赐福，这就使语言流于形式、脱离现实，将语言看成了抽象之物。马克思由此鲜明批判，强调"从语言过渡到生活的整个问题，只存在于哲学幻想中"③。换句话说，如果语言有朝一日真的成为世界之外的独立王国，那么我们作为现实世界的人无

---

① 《马克思恩格斯全集》第 3 卷，人民出版社，1960，第 525 页。
② 《马克思恩格斯全集》第 3 卷，人民出版社，1960，第 528 页。
③ 《马克思恩格斯全集》第 3 卷，人民出版社，1960，第 528 页。

法触碰独立王国。语言是意识的外化，所以语言和意识一样都是社会存在的现实反映，语言是现实世界的产物，并没有其真正的完全意义上的独立特殊性。马克思语言观坚定地站在唯物主义的哲学立场上，坚持立足于社会实践和现实生活，并且主张用语言解释世界和改变世界，使语言能够破除传统哲学抽象语言观的虚妄。

2. 对资产阶级语言的批判性

在马克思生活的年代里，资产阶级的虚伪性和腐朽性就已经可见端倪。在马克思看来，资产阶级善于用华丽而美好的语言为其见不得人的利益剥削"穿"上一层漂亮的外衣，使得本阶级的利益有一层合理的保护膜。在资产阶级看来，人类语言的发现和使用的意义就在于对他人进行蛊惑和欺诈，所以马克思形容他们是"一群坏人"，善于将语言用来撒谎，一针见血地指出这些"坏人"将原本应是美妙的东西进行了肆无忌惮地滥用。比如在《流亡中的大人物》一文中，马克思和恩格斯对这些流亡中的大人物的欺诈性的语言进行了批判，在他们看来，这些所谓的大人物在流亡过程中到处用充满正义、革命的话语来欺骗流亡中的平民百姓，他们利用语言的艺术性和修饰性将自己打扮成英雄式人物。而实际上，他们的目的就在于巧取百姓的爱戴和财产，以维护他们以往的蠹虫生活，而一旦战争爆发，他们又以各种冠冕堂皇的话语来洗刷自己的罪过。所以实际上，这些流亡中的大人物散布的革命口号不过是用"革命""正义"的语言对不知情的民众进行蛊惑，以实施他们让民众流血流泪、自己在后方安稳挥霍的肮脏计划。同时资产阶级对于金钱的狂热追逐也表现在其语言上。他们将语言作为商业的工具、资本的附庸，一切人际关系、社会交往都会用金钱和利益来衡量，比如"需求和供应"这一市场的逻辑公式不仅仅体现在市场交易当中，在他们的人生中也常常用此来衡量做某一件事的价值，并认为他们在用得体的语言做一件正确的事情。所以，马克思对此非常痛恨和厌恶，他深刻批判指出，从语言问题出发来解决这个世界的问题，这是不科学的，仅仅是"只存在于哲学幻想中"①。语言作为人类最伟大的创

---

① 《马克思恩格斯全集》第 3 卷，人民出版社，1960，第 528 页。

造和发明，应当是自由而美好的，是人的工具但不是伪装。人们能通过语言理解他人和世界的现象，而不是需要摘掉语言的这层外衣来猜测其内涵，语言不是资产阶级的保护衣，不应该被金钱和利益所左右。马克思批判资产阶级语言的意义就在于揭示资产阶级语言的丑陋，希望世人能够还语言以本真的美好。

（二）维特根斯坦的批判性

维特根斯坦哲学作为当代西方哲学，出现时间较晚，但这并不影响传统哲学语言观与维特根斯坦语言观之间的联系。传统哲学，尤其是德国古典哲学对现当代西方哲学产生了深远的影响。从深层次来看，西方现代哲学与德国古典哲学在内在逻辑上具有互通性，且有深刻的理论联系，故而应该运用理论与逻辑相统一的方法，应该将西方现代哲学置于整个西方哲学的大语境中去分析研究。当然，不同德国古典哲学家对现当代西方哲学的影响不同。学界普遍认为，相较于黑格尔、康德等人深远持久的影响，费希特、谢林以及费尔巴哈在德国古典哲学史上的影响力要相对弱一些。维特根斯坦的语言观是其哲学的核心和主题。维特根斯坦的语言观可分为前期和后期阶段，但不论是在前期还是后期，其语言观都没有像传统哲学那样把哲学的"阿基米德点"建立在概念演绎的基础之上，这是因为维特根斯坦在其哲学思考过程中，受到叔本华、弗雷格、罗素、摩尔等人的影响，他将数理逻辑等思想注入自己的语言哲学之中，数理逻辑等思想成为他哲学的视野和方法论基础。

《逻辑哲学论》涵括了维特根斯坦前期的主要哲学思想，如逻辑原子主义、"语言图像论"等。维特根斯坦在前期认为哲学的目的主要是澄清思想，也就是说他不是将哲学看作僵化的纸上谈兵，他主张从实际出发，认为哲学是一项使人的大脑保持清醒的活动。哲学致力于解释现实世界中的困惑，从表面上看，哲学是由一些命题组成，但从其本质上来看还是由一些澄清的命题组成。因此，哲学的目的是"从逻辑上澄清思想"，让人们的思想得到明确界限的划分，以免模糊不清。维特根斯坦认为，世界是事实和对象的总和，语言是世界的图像，语言有其基本命题，而所有的基本命题的句法又是由最简单的符号构成，即由名称构成，是名称的连接方式。在他看来，世界、思想和语言具有共同的逻辑结构，我们在日常生活中往往被自然语言的表面的语法形式所迷惑，忽略了其中的逻辑形式，所以为了避免误导，他提出我们要使用"逻辑上完善的语言"，但这也意味着事实上还存在着不可说的范畴，也就是逻辑无法正确表达的。那什么是不可说的范畴呢？维特根斯坦认为，一些形而上学的东西或者说一些逻辑形式上的东西，比如关于世界是否存在、世界的存在意义或者我们人生的意义，这些都是不可说的范畴。我们唯有对此保持沉默，才能使自己免于陷入语言和思想的泥潭。

维特根斯坦在后期哲学研究中发现了自己前期哲学问题所在，认为语言不能脱离社会，逐步转向日常语言的研究，摆脱了对形而上学的无谓纠缠，开始进入现实世界的社会实践之中。他提出"意义即使用"，指出语言的意义是由具体语境决定的，所以不同的语境就会使同一种语言具有不同的意义，这说明了在日常的社会生活中语言的多样性和重要性。尤其是他提出了著名的语言游戏说，认为可以将语言看作一场游戏，也就是语言是生活中的一种活动，"是一种生活形式的一个部分"[①]。维特根斯坦的语言观由静态分析转向动态分析，意味着在他看来语言是一种活动，一种和其他的行为交织在一起的活动。维特根斯坦的语言观不仅在思维范式上，而且在实质内容上，都是对德国古典哲学的反叛，是对整个西方传统思维方式的否定。维特根斯坦坚决立足于实际生活，注重行动，强调语言的使用，引导人们将注意力放在现实的社会生活上，关注语言、关心活动。语言的意义在于使用，语言是生活中的语言，生活是语言中的生活，践行语言的根基就在于生活之中。

二　强调语言的实践性

（一）马克思语言观的实践性

"实践"是贯穿西方哲学史的一个重要概念。实践的观点是马克思主

[①] 〔奥〕路德维希·维特根斯坦：《哲学研究》，李步楼译，商务印书馆，1996，第17页。

义哲学的本质观点，综观马克思主义哲学体系，我们会发现实践观点是一条主线贯穿于全部马克思主义之中。诚然，马克思语言观作为马克思主义哲学体系中的一部分，也有着实践的特性。马克思语言观也坚持一切从实践出发，从现实的实际生活中去研究和考察语言，而不是将语言作为虚无缥缈之物，将其建立在空中楼阁之上。因此，实践是马克思语言观的重要原则，是区别于其他学派语言观的理论特性。有许多哲学家讨论过"语言问题"，如乔姆斯基的语言天赋论等，他们对语言的相关问题都有着很深入的探索和研究，并提出了许多独到的有关语言方面的见解，但他们都没有从实践的角度去考察，他们的语言观都是抽象的语言观，就只停留在了解释世界的层面，难免会陷入神秘和抽象当中。马克思牢牢抓住实践这一基点，坚持用实践来验证真理，将理论与社会实际相结合。马克思恩格斯曾经深刻指出任何社会、任何事物的存在意义都不能离开实践二字，而所有神秘的东西都能在实践中得到阐释，将未知引向神秘主义不过是有些人还没发现实践这一本质，所以"全部社会生活在本质上是实践的"①。也就是说，实践推动着整个社会历史的向前发展，是现实社会得以存在和发展的基础，而语言作为全部社会生活中的一部分，也是实践的。

马克思语言观认为，要了解语言的内容和实质，就要从社会实践出发。追根溯源，从语言的产生来看，马克思认为语言的产生不是无缘无故的，语言的产生是基于人类生产生活的需要，也就是语言和意识一样是由于实践的需要而产生。人类从一开始就过着群居生活，为了保证自己生存的需要，不得不进入自然界中去获得物质生产资料，于是人类为了相互交流沟通、确保生产生活的实践活动得以顺利进行，就创造了语言。语言成为人类特有的文化符号，并在实践活动中不断发展，使人们更加了解彼此和更好地理解和发现世界。同时这个过程也是在改变世界，从语言的使用主体来看，使用语言的都是现实的人，在马克思看来人之所以为人，人之所以可以与其他动物相区别，就是因为"人开始生产自己的生活资料"②。所以，人区别于动物就在于人是实践的产物，不是别的什么作为物种单纯

---

① 《马克思恩格斯选集》第 1 卷，人民出版社，2012，第 135 页。
② 《马克思恩格斯选集》第 1 卷，人民出版社，2012，第 147 页。

的思维的抽象物。作为语言使用主体的现实的人，也是从事现实的实践活动的人，实践是人的本质活动，是人的根本存在方式，所以被使用的语言自然就有了实践的属性。从语言所具有的功能来看，只有语言才能完全将人类的思想意识表达清楚，也只有语言才能建立起人与人之间的沟通桥梁，这就使得在人类想正确地认识世界和成功改造世界时，语言的介入就显得无比重要。语言不愧是人类在过往的生产实践中所创造的最佳社交工具，是人类思维与外部世界相联系的最佳媒介，这体现了语言在实践过程中的使用价值。从语言的本质出发来看，语言是感性的自然界，语言是有生命的感性存在，是思想意识被物化的外壳，语言的直接现实性就体现为人与人、人与社会、人与自然之间的交往实践中的相互作用，并且这一作用必须在实践中才能体现、才有效应。语言是人类实践的产物，要想将思想从头脑中"取"出来，放入现实世界变成现实存在的意识，唯有借助实践才能成功。而语言帮助人们将头脑中的想法清晰地向世界传达，使人类的思想意识长久地存在于世界之中，从此这些意识和思想有了实体。这就是马克思强调的语言的实践性特征，语言源于实践，并在实践中继续发展、变化。

（二）维特根斯坦语言观的实践性

维特根斯坦早期的图像论是一种解释和描述世界的语言理论，而后期的语言游戏说等语用学思想则具有实践的意义。维特根斯坦的语言观也坚持语言的实践性，但是维特根斯坦的语言实践的概念有别于传统的语言实践概念，在后期的哲学研究中，他将实践归结为"语言游戏"，并在分析研究"语言游戏"中转向研究现实的生活，使实践这一概念有别于传统的实践概念。关于"语言游戏"，维特根斯坦并未详细给出一个定义。语言游戏说太过抽象，根据学者陈嘉映的解释，语言游戏其实就是指人类的语言总是和其他的现实活动联系在一起。如此一来，我们是在一个又一个活动中学习和讲述语言，在这些活动中理解语言，所以就可以把语言看作一个很大范围的区域。这个区域与其他活动有交叉，一旦交叉就会形成一个边缘地带，而语言游戏就是这个边缘地带。后期维特根斯坦还提出了"生活形式"这一概念，但同样的，维特根斯坦并未解释"生活形式"的具体含义，我们只能从这一概念的使用场景中去探寻"生活形式"的具体含义。维特根斯坦多次在不同语言的场景中使用"生活形式"，笔者认为"生活形式"就是人们的思维方式和行为方式的统括性称谓，而人们的思维方式或者行为方式与某一特定的历史环境下的习俗、制度等息息相关，所以说生活形式并不是有其固定的模式，而是复杂多变的。因此，在生活形式中的日常语言也就随之复杂多变，语言游戏也就复杂多变，对语言的研究和考察不能脱离生活形式。生活形式是由人类各种各样的现实实践组成的，归根结底，对于语言的考察离不开实践。维特根斯坦在后期才认为语言游戏是人类最基本、最简单的实践活动，这里所谓的语言游戏其实就是一种语言活动的体现，这种语言活动是人类的基本活动。人类与其他动物的根本区别就在于劳动，但同时我们也不能忽略语言作为一种基本实践活动对人类生存发展的重要作用，人类之所以成为"理性动物""制作者"，就在于人类是能够从事语言实践活动的高级动物，这也是人之为人的根本奥秘。

除了上述观点，维特根斯坦在后期哲学中提出了一个重要观点，即语言的意义在于日常生活的使用，维特根斯坦强调语言的意义才是语言的灵魂所在。对维特根斯坦而言，对语言的理解是一种行为实践，而不是一种内在的心理活动。"理解一个句子就意味着理解一种语言。理解一种语言意味着掌握了一门技术。"① 而使用语言的过程其实是语言主体与语言客体之间相互作用、相互交往的实践过程，因为使用语言的主体的是现实中的人，语言主体使用语言的目的就在于满足主体的现实需要，这一现实需要的最终归宿是作用于语言客体，也依旧是现实实践。而随着实践活动的变化和发展，语言的具体概念的形成也会出现变化，语言的具体标准和规则依据现实而形成和固化，也会随着现实而变化。所以，维特根斯坦着眼于实践的语言性和语言的主体，无论是在生活形式中的语言游戏，还是在语言意义上的使用，语言都是一种实践活动。

---

① L. Wittgenstein, *Philosophical Investigations*, Oxford: Wiley-Blackwell, 2009, p. 87.

三　坚持辩证思维和历史眼光

（一）马克思语言观坚持用辩证思维和历史眼光看问题

语言随着人类生产生活的需要而出现，是社会发展过程中的特定历史阶段的产物，会随着人类社会实践的变化而变化、发展而发展。语言是历史的记录者和见证者，语言是历史的语言、是具体的语言，这体现了马克思语言观坚持用历史的眼光看问题的理论特性。马克思主义哲学自诞生之日起就坚持用历史的眼光看问题，认为任何事物的发展都是历史的，语言观作为马克思主义哲学中的一部分，自然也是坚持用历史的眼光看待语言。历史是前进的，人们在实践中创造历史，也在实践中创造了语言，所以语言是一种特定的历史现象，语言跟人类在各个历史时期的生产实践密切相关。随着历史的变化和发展，语言也有着相应的变迁。同样的，要把握语言，就要从具体的历史中去把握。因为即使是一些最抽象的东西，也是基于当下的历史关系而产生的，绝不可能是脱离当下的历史的，如马克思曾指出："哪怕是最抽象的范畴……同样是历史条件的产物。"① 也就是说，任何抽象的概念或范畴，要想真正掌握它的本质就要从具体的历史关系中去寻找，所以马克思在研究语言时，也坚持在特定的历史背景下去研究。将某一事物孤立于其社会历史条件，将它与周边事物的关联一刀切断，都只会导致这一事物本身的意义丧失，甚至死亡。任何事物都不可能脱离与世界上其他事物的联系，脱离特定的历史发展条件只会使人陷入历史虚无的沼泽。语言绝不是孤立于历史之外的语言，脱离历史的语言是不存在的，如果这样孤立地去研究，只会离语言真正的内涵和本质越来越远。

另外，马克思主义哲学在研究过程中还非常注重逻辑的思维方式，主张用辩证法的思维去研究。正如恩格斯所说，哲学的产生和发展带给人类唯一的也是最大的宝藏，就是在这个纯粹的思维运行过程中体现的规律，

---

① 《马克思恩格斯选集》第 2 卷，人民出版社，2012，第 705 页。

这就是"逻辑和辩证法"①。在马克思主义哲学看来，世界上的万事万物无一不在唯物辩证法的根本规律之下，从自然界到人类社会，甚至是思维模式，都统一于唯物辩证法。哲学作为思维的工具，是人们认识世界和改造世界的方法，需要用逻辑和辩证的思维来指导人们进行各项活动。而马克思对语言的各项考察活动中，关于对作为语言主体的"现实的人"的分析以及关于语言的起源、语言的功能以及语言的本质的论述都是马克思在沿着逻辑和辩证思维这一道路上得到的结论。

（二）维特根斯坦语言观的辩证性和历史性

维特根斯坦后期语言哲学提出的"语言游戏说"正好说明了他在对语言观的研究中，认为语言是动态发展的，他着眼于语言在人们日常生活中的动态使用过程，强调语言是要在现实实际中去考察才有意义，这与以往对语言的静态研究完全不同。随之，他又根据语言的动态研究提出"语言游戏"中的"生活形式"，认为"生活形式"是"语言游戏"的基础，生活形式的变化就意味着语言游戏的变化，也就是说语言会随着社会生活的变化发展而变化发展，语言不能离开社会生活。这就说明维特根斯坦在研究语言时坚持语言是活生生的动态语言，坚持将语言放置在特定的社会历史当中去，并且将语言动态地与周边事物相联系。同样的，逻辑和辩证思维的方法在维特根斯坦的语言哲学研究中处处可见。在前期的语言哲学研究中，维特根斯坦在《逻辑哲学论》中侧重构建了图像论，将语言与世界通过逻辑结构进行联系，认为图像作为一种范围广阔的模型，反映命题与事实、语言与实在之间关系的本质，同时也反映了命题的本质。基于图像论，维特根斯坦在前期辩证指出了语言与实在世界之间的一一对应关系。而在后期，维特根斯坦在回归对日常语言的分析时，也是经过了对理想语言和自然语言的批判后，对自然语言进行了重新理解和辨析后才完成对日常语言的回归研究。在这一对日常语言的研究过程中，他对语言的批判不再仅仅是逻辑分析，还包括对日常语言在实际使用过程中的语词的意义分

---

① 《马克思恩格斯选集》第4卷，人民出版社，2012，第264页。

析和实际应用。

所以，马克思语言观和维特根斯坦语言观都主张用逻辑和辩证的思维以及历史的眼光来研究语言哲学，由此来系统、辩证地认识和理解语言的始末和本质。

四 拒斥形而上学

（一）马克思语言观对形而上学的拒斥

毫无疑问，马克思非常拒斥形而上学，早在《神圣家族》中，马克思就提出变革哲学思维方式的思想。马克思认为，"形而上学"这种以整个世界的本原或基质为核心的思维方式，无论在实践上，还是在理论上，都已经威风扫地。并且认为，随着科学和实践的发展，人们关注的更多的是提升自己的物质生活或者生产发展，不再如过去对精神以及未知领域充满敬畏和好奇之心，在这个时候形而上学带给人们的影响也就处于最低状态了。形而上学也就"只剩下想像的本质和神灵的事物了"①。所以，马克思认为，正是因为形而上学这种哲学形态的关注点是脱离了人及其活动的宇宙本体或"终极存在"，不仅"本体"在其中成为一种抽象的存在，而且人本身也成了一种抽象的存在，从而造成人本身的失落与迷失。这无疑会使人陷入一种不可知的神秘境界，仅仅停留在知识、经验等狭隘范围内，丧失深入实践的动力。因此，马克思和恩格斯都认为，思辨在现实生活面前并不具备完全意义上的真理出处的意义，思辨出来的东西还是思想观念中的，并未在实践中真正接受过考验，是一种经验性的东西。而只有在实践中，"关于意识的空话将终止，它们一定会被真正的知识所代替"②。这就是说，不管是自然规律还是历史规律，都应由真正的实证科学来验证和说明，即否定现存的哲学并消灭哲学本身，从而能够摒弃掉形而上学中许多无意义的命题，彻底实现"终结形而上学"，使哲学面向"自己时代的现实世界"、面向人，关注"现

---

① 《马克思恩格斯全集》第 2 卷，人民出版社，1957，第 162 页。
② 《马克思恩格斯选集》第 1 卷，人民出版社，2012，第 153 页。

实生活世界"。

马克思的语言观亦拒斥形而上学。马克思和恩格斯曾在《德意志意识形态》中直接对以施蒂纳为代表的思辨哲学家的语言观进行了犀利的鞭挞，认为这些人的思维就是肤浅的，他们对于思辨的思考"经常自相矛盾"，在用一些所谓高深莫测的话语、无聊的譬喻来写作时不过是在掩饰他们的笨拙，由此来故意吓唬读者。马克思认为，施蒂纳等人的思辨凸显了他们的"愚昧无知"和"妄自尊大的鄙陋作风"，所以马克思尖锐地批判他们这一群人是在"卖弄风骚"。同时，马克思还对圣布鲁诺和费尔巴哈的追随者进行了毫不留情的批判和讽刺，认为圣布鲁诺是在纸上谈兵，他描绘的"永世欢乐和幸福"的图画并未与现实挂钩，只是在迷惑民众，而后者在谈到与"天国的和谐曲"截然不同的革命时，好像关于这种欢乐和幸福有其独特的想法。① 在马克思看来，这些哲学家的语言脱离了现实生活，他们凭借主观臆想去猜测和捕获思想和世界，使得语言趋向于形式化、抽象化、神秘化，语言不再是真实反映的语言，并不是纯粹的现实语言，而仅仅作为一种词句的炫技的方式进行艺术式的展现。人与人、人与现实世界的内在联系被分解、割裂，整个世界呈现出一个虚假、失真的面貌。马克思语言观对形而上学的拒斥也促使他积极转向对实证哲学的研究和践行，使得他对语言的研究和使用专注于现实的社会生活。马克思认为，对事物的研究应该沿着它最原始的真实的产生与发展路径进行，如果坚持这样，那么任何晦涩难懂的哲学问题"都可以十分简单地归结为某种经验的事实"②。也就是说，语言的职能不再是作为形而上学的工具，语言不再是漂浮着的，而是能够重新回归现实的实践活动，在现实世界中作为人与人、人与世界之间的沟通工具，语言是具有社会生活性的语言，不是谄媚的有色语言。

（二）维特根斯坦语言观对形而上学的拒斥

维特根斯坦的语言观从始至终都在拒斥形而上学，其彻底地抛弃形

---

① 《马克思恩格斯文集》第 1 卷，人民出版社，2009，第 543~544 页。
② 《马克思恩格斯文集》第 1 卷，人民出版社，2009，第 528 页。

而上学这一点在西方哲学发展中具有深刻的影响和意义。前期维特根斯坦在图像论的基础上提出语言有"可说"和"不可说"之分，这也就是语言的界限问题。他认为传统形而上学的根本错误就在于企图去言说那些"不可说的东西"，结果被语言的表面语法形式迷惑，并未解读真正的含义，所以人们炮制出一些"毫无意义的问题和命题"，并未把握到任何逻辑语言在内的语言的界限。从他的图像论的解释看来，命题是事实或事态的逻辑图像，由所有的命题构成的整个语言系统就是由所有的事实构成的整个现实世界的图像，即语言是现实世界的图像。所以，维特根斯坦认为，语言的逻辑形式与现实世界的事实逻辑相符合时，语言才能准确进行描述，所以语言有界限，需要我们分清什么是可说的、什么是不可说的。超出语言界限的不可说的事物，比如形而上学的命题，是没有任何意义的。后期维特根斯坦认识到将理想语言，也就是前期的逻辑语言追求的"语言的界限"与"世界的界限"等同起来，这就使得前期建立的世界本体论成为一种狭隘的本体论思想，因为仅仅单纯将整个世界的本质都归为语言的世界，认为世界的问题就是语言的问题，使得现实的世界的存在与那些不可说的神秘的东西之间又有了不一样的变化，这种变化不是正面的而是反面的，所以维特根斯坦在之后为了纠正这一点，提出了"语言游戏说"，修正了前期哲学的错误。在后期语言哲学中，维特根斯坦倾向于语言的意义的使用，指出日常语言的使用才有意义。他认为形而上学的语言观过于抽象、流于形式，使得生活实践和文化活动之间的互动环节被消解。生活在社会中的成员在使用语言这个工具的时候反而觉得自己与真正的社会相去甚远，因为形而上学中的那些虚无缥缈的精神、理念、上帝、绝对观念、彼岸世界等都是远离人的真实生活、远离日常实际的。维特根斯坦由此反对形而上学，他认为这种谬误的根源就在于语言的误用，他形象地指出，这就是哲学在生病，要解决这一问题、根治这种疾病，关键就在于消除哲学问题，也就是摒弃传统的本质观，将形而上学彻底剔除出去，使人们正确地使用日常语言。

第二节　马克思语言观与维特根斯坦语言观之异

一　语言观的路向不同

（一）马克思语言观的实践路向

马克思和恩格斯的语言观是在对黑格尔和费尔巴哈等代表的唯心主义哲学家的颠覆和反叛的基础上建立起来的。唯心主义认为，世界的本原是某种独立于自然界和人类社会的原则，这种原则无法被看见，是一种独立的类似于绝对精神的存在，而自然界和人类社会的产生和发展受这种原则支配，所以语言也是一种独立于社会现实的存在。马克思和恩格斯反对这种观点，通过一系列理论和实践的研究，将哲学从抽象的概念范畴拉回现实，把哲学的"阿基米德点"建立在现实的"人的感性活动"之上。德国哲学由此从天国回归人间，即哲学不是抽象、不可言、不可触的，不是在任何时代没有支点的思想，而是始终立足于社会历史，只有坚持从物质实践出发来释义才有其解释的意义，而不是反过来。所以对于语言的观察和研究也要从现实的社会生活入手。

在马克思和恩格斯看来，不是意识决定生活，而是生活决定意识，"批判的武器当然不能代替武器的批判"①。面对传统哲学的弊端和现实社会中的资产阶级利用语言包装的欺诈性现实，要想消除这些弊病，不仅仅需要思想上的革新和批判，思想批判是治标不治本的，甚至对于腐朽、贪婪的剥削者们而言不痛不痒，并不会对他们造成什么伤害。对于贫苦的下层人民而言，思想批判也只是让他们看清自己所处的真实环境，周边的人们是"狼"，生活的制度也是"狼"，他们有了思想的武器，但并不能找到生活的出路，这也是不行的。所以马克思和恩格斯最终倡导的哲学革命路向是指向实践的，提出要改变生活方式本身。相应的，马克思认为实现对

---

① 《马克思恩格斯选集》第 1 卷，人民出版社，2012，第 9 页。

传统哲学的批判，要改变生活形式本身，在实践中将错误的生活形式的物质基础彻底打碎，才能重建社会，使语言不再是抽象的。

（二）维特根斯坦语言观的"语言道路"

前期维特根斯坦追求理想语言，也就是追求"逻辑完善"的语言，将其中的对象和各个对象之间的关系串联起来作为构成世界的最基本单位，形成语言图像，而逻辑就是联结这些关系的工具。他认为，语言与客观世界之间存在着逻辑上的同构关系，即语言的逻辑是对客观世界的逻辑的反映，客观世界的逻辑可以通过语言的逻辑来表达。在"图像论"里，维特根斯坦认为，思想与事实、实在或世界之间是通过"图像"来建立联系的。"图像"是一个比喻，实际上指的是"逻辑图像"，这种"图像"具有"图示"或者描述的功能。"事实的逻辑图像是思想"，维特根斯坦通过"逻辑图像"把原来各自孤立的"事实"与"思想"联系在一起。他指出，"思想是有意义的命题"，"命题的总体即是语言"，并且"命题是实在的图像"。这样，他就把"思想"、"命题"、"语言"和"事实"（世界）统一起来了。简单地说，命题即语言，命题描画世界；语言表达思想；思想通过命题（语言）来描述世界。这样，维特根斯坦断言："给出命题的本质，意味着给出一切描述的本质，也即给出世界的本质。"① 对于早期维特根斯坦来说，"命题和语言的本质就是世界的本质：世界是所有可以经由语言的命题描述的事实的总和"②。维特根斯坦试图用"语言图像论"来解释世界的本质问题，以推翻传统哲学的形而上学的本质主义，他以逻辑作为连接世界和对象的工具，认为语言之外就没有世界，世界问题就需要从语言中去获取答案，在语言中探寻世界的本质。这并非一种彻底的对传统哲学的革命，他并没有走出形而上学的泥沼，反而陷入了新的本质主义——语言法"逻辑"本质主义。

"语言图像论"也就是一种语言上的形而上学体系。后期维特根斯坦意识到他前期哲学中的问题，即语言的表达范围是有限的，逻辑语言并不

---

① 〔奥〕路德维希·维特根斯坦：《逻辑哲学论》，贺绍甲译，商务印书馆，1996，第74页。
② 韩林合：《〈逻辑哲学论〉研究》，商务印书馆，2000，第439页。

比日常语言的范围更广、表述更清楚，逻辑的范围是有限的。所以在后期，维特根斯坦否定了他此前关于世界的"逻辑"本质主义的思想，他主张哲学不提出理论、不提出哲学命题，只是提供哲学研究的方法，这一方法就是"语言游戏"。他将"语言游戏"作为分析日常语言的方法，从这一点出发，维特根斯坦改变了他早期的逻辑本质主义世界观，破除了语言的抽象、独立，把日常语言以及语言赖以形成的生活基础、把传统哲学问题消解在对语言的分析之中。但维特根斯坦不管是在前期还是后期，都没有避免先验论。在前期，维特根斯坦认为人们关于世界中存在不可说那部分基础领域的可能性，是确实可信的，是的确存在的；到了后期的研究中，维特根斯坦提出了"生活形式"，认为判断某一事物的根源就在于语言的"生活形式"，而不是经验，认为除了语言游戏并没有更多的从经验里派生出的东西。所以，从这一点来看，维特根斯坦的语言观又是先验的，它并不依赖于经验，而是一种生活经验的形而上学。同时，维特根斯坦认为，人们对宗教的信仰从某种意义上来说其实就是"对某个参照系统的单纯而热忱的投入"①，所以这种意义上的宗教信仰与其说是信仰，不如说是人们一种日常的生活形式，也就是生活中不可少的评价的方式。所以他认为我们的生活形式首先具有上帝赐予的意义，是宗教的。

由此，马克思语言观是一种革命的、实践的哲学，是哲学范式的根本性转换，走的是"交往实践的唯物主义"道路，主张通过对社会现实的实践刻画来瓦解唯心主义，用改变语言存在的生活形式来颠覆形而上学。而维特根斯坦走的是"语言道路"，他在前后期都力图通过分析理想语言去改变人们的生活形式，认为本身的生活形式是合理的，并没有马克思那般的彻底革命的勇气。

二 语言观的分析方法不同

（一）马克思语言观的辩证分析法

马克思和恩格斯的语言观主要采用了唯物辩证法，具体有"历史与逻

---

① 〔奥〕路德维希·维特根斯坦：《逻辑哲学论》，贺绍甲译，商务印书馆，1996，第104页。

辑相统一""阶级分析""历史分析"等方法。马克思认为,"思想和观念成为独立力量是个人之间的私人关系和联系独立化的结果……思想家和哲学家对这些思想进行专门的系统的研究,也就是使这些思想系统化,乃是分工的结果;具体说来,德国哲学是德国小资产阶级关系的结果"①,并且他深刻指出了传统哲学中偏爱语言而引起的谬误,认为语言是"思想的直接现实"。但很多哲学家难以做到这一点,他们难以摆脱对思维的固定看法,所以他们难以从思想世界回归到现实世界,"正像哲学家们把思维变成一种独立的力量那样,他们也一定要把语言变成某种独立的特殊的王国"②。所以语言最为核心的要义就在于此。语言是思维的现实表达,思想通过语句形式这个实体的依托使得自己能真正立身在现实世界当中,也使得语言本身从此与现实生活有着密切关联。思辨形而上学哲学的出路,在于将语言从其抽象的语境和观念中解放出来,使其成为一种再普通不过的日常语言,这个时候我们就会看到普通语言与形而上语言的区别。也就在此刻,我们"就可以懂得,无论思想或语言都不能独自组成特殊的王国,它们只是现实生活的表现"③。

在马克思看来,不管是德国唯心主义还是唯灵论,都将思想、观念、绝对精神、上帝等抽象的东西、虚无缥缈的东西神秘化、客观化、实体化,使人们误以为这些东西能够独立于客观的现实世界,甚至有时候认为这些东西具有超出世界的力量,能创造不可能。这样一来,唯心主义或者唯灵论用可操作的语言进行表达,用语言的各种语法、词义变换、句式变形、一词多义等形式,使之得以充分体现。也就是"从思维过渡到现实,也就是从语言过渡到生活的整个问题,只存在于哲学幻想中,也就是说,只有在那种不会明白自己在想像中脱离生活的性质和根源的哲学意识看来才是合理的。这个大问题,由于它总是闪现在我们这些思想家的头脑中,当然最终一定会迫使这些游侠骑士中的一个人出发去寻找这样一个词,这个词作为词构成可寻觅的过渡,这个词作为词不再单纯是词了,这个词用

① 《马克思恩格斯全集》第3卷,人民出版社,1960,第525页。
② 《马克思恩格斯全集》第3卷,人民出版社,1960,第525页。
③ 《马克思恩格斯全集》第3卷,人民出版社,1960,第525页。

神秘的超语言的方式指出从语言走到它所标示的现实客体的道路，简而言之，这个词要在一切词中起一种和救世主—圣子在人们中所起的基督教幻想的作用一样的作用。这位在哲学家中头脑最空虚和最荒唐的哲学家一定会把哲学'结束掉'，因为他宣布他本身之无思想就意味着哲学的终结，因而，也意味着胜利地进入'肉体'生活"①。这就是唯心主义或唯灵论惯用的技巧。

（二） 维特根斯坦语言观的语言和逻辑分析法

维特根斯坦的分析方法主要是语言分析和逻辑分析。之前就提到过，维特根斯坦把全部的哲学问题归为语言的问题，把语言当作世界的本质，所以他利用了逻辑演算和逻辑句法等方法对有关哲学语言、命题等进行分析。前期维特根斯坦把哲学的内容归结为对语言的误用，借助语言的逻辑图像论和人工的逻辑语言，对科学语言（逻辑语言）进行逻辑分析。这个阶段是对静态语言的研究，用逻辑分析的方法研究语言，指出语言有界限，语言的界限就是世界的界限。而后期维特根斯坦则转向对动态的语言进行研究，认为哲学不是理论，而是活动，借助"语言游戏说"，强调对日常语言进行语义分析，注重语言的多样化和复杂性。"哲学的任务不是通过数学或逻辑数学去发现并解决矛盾，而是使我们了解困扰我们的数学状态，也就是矛盾解决之前的事物的状态。"② 另外，维特根斯坦还指出哲学的深度取决于个人的思想深度，而思想又必须通过语言才能表达，所以语言的表达好坏又成为一个至关重要的要素，所以哲学不是如同科学那样有一个严谨的数据分析，而是在阐述这个世界，是思想的陈述，也就是"概念性纠缠"。所以，维特根斯坦认为过去哲学家的任务主要是发现和提出新的命题，而事实上，对于放在眼前的事实不必过多解释，哲学不作过多的解释和推理，"可以把一切新发现和新发明之前的可能性称作'哲

---

① 《马克思恩格斯全集》第 3 卷，人民出版社，1960，第 528~529 页。
② 〔奥〕路德维希·维特根斯坦：《哲学研究》，陈嘉映译，上海人民出版社，2005，第 125 页。

学'"①。所以一切都是真实呈现在我们的面前，哲学没有什么新的东西需要发现，也不能提出什么新的理论，打开哲学的正确方式就是阐释思想，将问题的理论解释清楚，使已有的命题变得清晰。他强调语言对哲学的影响，强调概念的明确性和推理的严密性，关键在于描述，将过去的形而上学和形式逻辑抛弃，重视对语言问题的研究。不过也有学者指出过维特根斯坦这种方法的不足，认为"在维氏提出他的那些标新立异和剑走偏锋的哲学观点之时，他所显现出来的坚定决心和极大的自信确实让人大跌眼镜。在他决定哲学的哪些方面才是具有本质意义的时候，他总是显得极为自负。通过这种决定，他总是会把所处理的问题加以简化和狭隘化，而且这种处理方式是如此之过分，以至于那些虽对这些问题有兴趣，却还未完全熟悉维氏本人的读者会在看后不知所云，并不得不去求助于更多的背景资料，或者处理其他同类问题的其他进路。这种仅仅聚焦于他所认为的最基本事项的方法论，无疑可以使得他本人在他选择的学术路径上钻研得更深，但与此同时，也使得他更倾向于通过高度简化的模型来把握真实的世界，并因为这种简化而将那些仅仅适用于行定领域的东西误解成是普遍有效的"②。但不可否认，维特根斯坦关于语言、逻辑的分析研究方法与过去培根、笛卡尔等人使用的自然科学的归纳演绎思维方式不同，他在哲学的研究方法上独具匠心，开创了一种新的模式，具有独到的研究视野，为人们提供了新的哲学研究方法和智慧。

三　语言观的内容不同

（一）马克思语言观是一种实践哲学

马克思和恩格斯的语言观建立在辩证唯物主义和历史唯物主义的基础之上，马克思的语言观是一种致力于付诸实践、改造世界的实践哲学，而维特根斯坦的语言观虽然建立在实践之上，但并没有跳出理论，仍旧是理

---

① 〔奥〕路德维希·维特根斯坦：《哲学研究》，陈嘉映译，上海人民出版社，2005，第59页。

② 〔美〕王浩：《超越分析哲学》，徐英瑾译，浙江大学出版社，2010，第115页。

论哲学。

"实践"概念自古希腊哲学以来一直是哲学上的重要概念,亚里士多德是西方实践哲学的创始人。虽然此前"实践"一词已经存在,比如,在普罗泰戈拉那里,实践就是学习的意思;在苏格拉底那里,"实践"是一种伦理道德活动,他说:"我将永远不停止哲学的实践和教诲、劝勉我所遇到的任何个人,照我的方式对他说:你,我的朋友,伟大、强盛而且智慧的城市雅典的一个公民,像你这样只注意金钱名位,而不注意智慧、真理和改进你的心灵,你不觉得羞耻吗?"① 在柏拉图那里,"实践"是从其纯粹的"善"的理念推演出来的普遍性伦理规范与伦理行为标准,并以此要求各个不同等级的人积极履行自己的义务,因此他的"实践"有着等级的界限差异,是为实现其"理想国"的繁荣昌盛的一种途径或手段。亚里士多德之前的"实践",其实还只是停留在常识性层面,还没有进入反思层面。亚里士多德第一次把"实践"提升到反思的层面,使之成为一个重要的哲学概念。亚里士多德的"实践"带有目的性和至善性,他说,"不完成目的的活动不是实践,实践是包含了目的在内的活动"②,"每种技艺与研究,同样地,人的每种实践与选择,都以某种善为目的。所以有人就说,所有事物都以善为目的"③。从此,亚里士多德将哲学的关注点从纯粹的、理性的"理念"拉回现实,将其建立在现实的"实践"基础上,从人的现实生活出发,从此开启了"人间"的哲学的道路。

"语言是一种实践的、既为别人存在因而也为我自身而存在的、现实的意识"④,"语言是从劳动中并和劳动一起产生出来的"⑤,在马克思恩格斯看来,语言是在劳动中产生的,并在实践中发展。"马克思恩格斯认为语言是人的意识的呈现,意识是物质的反映与表现,抑或语言和意识都是物质的呈现,语言是现实的意识,是与人的存在相生相依的。语言是人类

---

① 北京大学哲学系外国哲学史教研室编译《古希腊罗马哲学》,商务印书馆,1961,第148~149页。

② 〔古希腊〕亚里士多德:《形而上学》,吴寿彭译,商务印书馆,1959,第179页。

③ 〔古希腊〕亚里士多德:《尼各马可伦理学》,廖申白译注,商务印书馆,2003,第3~4页。

④ 《马克思恩格斯文集》第1卷,人民出版社,2009,第533页。

⑤ 《马克思恩格斯文集》第9卷,人民出版社,2009,第533页。

社会生活不可缺少的重要工具，贯穿于人类社会实践全过程，具有广泛的社会功能属性。"① 一是语言具有表达功能，语言是思维的外壳，是思维的工具，承载着人的思维、意识、价值观、思想情感。马克思在《恩斯特·莫里茨·阿恩特》中称赞阿恩特的语言风格，"已经很久没有见到这样简练的、富有表现力的语言了……宁可简洁有力，不要软弱无味！"② 二是语言具有交往功能，语言是交际的工具，言语是交际的过程。"语言也和意识一样，只是由于需要，由于和他人交往的迫切需要才产生的。"③ 马克思和恩格斯在《德意志意识形态》中指出："'精神'从一开始就很倒霉，受到物质的'纠缠'，物质在这里表现为振动着的空气层、声音，简言之，即语言。"④ 语言是人类重要的交往工具，人与人之间的交往、沟通都离不开语言作为中介。三是语言具有凝聚功能，语言作为国家文化凝聚力的要素，能够凝聚人心、凝聚思想、凝聚力量。马克思在《德国农民战争》中说，"但路德的论纲一时却成了他们的普遍的、共同的语言，这种共同语言以出人意料的速度把他们团结了起来"⑤。

在马克思语言观的实践内容中，马克思认为："正象社会本身生产作为人的人一样，人也生产社会。活动和享受，无论就其内容或就其存在方式来说，都是社会的，是社会的活动和社会的享受。……是人的实现了的自然主义和自然界的实现了的人道主义。"⑥ 也就是说，人自身之外的一切存在都变成人自己活动的对象，变成自己实践的客体；同时，也使自己成为主体性的存在。在实践活动的展开过程中，存在着主客体的双向运动与双重改造，一方面是"人的客体化"，另一方面是"物的主体化"，或者换句话说，是"人改造自然"和"自然改造人"的统一。人在对象性活动中改造着对象，也改造着人自身。因此，"环境的改变"和人的"自我改变"

---

① 窦星辰、黄云明：《马克思恩格斯的语言观与中国特色社会主义话语体系建构》，《学习与实践》2021年第5期，第8~9页。
② 《马克思恩格斯全集》第2卷，人民出版社，2005，第266页。
③ 《马克思恩格斯选集》第1卷，人民出版社，2012，第161页。
④ 《马克思恩格斯选集》第1卷，人民出版社，2012，第161页。
⑤ 《马克思恩格斯全集》第10卷，人民出版社，1998，第518页。
⑥ 《马克思恩格斯全集》第42卷，人民出版社，1979，第121~122页。

（包括意识的形成和发展）是统一的，都是实践活动的结果。相应的，关于语言和实在、思维这几者之间的关系，马克思和恩格斯认为，语言、思维、实在之间的关系是在实践的基础之上建立的，语言是思维的反映，思维通过语言来对实在进行表达，使得思维能够付诸实践、改变现实；语言是实践的产物，实践又推动着语言的继续发展，而语言的主要功能就是用语词形式来表达人们脑海中的思维和验证现实实在，最终将语言的生活形式通过语言清晰地表述出来使之能被理解甚至被改变。同时，结合前文分析的马克思对资产阶级语言的批判来看，马克思对整个资产阶级语言的批判实质上是对当时资本主义社会的批判。由于工业化大生产的进步和发展，整个社会经济与思想文化、社会制度严重脱节，造成了社会处处可见的各种不平等的现象。而充斥着资本价值理念的语言更不再是人们理性思想的表达媒介，价值理性呈现式微状态，而仅仅凭借语词的重新建构以改变这一局面是不可能的，要使这些词句从人们的头脑中消失，唯一的办法就是脱离理论的局限而诉诸客观世界，就是说分析和研究语言的最终指向还是改造世界。所以在马克思和恩格斯看来，语言和实在之间是辩证的关系、致力于实践变革的关系，这与维特根斯坦的理论哲学中的从逻辑的角度出发来理解是有明显区别的。

（二）维特根斯坦语言观是一种理论哲学

维特根斯坦的哲学被不少学者认为是一种"实践哲学"，这是因为维特根斯坦的语言分析哲学成功摆脱了传统哲学的思辨性，把哲学的"阿基米德点"建立在了"语言"基础之上。后期维特根斯坦指出："想象一种语言就意味着想象一种生活形式。"[①] 他认为游戏模式就是理解语言和现实世界的最佳思维建模，"语言游戏说"为"生活形式"的多样性提供了最好的解释，掌握"语言游戏"存在于其中的"生活形式"的所有命题的形式要义，也就掌握了存在的世界，而就像游戏有规则那样，只有遵守游戏规则，游戏才能正常进行并具有意义，所以语言在现实世界中的使用也是

---

① 〔奥〕路德维希·维特根斯坦：《哲学研究》，陈嘉映译，上海人民出版社，2005，第11页。

有规则的。因此，在维特根斯坦看来，语言的意义在于语言的使用，一切哲学问题的产生就是由于人们没有正确使用语言，人们只要掌握并正确使用日常语言，将语词的分析置于具体的语言环境中，那么，之前传统哲学的一切困惑都将迎刃而解。维特根斯坦还认为只要将语言进行规范化使用，使个人的生活方式适应生活形式，有关哲学的问题、有关世界的问题就能自动得到解决。同时，维特根斯坦还提出探究某类东西究竟是什么，如何来界定这类东西的概念的边界，这只能是语法研究的工作。语言与现实实际之间能够有所关联也是因为语法在其中的作用，语词的解释才使得实际与语言交叉，因此"语言仍然是自成一体的、自律的"①。简单来说，不管是理想语言（逻辑语言），还是我们的日常语言，这两者都是一种特殊的独立王国，能有自我自在的行为存在，是语言决定了世界。在这里，维特根斯坦并没有看到现实世界的客观存在，世界并不会因为人们语言的使用而转移。日常语言的规范化使用固然使得概念清晰、思维逻辑完整，但这并非哲学思考的唯一手段。客观世界的复杂多样就注定了语言的复杂多样，局限于对日常语言分析以彻底解决世界的问题，这显然是不切实际的。法国著名哲学家阿兰·巴迪欧曾对柏拉图《克拉底鲁斯篇》进行评价，认为柏拉图指出大多哲学家仅仅将词作为研究的起点，也就是说哲学家的关注点集中于对语词的分析，这种做法无疑是本末倒置。涂纪亮先生反复强调过，在语言与物质实在这两者何为先这一问题上，无疑就是物质实在是在前的，只有首先承认物质实在的客观前提，才能"研究如何以语言为手段准确地或比较准确地表达我们的那些反映实在的思想或观念"②，所以不能忽视语言与物质实在背后的辩证关系。维特根斯坦并不认为哲学需要语言的使用者进行改造，更不用对世界进行改造，他的语言观的"实践"依旧停留在理论层面，他对于真正的实践改革并未有相关研究，只是研究了语言实践。

---

① 〔奥〕路德维希·维特根斯坦：《哲学研究》，陈嘉映译，上海人民出版社，2005，第77页。

② 涂纪亮：《维特根斯坦后期哲学思想研究：英美语言哲学概论》，武汉大学出版社，2007，第804页。

四　对传统哲学的超越性不同

从哲学内容来看，马克思哲学和现代西方哲学都对传统哲学进行了解构和超越，完成了对传统哲学的弊端的克服，使人类从唯心主义的虚幻中解放出来，但二者在对传统哲学的超越程度上仍旧有着原则性的区别。

（一）马克思语言观对传统哲学的全面超越

马克思哲学不仅实现了对传统哲学的超越，就其彻底性来说，也实现了对现代西方哲学的超越。第一，马克思哲学彻底终结了那种超越实证科学的思辨哲学。近代以来，哲学家们都致力于运用先验逻辑的概念和范畴去构建思辨的哲学体系，黑格尔将思辨哲学发展到登峰造极的地步。马克思指出，任何晦涩难懂、深奥难解的哲学问题，只要我们还原其本来的面貌，从其最初的样子入手去解读，就会发现这些哲学问题都可以归结于某种经验事实，"经验的观察在任何情况下都应当根据经验来揭示社会结构和政治结构同生产的联系，而不应当带有任何神秘和思辨的色彩"①。因此，在马克思那里，哲学不再构建世界统一的体系，也不再提供世界整体图景的理论。马克思对传统哲学的思辨方式予以彻底否定，其哲学理论也彻底超越了传统思辨哲学本身的内容。

第二，马克思从主体方面去理解对象、现实、感性这些东西，并不将其抽象化、神秘化，将这些过去用上帝、绝对精神来理解的东西，置于实践中去理解。如前所述，在讨论语言、思维、实在这三者的关系时，马克思不是从思维与存在抽象对立的意义上，而是从现实的具体实践出发来讨论三者的关系，并认为如果脱离实践，那么这三者的关系也失去了讨论的意义。由此可以说，马克思哲学不是毫无根基的，也不是随意在历史中寻找理论与现实的交叉点，而是立足于现实的社会历史，在现实的物质基础上来对哲学观念进行解释。那些从观念角度出发解释物质实践的都是形而上的理论，只会将人引向神秘主义的虚幻，只有从物质实践出发，哲学才

①　《马克思恩格斯选集》第 1 卷，人民出版社，2012，第 151 页。

有其落脚的土壤并开出繁盛的花朵。

第三，马克思把哲学的关注点从"天上"拉回"人间"。传统哲学一直将哲学解读建立在抽象的观念世界上，对于现实的人的生活世界则简单认为是抽象世界的外化。如黑格尔反对把世界看作实体，认为实体是被动的、毫无能动性的，也反对把世界看成抽象的精神，认为世界是实体也是主体，自然界和人类历史不过是这个逻辑世界的外化，所以黑格尔的哲学语言具有抽象、神秘的色彩，掩盖了语言内容的实质。语言在"绝对精神"这一抽象范畴中成为"高深莫测的语句"，自我在无意识中不得不按照某种话语逻辑来进行词不达意的表述。马克思哲学在批判了黑格尔的基础上，认为"世界"是自然、社会和人三者相统一的世界，其中在这个世界里联结这三者的纽带就是人的实践活动。这一下就把哲学关注点转换到现实的生活世界，使哲学开始真正关注现实的人的生存状况，因而自觉地拒斥了一切先验的教条，摆脱了经院哲学的影子，并且把现实生活实践作为自己从事哲学批判的基地。这种向"生活世界的复归"使得马克思的语言观也实现了向现实生活的回归，使语言重塑了其批判性和革命性，将人与感性世界的联系重新建立起来。

第四，哲学只是方法论，并不是教义。恩格斯在《致康·施米特》的信中指出，马克思哲学"首先是进行研究工作的指南，并不是按照黑格尔学派的方式构造体系的方法"①。在《致威·桑巴特》的信中，恩格斯更是直接说道："马克思的整个世界观不是教义，而是方法。它提供的不是现成的教条，而是进一步研究的出发点和供这种研究使用的方法。"② 这就意味着马克思哲学已经放弃了以往传统哲学对建构完美哲学体系的追求，他将自己的哲学思想高度融入对人类历史和资本主义的现实批判中，融入指导无产阶级的革命实践里。

第五，哲学不仅仅在于"解释世界"，更重要的在于"改变世界"。马克思一直倡导和主张的就是在正确解释世界后，集中力量改造世界。所以，旨在改造世界的马克思哲学，不仅重视"批判的武器"，更重视"武

①　《马克思恩格斯全集》第 37 卷，人民出版社，1971，第 432 页。
②　《马克思恩格斯全集》第 39 卷，人民出版社，1974，第 406 页。

器的批判"。他致力于将哲学引向"感性的"现实实践活动，通过批判，将哲学变成真正现实的哲学，使哲学走出"象牙塔"。而语言与存在的割裂在马克思的实践唯物主义中得以愈合，促使语言从空洞的、抽象的形式逻辑中被解救出来，成功实现向生活逻辑的转换，使人与人、人与自然、人与社会之间的关系也能在被解救的语言中重建，整个社会环境得以真实被变革重构。

（二）维特根斯坦语言观对传统哲学并没有全面超越

一是关于哲学的学术风格，维特根斯坦的语言观中处处可见传统哲学的独断和绝对风格。在西方哲学史上，西方哲学家的哲学思想具有很强的独断论倾向，比如，从古希腊时期的泰勒斯的"水是万物的'始基'"、柏拉图的"理念论"，到宗教哲学的"上帝"，以及之后黑格尔的"绝对精神"，都有独断和绝对的意蕴。同样的，在维特根斯坦的哲学著作中，此种倾向也十分明显。比如"世界是事实的综合""命题是原子命题的真值函项"等，这些观点的提出都缺乏对充足理由律的尊重和坚守。

二是与传统哲学一样，维特根斯坦哲学属于"精英派"哲学。所谓"精英派"哲学，顾名思义，即少数人才能掌握的哲学，并不具备大众普及的通识性。长期以来，传统哲学就是属于少数人的哲学，从泰勒斯到柏拉图，从亚里士多德到黑格尔，这些哲学家提出的哲学思想，基本上一般人都不能理解和掌握。尤其是在黑格尔哲学中，这一点表现得更加突出。黑格尔的逻辑学是一个"纯粹理念""纯粹思想"的超感官的世界，"逻辑科学的内容一般讲来，是超感官的世界，而探讨这个超感官的世界亦即遨游于超感官的世界"，他还认为要进入这个世界就"需要一种特殊的能力和技巧"①，也就是他提出的抽象思维的训练。维特根斯坦亦如是，他将他的哲学思想，尤其是语言观，建立在晦涩难懂的数理逻辑基础上，而数理逻辑是一个纯粹抽象的符号王国。一般民众如果未经过专门训练不可能进入这个符号王国，更有甚者，连罗素和弗雷格这样的哲学大家都难以彻

---

① 〔德〕黑格尔：《小逻辑》，贺麟译，商务印书馆，1997，第 63~67 页。

底搞清楚其真实意蕴，所以维特根斯坦的哲学观无疑是一个超级抽象的"逻辑王国"，属于"精英派"哲学。

三是忽视实践的重要性。忽视实践，理论与实践分离，这一点在传统哲学中显而易见，是传统哲学的重要缺陷。康德曾在《纯粹理性批判》中考察并批判了形而上学命题，提出一个关于"作为科学的未来形而上学"的重要问题。在康德看来，作为科学的未来形而上学的主要任务就是批判地考察理性的能力，使人无需用理性之外的能力去证实经验无法验明的甚至是自相矛盾的命题。黑格尔对此问题的回应可以从《逻辑学》中找到，在他的逻辑哲学中，他将全部哲学建立在概念王国之上，建构了一个"绝对精神"的体系，使得"精神"的地位被过度抬高。他将"精神"放在了绝对第一位，实践被过度看轻甚至忽略。而维特根斯坦无论是在前期还是后期，其哲学思想都在片面倚重语言，强调分析理想语言，通过语言的完善以实现生活的适应，所以也忽视了实践的作用。虽然在后期的研究中，维特根斯坦引入了"语言游戏""生活形式"概念，这些概念也具有实践的意蕴，但是仍旧不能脱离语言的环境，这是为了支撑他的语言哲学体系。所以语言在维特根斯坦那里就是一切，其他东西（包括实践）都是其次的。如前所述，他的语言概念带有"本体"的味道，仍旧限于"本体"思想。

关于语言的地位，马克思曾深刻指出，语言同意识均产生于人类实践，由于劳动的发展和现实的需要，人类在交流过程中逐渐创立了语言，因此语言的存在就是为人类的某种需要服务的。这就是维特根斯坦所无法达到的境界，他并没有超越语言的框架，局限在语言的小范围，忽视了语言背后的现实实践。

维特根斯坦的语言观虽然对传统哲学进行了一定的批判和颠覆，但仍旧没有实现对传统哲学的彻底超越，没有超出传统哲学的理论范式，所以它注定不会对社会实践产生更加深远的影响。

五　对哲学的根本目的和意义的认识不同

（一）马克思哲学是共产主义运动的指导思想

马克思和恩格斯将哲学作为一种思想的武器来对唯心主义、资本主义的生产制度进行最根本的革新和批判，用唯物主义哲学来武装人们的头脑，认为正确的理论一旦被人们所掌握，那么思想的武器就能转化为物质的武器，世界就能够被改变。

首先，从马克思语言观的基础来看，马克思语言观是以人的具体的历史的交往实践为基础的。马克思坚持立足实际，从实际交往活动中的人及其主体尺度出发，反省和批判传统哲学中的虚假和神秘，指出在现实生活中语言丧失其本性，被资产阶级当作掩盖其虚伪和欺骗无产阶级的工具，力图借助无产阶级的力量，恢复语言原本的属性，重新建立语言与人之间的联系，从而实现哲学对现实世界的革命。马克思从一开始就说明了自己是为无产阶级服务的，马克思哲学也具有鲜明的阶级属性，是无产阶级的哲学。马克思曾深刻指出："在德国，不消灭一切奴役制，任何一种奴役制都不可能消灭。彻底的德国不从根本上开始进行革命，就不可能完成革命。德国人的解放就是人的解放。这个解放的头脑是哲学，它的心脏是无产阶级。"① 从这里就可以看出，马克思哲学是立足实践的哲学，是为世界无产阶级服务的哲学，是立足于现实革命需要的哲学。马克思在哲学观点创立之初就自觉将哲学革命与无产阶级的自我解放、全人类解放事业紧密联系在一起，将哲学视为指导现实革命的重要"精神武器"，并在具体实践中不断丰富和发展。

其次，马克思语言观的根本指向是澄清语言的本质和功能，揭示以往被语言掩盖的真实的社会关系，揭开资本主义社会制度的保护纱，使语言向真实生活世界复归。从而帮助无产阶级借助哲学这一精神武器，推翻资本主义吃人的制度，建立共产主义社会，最终解放无产阶级自身，解放全人类。而马克思之所以要进行哲学革命，就是因为如果将所有精力都耗在对思辨哲学基地上的语句、语词的斤斤计较上，就只是在观念的世界中进行观念性的活动，不仅不能触及现实的社会实践，更使自己陷入思辨的旋涡。所以，恩格斯强调："马克思首先是一个革命家。他毕生的真正使命，就是以这种或那种方式参加推翻资本主义社会及其所建立的国家设施的事

---

① 《马克思恩格斯全集》第1卷，人民出版社，1956，第467页。

业，参加现代无产阶级的解放事业。"① 马克思对蒲鲁东的荒谬言论进行过辛辣的批判，蒲鲁东主张只要改变语言就能变革资本主义社会，这无疑是形而上的观点。马克思指出蒲鲁东理论的严重缺陷，认为语言是统治阶级控制民众思想的手段，在阶级社会中是意识形态的传播工具，破除统治阶级阻止其他阶级意识觉醒的阴谋是无法通过改变语言实现的。因为从根源上来说，给无产阶级造成痛苦和不幸的是其所处的不公平的现实社会，这个现实社会中的阶级不平等使得无产阶级一直处于底层，难以挣脱苦难的锁链，这些事实并不是单纯由语言决定的，所以一切问题的解决都要从现实的人出发。而就实现人的解放这个目标而言，就要求消灭资本主义制度，消灭国家，消除阶级对立，使每一个人都能摆脱被资本支配的异化状态，实现自由而全面的发展。届时，一切人的劳动都是自愿的、愉悦的、体现个性的，每一个人都成为真正的人。哲学是无产阶级解放自身的理论武器，也只有哲学才能成为无产阶级的重要精神武器，要摒弃各种对哲学的扭曲和污蔑，使哲学最终成为真正的哲学。

最后，从内容来看，马克思和恩格斯在《德意志意识形态》中讨论语言问题时，提出"'精神'从一开始就很倒霉，注定要受物质的'纠缠'"②，而所谓的精神在这里就是语言的代名词。也就是说，语言是一种关于现实的意识，并非像传统哲学所认为的有独立存在的空间，而意识从一开始就受物质的"纠缠"，是依附于物质而存在的。语言是意识的表达，也是依附于物质的。所以在马克思语言观中，"意识［das Bewuβtsein］在任何时候都只能是被意识到了的存在［das bewuβte Sein］"③。所以，不是社会意识决定社会存在，而是社会存在决定社会意识。由此，马克思直接道破了意识和存在的关系：社会存在决定社会意识，而意识在某种程度上能动反映社会存在。所以，语言作为一种现实的意识的表达，也受社会存在的制约，由社会存在决定。在这之后，马克思在讨论语言的产生、语言的使用主体、语言的功能等问题时分析了语言与现实存在的关系，最终定

① 《马克思恩格斯文集》第 3 卷，人民出版社，2009，第 602 页。
② 《马克思恩格斯全集》第 3 卷，人民出版社，1960，第 34 页。
③ 《马克思恩格斯选集》第 1 卷，人民出版社，2012，第 152 页。

义语言为"思想的直接现实",是"感性的自然界"。由此,马克思哲学在内容上就是实践的、革命的,要求一切从现实出发。无论是马克思对传统哲学语言观的批判,还是对资产阶级语言的批判,都折射出马克思的革命性哲学思想,即要求用哲学消灭阶级,把哲学变成现实。

(二) 维特根斯坦哲学是资产阶级的改良性哲学

维特根斯坦在前期建构了"语言图像论",意在说明哲学的全部问题就是语言问题。在《逻辑哲学论》的序言中,维特根斯坦认为哲学之所以会产生这样或那样的问题,追根溯源就是因为我们在使用语言时产生了逻辑上的混乱和错误,正是因为从一开始就出现的这些错误才产生了哲学的问题。也就是说,哲学本是用来澄清我们不清楚的东西,使得我们的思想变得明了,世界是可以描述的,所以要想不使哲学出现混乱,就要限定语言,即从逻辑形式上限定语言、澄清思想。而这之后,"哲学中正确的方法是:除了可说的东西,即自然科学命题——也就是与哲学无关的某种东西之外,就不再说什么"[①]。因为在维特根斯坦看来,哲学只是用来描述,没有自己的问题和命题,只需将思想的界限划清,是揭示科学命题的意义和形而上学命题的无意义的分析活动。其他一切重要的问题,如自然科学问题只待它随着时间自己出现答案,什么都没必要,所以维特根斯坦直接宣告了哲学的消亡。

在后期,维特根斯坦转向对日常语言的研究,认为"哲学是一场战斗,它反对的是用我们的语言作为手段来消磨我们的理智"[②],"哲学问题的形态是:'我不知道出路何在'"[③]。他给他的学生举了一个逃生的例子,主要内容是一个人想从一个狭窄的房子逃生,他一直试图从窗户、烟囱中出去,但窗户太高、烟囱太窄,于是他一直不得其法而被困死,但其实只要这个人转身就会发现他身后就开着一扇门。所以这就是一种固定思维甚至是狭隘思维的局限和可悲之处,他认为从事哲学的目的是"给捕蝇瓶里

① 〔奥〕路德维希·维特根斯坦:《逻辑哲学论》,贺绍甲译,商务印书馆,1996,第104页。
② 〔奥〕路德维希·维特根斯坦:《哲学研究》,李步楼译,商务印书馆,1996,第109页。
③ 〔奥〕路德维希·维特根斯坦:《哲学研究》,李步楼译,商务印书馆,1996,第123页。

的苍蝇指明飞出去的途径"①。而根据他所述，哲学活动进行到最后应达到"完全的明晰性"，也就是如果哲学有什么真正发现的话，那只是"使我能够在想从事哲学时终止哲学，让哲学安息"，这意味着哲学问题的消失。"并没有一种哲学方法，尽管的确有许多方法，正如有不同的治疗法一样。"② 这也就是所谓的"治疗性哲学"。维特根斯坦说："哲学的目的在于治疗。"哲学本来没有哲学问题，这些问题的出现是由于哲学家误用了我们的日常语言，说了不该说的话，所以我们需要对哲学的研究过程进行"治疗"，消除哲学问题。但在哲学问题被消解之后，哲学也就不复存在了。根据维特根斯坦的理念，哲学存在和哲学的价值也就被否定了，所以这种哲学失去了以往的神秘光环，以哲学的方式"毁灭"了哲学，让人不禁一直思考如果哲学还存在，它将以何种形式存在、如何存在？这也就是后来有人称维特根斯坦的哲学是"自杀性哲学"的原因。

在维特根斯坦看来，传统哲学的问题就是语言误用的问题，要消除哲学问题，我们必须研究语言的逻辑结构或逻辑句法。通过对语言进行逻辑分析来消除传统哲学问题，并把语言分析作为自己哲学的任务。他提出，"哲学不是自然科学之一。哲学的目的是从逻辑上澄清思想。哲学不是一门学说，而是一项活动"，"可以说，没有哲学，思想就会模糊不清：哲学应该使思想清晰，并且为思想划定明确的界限"。③

维特根斯坦哲学没有跳出阶级基础的局限，仍旧停留在对语言本身的研究，而不是研究语言所处的社会关系本身。类似的情形黑格尔派也存在，当时的黑格尔派也仅仅局限在与思维本身的斗争，仅仅从观念、思想、意识等方面进行批判和改变，认为就是这些东西禁锢了人类，使我们不得自由，殊不知这样的思想才是人们在面对这个社会时的自我禁锢，用这些思想、观念的错误来麻痹自己不是社会制度、社会现实本身出了问题，所以在马克思看来"青年黑格尔派只要同意识的这些幻想进行斗争就

---

①　L. Wittgenstein, *Philosophical Investigations*, Oxford：Wiley-Blackwell, 2009, p. 110.

②　〔奥〕路德维希·维特根斯坦：《逻辑哲学论》，贺绍甲译，商务印书馆，1996，第 48 页。

③　〔奥〕路德维希·维特根斯坦：《逻辑哲学论》，贺绍甲译，商务印书馆，1996，第 48 页。

行了"①。维特根斯坦的哲学将本末倒置，既不是改造世界的思想武器，也不能给人们带来解放的现实路径，只是对现有制度的一种"换位思考"，以语言的问题掩盖了真实的、严峻的社会关系。他不能主张摧毁现行的资本主义制度，也不建议去建立新的理想的社会制度。虽然他的哲学关注实践，但关注的主要是语言的实践，并未触动社会的根基，没有深入探讨现实的人的问题。所以，维特根斯坦的语言观、他的哲学思想从根本上仍属于资产阶级的哲学思想。

六 影响不同

（一）马克思语言观的后续影响和时代回应

马克思语言哲学与其他语言哲学有着根本区别，马克思语言哲学将其"阿基米德点"建立在现实的人的交往实践的基础上，主张让哲学成为无产阶级进行解放与革命的思想武器。正是因为如此，马克思语言哲学传播甚广、流传甚远、影响巨大。尤其是 20 世纪以来，马克思语言观从理论和实践上都有巨大的后续影响。

一是马克思语言观在理论上的影响。西方马克思主义在反思欧洲社会危机和无产阶级解放运动的失败经历过程中，产生了人本主义以及科学主义两个哲学流派，二者对马克思主义阐释的角度不同。这两个路向都不约而同地关注和发展了语言。主要表现有，国外马克思主义者都坚持马克思语言观的实践的观点，坚持从语言具体的历史、文化、社会政治等现实条件出发，认为语言是一种社会意识形态的表达方式，注重观察语言所处的社会历史背景。本雅明从传统浪漫主义出发，认为"通过名的力量，词语才有对物的意向；词句通过名来参与物"②。也就是说，语言的存在意义是通过物来表现的，语言与实际存在具有一致性，而那些仅仅将语言作为意识形态工具的做法使得语言沦为了权力意志的工具，不再是事实语言，仅

---

① 《马克思恩格斯全集》第 3 卷，人民出版社，1960，第 22 页。
② 王雨辰、张星萍：《马克思恩格斯的语言哲学思想及其对国外马克思主义的影响》，《哲学动态》2019 年第 1 期，第 31~40 页。

仅是"判断"。葛兰西和阿尔都塞等人继承和发展了马克思和恩格斯将语言与现实社会中的物质生产、社会交往、意识形态等要素联系起来的观点，对语言等有关意识形态方面的理论进行进一步的深入研究，从而对资本主义语境下的语言的使用和价值进行批判。葛兰西认为："语言既是一种活生生的东西，又是生活和文明的化石的博物馆。"① 语言是反映社会现实的东西，不管是真实的语言还是虚假的语言，都折射出现实社会的真实情况。在资本主义社会中，语言被统治阶级用来包装其真实政治目的，将其世界观和文化要素包裹其中，而掌握对市民的话语领导权。在阿尔都塞看来，意识形态在阶级社会中并不具有其原来的本质特性，统治阶级为了确保自己统治地位的合理性和长久性，利用意识形态的反作用来服务自己阶级的利益，从而使得自己的地位和利益具有合法合理性，也让整个社会的人拥护他。所以要使整个社会的人都能对统治阶级保持敬畏，心甘情愿地为统治阶级的利益服务，就需要用意识形态来对人们头脑中的思想进行"培养"和"改造"。这表明了在阶级社会中意识形态与现实实践的联系被人为割裂，意识形态不再是现实的能动反映，而是一种服从统治集团的价值观、营造虚假的个体生存状况的意识形态。

另外，马克思和恩格斯之所以关注到语言的问题是因为过去传统哲学中的"主词—谓词"的颠倒使得真正的人与人、人与自然、人与社会之间的关系被隐藏。马克思和恩格斯向来坚持实事求是，致力于从历史唯物主义的立场揭露资本主义的丑陋面貌，为无产阶级寻找真正解放、改变悲惨命运的道路，实现全人类的自由。这种对现实的关怀不同于经院学派的"就事论事"的哲学理论，这在后来的马克思主义者身上都有体现，无论是文化救赎理论还是各类心理研究，再到之后的交往行动理论，从语言批判到意识形态的批判，从语言革命到话语革命，都是旨在将被语言异化而被控制的人从资本主义虚幻的谎言中唤醒，使之能够奋起革命，掌握自己的话语，让每个人自由而全面发展。

二是马克思语言观在实践层面上的影响。马克思主义哲学的发展为共

① 〔意〕安东尼奥·葛兰西：《狱中札记》，曹雷雨、姜丽、张跣译，中国社会科学出版社，2000，第 367 页。

产主义运动的进行提供了思想的武器，是共产主义运动的最高指导思想。从 1847 年共产主义者同盟的成立开始，无产阶级政党正式在世界的政治舞台上亮相，并在国际阶级斗争中开启了轰轰烈烈的共产主义运动。即使在马克思和恩格斯相继去世后，无产阶级的斗争仍旧不止，尤其是无产阶级在列宁领导下取得了俄国十月革命的胜利，建立了世界上第一个社会主义国家，以及今天中国在社会主义事业建设中取得的全面胜利，无一不是以马克思主义理论为行动指南的。所以，"各国共产党人根据对社会主义社会的一些基本原则的认识和本国具体实际进行社会主义建设探索的成功经验，建立了社会主义政权和基本社会制度……人们对社会主义的认识是清楚的……才有世界范围的用马克思主义指导的社会主义运动"①。另外，马克思主义哲学也为资本主义的发展提供了改善的方法，使得资本主义社会在部分接纳了马克思的哲学理论后快速发展。比如，在 2008 年金融危机爆发后，马克思的《资本论》一度成为最畅销的书籍。马克思早就对资本社会的巨大生产力和其中的革命潜力做了许多精准的预测，"由于需要不断扩大产品的销路，资产阶级就不得不奔走全球各地。它不得不到处钻营，到处落户，到处建立联系"②。"资产阶级既然榨取全世界的市场，这就使一切国家的生产和消费都成为世界性的了……挖掉了工业脚下的民族基础"③，"过去那种地方的和民族的闭关自守和自给自足状态已经消逝"④，"民族的片面性和狭隘性已日益不可能存在"⑤，取而代之的是各个民族的普遍交往。马克思的辩证法、唯物史观等方法论也为克服资本主义的局限提供了可行的理论依据。熊彼特、凯恩斯和哈耶克等人深入研究马克思的理论与方法，促使"国家调控经济""福利国家"等政策的出台，在一定意义上使得社会主义与资本主义不断趋同，促使资本主义继续发展。

---

① 崔月娟主编《毛泽东思想和中国特色社会主义理论体系概论》，中国广播电视出版社，2010，第 69 页。

② 《马克思恩格斯全集》第 4 卷，人民出版社，1958，第 469 页。

③ 《马克思恩格斯全集》第 4 卷，人民出版社，1958，第 469 页。

④ 《马克思恩格斯全集》第 4 卷，人民出版社，1958，第 470 页。

⑤ 《马克思恩格斯全集》第 4 卷，人民出版社，1958，第 470 页。

（二）维特根斯坦语言观的哲学影响

维特根斯坦哲学对当代西方哲学的发展所产生的影响是广泛的、深远的。他是当代西方哲学最有影响的、最重要的哲学家，也是当代分析哲学的首创者之一。其后续影响主要表现在以下方面。

一是对哲学有了全新的角度阐释，开辟了西方哲学的道路。维特根斯坦认为，传统哲学问题根源于对语言逻辑的误解，真正的哲学工作应是运用逻辑工具划清可说的与不可说的界限。他指出哲学家们常常脱离语言在日常生活中的实际运用场景，将词语从具体语境中抽离出来进行抽象思辨，这种"语言空转"现象导致概念被赋予超出其原始功能的形而上学意义。例如混淆逻辑语法与经验事实，将"存在""时间"等语词当作实体来追问本质，实则是语法结构误导思维产生的虚假问题。在《逻辑哲学论》中，维特根斯坦将哲学视为揭示语言陷阱的工具，哲学研究就是通过阐明思想和语言逻辑的方式，明晰哲学问题的界限。

维特根斯坦提出，"全部哲学就是语言批判"[①]，主张通过"语言批判"来解决传统哲学问题。在后期，他提出语言游戏理论，强调语词意义取决于其在具体生活实践中的使用规则。这种批判性分析揭示出传统形而上学常将"心灵""意志"等概念固化为神秘实体，实则这些词语不过是人类在特定"生活形式"中发展出的不同语法工具。维特根斯坦通过语言批判的研究方式，拆解了传统哲学对普遍本质的执着追求，将哲学任务转向对语言误用的治疗。这种批判分析方式不仅开启了理解语言作为社会实践的新维度，促成日常语言学派的产生与发展，更对逻辑经验主义和后现代主义产生了深远影响。

二是推进逻辑实证主义的发展。维特根斯坦将哲学视为划定语言表达界限的工具，从根本上影响了逻辑原子主义理论范式，更通过维也纳学派的传播，深刻影响了逻辑实证主义的证实原则及当代分析哲学的语言转向运动。该学派在《逻辑哲学论》"凡可说的皆可说清"原则指导下，将命

---

① 〔奥〕路德维希·维特根斯坦：《逻辑哲学论》，贺绍甲译，商务印书馆，1996，第42页。

题的逻辑分析推向极致，尤其重视对"图像论"中命题与事实同构关系的应用性阐释。这种将哲学科学化的努力，恰与维特根斯坦后期主张的"意义即用法"形成思想史张力，折射出 20 世纪分析哲学从逻辑建构向日常语言分析的重要转折。

三是促进日常语言学派的发展。后期维特根斯坦提出"语言游戏说"，将哲学研究中的本质主义倾向转向了对现实的具体讨论，把语言看成人类的一种活动，语言的意义是由语言的具体使用来规定的。如此一来，语言分析的领域就被拓宽了，语言的语用分析代替了逻辑的语形分析。之后牛津学派的奥斯汀创立的"语言行为说"就是对维特根斯坦的"语言游戏说"的继承和发展，他主张对日常语言进行透彻分析，对各种用法加以系统的和细微的分类。英国著名哲学家艾耶尔曾指出："有一种流传很广的看法认为，在第二次世界大战以后的岁月里，英国哲学界为所谓的语言哲学所把持。人们认为它是逻辑实证主义的一个分支，而且那些非专业的评论家们还把这个名词不分青红皂白地安在象维特根斯坦和他在剑桥的学生吉尔伯特·赖尔及其在牛津的追随者以和我本人的各种各样的作品头上。"① 总之，维特根斯坦后期语言哲学观点对现代语言哲学产生了深远影响。

四是提出了哲学与科学的界限。长期以来，很多哲学家都在哲学与科学这两者的关系问题上栽过跟头，很少有人能够真正将两者区分界定清楚。维特根斯坦认为："哲学不是自然科学之一。"② 在早期，他严格区分"可说"与"不可说"的领域。在维特根斯坦看来，自然科学研究的是可被命题描述的经验事实，而哲学研究的是以逻辑分析揭示语言表达的界限。在后期，他以"说明"和"描述"为核心将科学方法与哲学方法区分开来。他认为，传统哲学试图用科学式"说明"来统摄诸如"时间""存在"等概念时，会导致将具体语词从其使用情境中抽离，制造出虚假的哲学问题。而把科学的方法运用于哲学研究，会将概念与其鲜活的生活样态

---

① 〔英〕艾耶尔：《二十世纪哲学》，李步楼等译，上海译文出版社，1987，第 266 页。
② 〔奥〕路德维希·维特根斯坦：《逻辑哲学论》，贺绍甲译，商务印书馆，1996，第 48 页。

割裂。因为"科学知识中不存在良好的或值得欲求的东西"①，这种科学主义倾向不仅遮蔽了语言游戏固有的多样性，更将导致人类丧失对生命体验的敏感度。当所有事物都必须转化为可量化的数据才能被理解时，那些构成人性本质的哲学追问都将陷入无意义的困境。

第三节　两者比较的综合分析和结论

一　从维特根斯坦看分析哲学的得与失

维特根斯坦是分析哲学的代表之一。从以上比较分析可以看出，维特根斯坦等分析哲学家的哲学变革既有对哲学解释创新的一面，为我们进行哲学研究提供了诸多新的思路和方向，但也存在许多不足之处。

维特根斯坦对分析哲学的主要贡献在于以下这几方面。

第一，强调语言中介和分析工具，澄清了不少哲学疑难问题。

从莱布尼茨开始，西方哲学家就不断有人指出日常语言的不精确性，认为日常语言不能够很好地表达哲学命题，并产生许多不必要的误解和问题。现代逻辑的发展，对分析哲学起很大的促进作用，借助逻辑分析，对形而上学的有效性和合理性提出新的、更明确的回答，对于澄清科学陈述中的语词的意义以及各种概念，都起到重要作用。与罗素一样，前期维特根斯坦相信世界和语言具有同构性。这里所说的"语言"，并不是我们理解的日常语言，而是所谓"理想语言"，也就是一种能用"完善的逻辑"表达的语言。早期的分析哲学家从这一点出发，希望能够构造一种人工的理想语言，这种语言因为其有"完善的逻辑"，使得哲学能够变得更精确，哲学问题变得更容易解决。所以，这种理想语言所要求的"完善的逻辑"，也就是指这些逻辑是清楚唯一的，有其内在的规律和排序，因而人们在理解和研究过程中不会产生歧义，与世界之间也存在着不可替代的同构关系。

① 〔奥〕路德维希·维特根斯坦：《文化与价值》，许志强译，浙江文艺出版社，2002，第100页。

维特根斯坦等人所创立和倡导的语言分析方法是分析哲学最重要的理论成果，对思想文化的创新发展及其他各方面的进步都有重要影响。虽然不能避免其中的短处，比如过分夸大了逻辑分析的地位和用处，将语言的逻辑分析看成了全部的哲学研究。但语言分析仍旧有其重要的指导意义，它能帮助我们有效避免逻辑混乱造成的思想不清，使我们对概念保持一定程度上的清晰，所以是一种重要的研究方法，值得学习和掌握。

第二，使哲学分析方法的地位空前提升。

维特根斯坦的哲学分析方法促使分析在哲学研究中的地位得到空前提升。与以往的哲学家不同，维特根斯坦并不致力于建构庞大的哲学体系，而是主张从小问题着手来解决哲学问题。前期维特根斯坦将哲学研究集中在通过哲学上的语言形式或者逻辑分析来研究语言与实在的交叉和最终结构；到了后期，维特根斯坦由于受摩尔等日常语言学派学者的影响，发现自己在前期的哲学研究中有所不足，于是维特根斯坦转向注重研究概念的各种特征，以及概念之间有无关系，强调概念分析法。这之后还有一些分析哲学家坚持从数学和物理学科角度出发，强调哲学的概念研究和论证方法应该是如同自然科学那样非常精确。逻辑经验主义者更是严格要求这一点，所以他们采用了数理逻辑的分析方法进行研究，并创立了一套技术术语。

分析方法对后来西方现当代哲学都产生了重大影响，20 世纪 70 年代兴起的"分析学派马克思主义"就是运用现代数学、数理逻辑和模型分析等手段来研究马克思主义的基本理论，试图为其确立"微观基础"。不过应该指出，维特根斯坦等分析哲学家的分析方法存在一些缺陷。其一，片面强调分析方法的使用。分析哲学家几乎将所有的精力都用来验证分析方法在哲学研究中的必要性，以至于分析方法已经不是作为一种方法而存在，而是作为哲学的内容而存在了。正如罗素《我们关于外间世界的知识——哲学上科学方法应用的一个领域》所言："每一个哲学问题，当它接受必要的分析和净化时，都可发现它要么根本不是哲学问题，要么在我们使用逻辑一词的意义上说是逻辑问题。"① 其二，往往把语言的内容和形

---

① 〔英〕罗素：《我们关于外间世界的知识——哲学上科学方法应用的一个领域》，陈启伟译，上海译文出版社，1990。

式割裂开来，使得内容缺骨、形式缺魂。其三，片面强调哲学研究的科学性，使得在过于倚重分析方法之后出现了综合性不够，如此一来，最终的研究成果往往显得烦琐，无法对认识对象进行全面、概括和综合的说明。

第三，强化了语言的意义研究，并从语言的意义来研究世界的意义。

维特根斯坦曾明确指出："命题的意义是它被证实的方法。意义本身是一种证实方法，这种方法不是手段，也不是工具。"① 他认为判断一个命题有无意义的标准：一是看它是否合乎逻辑句法规则，二是看它是否构成实在的逻辑图像。维特根斯坦说："我们不能思想非逻辑的东西，否则我们就必须非逻辑地思想。"② 这就是说，命题要想有意义，就必须合乎逻辑句法规则。而人们可以思想和表达的只能是合乎逻辑的东西，因此有意义的命题不可能有逻辑错误。早期的逻辑实证主义者，特别是被称作维也纳学派主要代表人物的石里克，在意义的证实问题上深受维特根斯坦的影响。他曾说："陈述一个句子的意义，就等于陈述使用这个句子的规则，这也就是陈述证实（或否证）这个句子的方式。一个命题的意义，就是证实它的方法。"③ "可证实性的意思就是证实的可能性。"④ 所以，石里克提出的证实原则强调的是证实的可能性而不是证实的实际实施过程。这种证实的可能性是与命题的逻辑句法规则相关的"逻辑可能性"，而不是同自然规律不矛盾的"经验可能性"。他还强调："当我们讲到可证实性时，是指证实的逻辑可能性，除此以外，没有任何别的意思。"⑤ 在石里克看来，一个命题是"逻辑上可能的"，它就是有意义的；反过来，一个命题是"逻辑上不可能的"，它就是无意义的。石里克关于命题意义的可证实原则实际上是在维特根斯坦的直接影响下提出的，强调证实是一种逻辑上的可能性，两者之间确实有一定的亲缘关系。

---

① 〔奥〕路德维希·维特根斯坦：《维特根斯坦与维也纳学派》，徐为民译，同济大学出版社，2004，第186页。
② 〔奥〕路德维希·维特根斯坦：《逻辑哲学论》，贺绍甲译，商务印书馆，1996，第31页。
③ 洪谦主编《逻辑经验主义》上卷，商务印书馆，1982，第39页。
④ 洪谦主编《逻辑经验主义》上卷，商务印书馆，1982，第39页。
⑤ 洪谦主编《逻辑经验主义》上卷，商务印书馆，1982，第47页。

维特根斯坦分析哲学存在以下几个方面的不足。

第一，反形而上学不够彻底。

维也纳学派一直强调要消灭形而上学，认为哲学就是利用现代逻辑的成果对形而上学的有效性和合理性问题进行逻辑分析，通过对语言的逻辑分析可以彻底地清除形而上学。维特根斯坦虽然也用逻辑分析的方法去批评形而上学，认为形而上学命题是无意义的命题，但他并不反对、没有选择去清除形而上学。虽然维特根斯坦在后期推翻了自己前期的理论，但是前后期都旨在建立一种理想的语言，从而为其语言哲学构建一种重要框架，这种思想总是透露着要把理想语言看成世界的"本体"的意味。他将"世界"还原为单纯的"语言世界"，如前所述，这其实是传统形而上学思维模式的翻版。他致力于摧毁形而上学所主张的实体性本体论，但在摧毁过程中，他为了验证形而上学的本体和摧毁这个本体，反而亲自造了另外一个本体出来。所以，从这个意义上来讲，维特根斯坦反形而上学是不彻底、不成功的，只是在一定程度上进行了清理，并未超越形而上学。

第二，维特根斯坦的哲学主要围绕语言分析，将哲学的研究范围缩小了。

维特根斯坦等分析哲学家只关心清晰地描述世界，将语言分析视为哲学的使命，把语言分析作为突破口，把现代逻辑作为精确分析的工具，对表述哲学思想的语言进行逻辑分析和语义分析，使哲学逻辑化、科学化和分析化，希望以此来达到哲学思想的明晰性和确定性，从此解决哲学问题也有了固定的公式。但维特根斯坦等人却没有辩证地看问题。语言问题虽然确实是个重要问题，但绝不可能成为人类实践活动中的唯一问题，甚至从事实出发，语言问题也不是人类活动中的根本性的、唯一重要的问题。人类生活丰富多彩，语言活动作为人类活动的其中之一并不能代表所有活动，所以语言问题也不是人类全部的问题。"不管分析方法怎么重要，都只能是一种研究的方法，而不应当也不能够代替哲学研究本身。"① 分析哲

---

① 胡玻：《拒斥形而上学——论分析哲学对形而上学的批判》，《重庆社会科学》2003 年第 3 期，第 43~46 页。

学企图使哲学服从思想观念之外的语言与逻辑，不免陷入语言形而上学或逻辑形而上学。哲学不是逻辑的分支，哲学与逻辑分别管理着思想观念世界里的"内容"与"形式"两个层面的事务。哲学为了达到内容清晰的境界，可以借助逻辑的方法来对表述哲学的语言予以必要澄清，但是逻辑技术是中立性的，所以哲学问题不是语言问题或逻辑问题，逻辑形式上的澄清也不足以使语言问题真正清晰。如果哲学研究被困于语言问题研究，那么哲学的边界将缩小，哲学思考就会被限于语言圈子，哲学思考也不叫哲学思考，只是语言思考而已。因此，单纯看到语言问题的分析哲学并不是哲学研究的最佳路径，在这一方面的倾斜会使得整个哲学都是缩小版的哲学，只有超越分析哲学的范围，哲学本身才能有其自身的意义，才有新的发展。

第三，维特根斯坦的哲学缺少实践的支撑，脱离了实际。

一般判断一种哲学是否建立在现实基础之上，关键要看它是否能让绝大多数人获益，是否能使尽可能多的人得到好处，是否有利于最广大人民群众的身心发展。维特根斯坦的哲学思想是以"语言"为基础的，他的前、后期哲学分别根植于理想语言（逻辑语言）和日常语言，通过对这两种语言进行分析，确定我们关于世界的认识。他的哲学工具是逻辑分析方法，用逻辑分析方法来确定命题的意义。他摒弃了过去传统哲学中的关于哲学本体、本质、价值、意义等观念，对后来的分析哲学的发展产生了重大影响。分析哲学家过分注重哲学研究的科学性，将注意力集中于那些细小的问题，反而忽略了对哲学基本问题的研究，这种做法违背了哲学的本质属性。尤其是纯粹的数理逻辑分析使得哲学研究与现实实践背道而驰，成为一种纯粹学院式的研究。正如怀特海所言，罗素、摩尔以及维特根斯坦等的哲学不同于传统哲学，他们并不认为哲学一定要批判现实，一定要囊括科学、艺术、道德、宗教等各个方面。相反，他们大多反其道而行之，对一些涉及公共社会的问题避而不谈，对社会的一切都置若罔闻，好像这些都与他们无关，他们又一次将哲学束之高阁。所以，维特根斯坦的哲学倾向即分析语言问题，将哲学的分析和研究带离了现实世界，使哲学远离人类生活。

二 马克思的语言观对语言哲学进行完善补充和创新发展

马克思和恩格斯虽然对语言的论述不多，也并没有对语言进行专门的分析写作，但在马克思和恩格斯的各个经典著作中都可见其对语言的考察分析。马克思主义哲学从诞生起就坚持立足实践、坚持用辩证的眼光和思维去分析和解决问题，所以马克思主义哲学对完善语言哲学起着非常重要的作用。

马克思恩格斯认为："凡是把理论导致神秘主义方面去的神秘东西，都能在人的实践中以及对这个实践的理解中得到合理的解决。"① 即任何意识上的、主观方面的困惑都能经由实践而诉诸客观并在客观世界中找到答案。对于世界的已知的验证、未知的考察都可以通过实践来得到答案。语言是社会意识形态表达的一种方式，从某种意义上来说也是一种特殊的实践方式，所以关于语言的问题也可以从实践中去寻找答案，同时这种实践一定是与语言有关的具体的、历史的实践，而不是任何一种实践。维特根斯坦只看到语言的表述事实的句词，并没有看到语言还是对历史发展的感受、价值、意义的表达，这些意义性的语言无法简单用"语言—逻辑"这样的公式来说明，只有将语言真正置于当下的社会历史背景之中，才能实现对语言问题的解答。由此就会发现，维特根斯坦关于语言界限的划分是多么不合理，认为语言问题就是世界问题本身这一想法是多么片面，这使得语言本身孤立、静止。因为世界本身是处在各种联系之中的，世界上没有一个事物不是与其他事物相互联系的，语言也是如此。另外，马克思和恩格斯也强调了语言与实在关系中的语言的能动作用。他们认为在使用语言的过程中，语言主体之间的沟通好坏，会直接对实践本身产生影响，这种辩证的分析也克服了语言哲学的缺陷。马克思和恩格斯在对语言的分析中还着重强调了人的主体性的重要性。马克思哲学中非常核心的一点就是对现实的人的重视，在马克思恩格斯看来，对世界的认识是以现实的人的特性为中介的，人们对于实在经验的认识和对于世界的认知产生于主客体

---

① 《马克思恩格斯选集》第 1 卷，人民出版社，1972，第 18 页。

之间的相互作用，所有的认知源于实践，而不是源于语言的理性分析，而在认识与实践之间就是人的参与在起作用。所以马克思非常重视人和实践这两个因素，强调在实践中解决语言和哲学问题。

　　总之，马克思哲学确实是哲学史上最伟大的创举。维特根斯坦的分析哲学思想虽然引起了哲学视角的转换，使西方分析哲学从倚重与偏爱逻辑分析转而关注语言哲学和生活世界哲学，但从其哲学关怀的范围、价值功用等方面来看，其哲学理论没有达到马克思的高度。马克思哲学不仅"解释世界"，更重要的是实现了哲学与无产阶级的有机结合，为"改变世界"找到了可行的道路。

参考文献

一　著作

《马克思恩格斯全集》第 1、2、3、4、13、20、23、27、37、40、42 等卷，人民出版社，1956~1985。

《马克思恩格斯选集》1~4 卷，人民出版社，2012。

马克思：《资本论》第 1 卷，人民出版社，2001。

毛泽东：《建国以来毛泽东文稿》第 11 卷，中央文献出版社，1996。

〔古希腊〕柏拉图：《巴曼尼德斯篇》，陈康译注，商务印书馆，1982。

全增嘏主编《西方哲学史》（上、下），上海人民出版社，1983。

北京大学哲学系外国哲学史教研室编译《古希腊罗马哲学》，商务印书馆，1961。

〔德〕康德：《实践理性批判》，关文运译，商务印书馆，1960。

〔德〕康德：《未来形而上学导论》，庞景仁译，商务印书馆，1982。

〔德〕康德：《判断力批判》（上），邓晓芒译，人民出版社，2002。

〔德〕黑格尔：《法哲学原理》，范扬、张企泰译，商务印书馆，1961。

〔德〕黑格尔：《哲学史讲演录》第 1 卷，贺麟、王太庆等译，商务印书馆，1978。

〔德〕黑格尔：《小逻辑》，贺麟译，商务印书馆，1997。

〔德〕黑格尔：《精神现象学》上卷，贺麟、王玖兴译，商务印书馆，1962。

〔德〕海德格尔：《面向思的事情》，陈小文、孙周兴译，商务印书馆，1999。

〔德〕海德格尔：《形而上学导论》，熊伟、王庆节译，商务印书馆，1996。

任平：《创新时代的哲学探索：出场学视域中的马克思主义哲学》，北京师范大学出版社，2009。

任平：《当代视野中的马克思主义》，江苏人民出版社，2003。

任平：《走向交往实践的唯物主义——马克思交往实践观的历史视域与当代意义》，人民出版社，2003。

吴晓明：《形而上学的没落——马克思与费尔巴哈关系的当代解读》，人民出版社，2006。

吴晓明：《哲学之思与社会现实——马克思主义哲学的当代意义》，武汉大学出版社，2010。

吴晓明：《思入时代的深处——马克思哲学与当代世界》，北京师范大学出版社，2006。

俞宣孟：《本体论研究》，上海人民出版社，2005。

〔英〕罗素：《西方哲学史》上卷，马元德译，商务印书馆，1982。

〔英〕M. 麦金：《维特根斯坦与〈哲学研究〉》，李国山译，广西师范大学出版社，2007。

〔英〕M. 怀特编著《分析的时代——二十世纪的哲学家》，杜任之主译，商务印书馆，1981。

〔英〕艾耶尔：《二十世纪哲学》，李步楼等译，上海译文出版社，1987。

〔英〕梅格纳德·德赛：《马克思的复仇：资本主义的复苏和苏联集权社会主义的灭亡》，汪澄清译，中国人民大学出版社，2006。

〔英〕戴维·麦克莱伦：《马克思传》，王珍译，中国人民大学出版社，2008。

〔德〕费尔巴哈：《费尔巴哈哲学著作选读》上卷，生活·读书·新知三联书店，1959。

〔德〕亨利希·肖尔兹：《简明逻辑史》，张家龙译，商务印书馆，1977。

〔德〕哈贝马斯：《后形而上学思想》，付德根等译，译林出版社，2001。

〔德〕弗·梅林：《马克思传》，樊集译，人民出版社，1973。

〔奥〕路德维希·维特根斯坦：《维特根斯坦与维也纳学派》，徐为民译，同济大学出版社，2004。

〔奥〕路德维希·维特根斯坦：《逻辑哲学论》，贺绍甲译，商务印书馆，1996。

〔奥〕路德维希·维特根斯坦：《哲学研究》，李步楼译，商务印书馆，1996。

〔美〕成中英：《论中西哲学的精神》，东方出版中心，1991。

〔美〕理查德·尼克松：《真正的和平》，张光远译，新华出版社，1985。

洪谦主编《逻辑经验主义》上卷，商务印书馆，1982。

涂纪亮：《维特根斯坦后期哲学思想研究：英美语言哲学概论》，武汉大学出版社，2007。

张学广编著《维特根斯坦：走出语言囚笼》，辽海出版社，1999。

徐友渔：《"哥白尼式"的革命——哲学中的语言转向》，生活·读书·新知三联书店上海分店，1994。

孙正聿：《哲学通论》，辽宁人民出版社，1998。

张汝伦：《历史与实践》，上海人民出版社，1995。

张庆熊、周东林、徐英瑾：《二十世纪英美哲学》，人民出版社，2005。

叶秀山、王树人总主编《西方哲学史》第八卷，凤凰出版社、江苏人民出版社，2005。

陈启伟：《西方哲学论集》，辽宁大学出版社，1998。

赵汀阳：《走出哲学的危机》，中国社会科学出版社，1993。

杨祖陶：《康德黑格尔哲学研究》，武汉大学出版社，2001。

杨祖陶：《德国古典哲学逻辑进程》，武汉大学出版社，2002。

孙伟平：《价值论转向——现代哲学的困境与出路》，安徽人民出版社，2008。

〔美〕王浩：《超越分析哲学》，徐英瑾译，浙江人民出版社，2010。

王治河：《后现代哲学思潮研究》，北京大学出版社，2006。

（清）黄宗羲原著，全祖望补修《宋元学案》第1册，中华书局，1986。

石斌：《杜勒斯与美国对苏战略》，中国社会科学出版社，2004。

吴冷西：《十年论战——1956—1966 中苏关系回忆录》（下），中央文献出版社，1999。

杨耕：《为马克思辩护》，黑龙江人民出版社，2002。

俞吾金：《实践诠释学：重新解读马克思哲学与一般哲学理论》，云南人民出版社，2001。

韩林合：《〈逻辑哲学论〉研究》，商务印书馆，2000。

王荣栓：《重读马克思》，人民出版社，2007。

仰海峰：《形而上学批判——马克思哲学的理论前提及当代效应》，江苏人民出版社，2006。

崔唯航：《马克思哲学革命的存在论阐释——从理论哲学到实践哲学》，中国社会科学出版社，2005。

江怡：《维特根斯坦传》，河北人民出版社，1998。

杨学功：《超越哲学同质性神话——马克思哲学革命的当代解读》，北京大学出版社，2010。

赵剑英、叶汝贤主编《马克思哲学的当代意义》，社会科学文献出版社，2006。

干成俊：《马克思哲学本体论及其当代意义》，安徽人民出版社，2006。

张一兵主编《马克思哲学的历史原像》，人民出版社，2009。

孙伯鍨、张一兵主编《走进马克思》，江苏人民出版社，2001。

俞可平、黄卫平主编：《全球化的悖论》，中央编译出版社，1998。

韩林合：《分析的形而上学》，商务印书馆，2003。

江怡：《维特根斯坦——一种后哲学的文化》，社会科学文献出版社，1998。

朱水林主编《逻辑语义学研究》，上海教育出版社，1992。

韩水法：《批判的形而上学：康德研究文集》，北京大学出版社，2009。

〔英〕罗素：《我们关于外间世界的知识——哲学上科学方法应用的一个领域》，陈启伟译，上海译文出版社，1990。

〔英〕罗素：《逻辑与知识》，苑莉均译，张家龙校，商务印书馆，1996。

〔加〕罗伯特·韦尔、凯·尼尔森编《分析马克思主义新论》，鲁克俭等译，中国人民大学出版社，2002。

〔法〕德里达：《马克思的幽灵：债务国家、哀悼活动和新国际》，何一译，中国人民大学出版社，1999。

汪民安、陈永国、马海良主编《后现代性的哲学话语：从福柯到赛义德》，浙江人民出版社，2000。

何颖：《非理性及其价值研究》，中国社会科学出版社，2003。

〔美〕丹尼尔·贝尔：《后工业社会的来临——对社会预测的一项探索》，高铦等译，新华出版社，1997。

张一兵、蒙木桂：《神会马克思——马克思哲学原生态的当代阐释》，中国人民大学出版社，2004。

黄楠森主编《马克思主义哲学史》，北京大学出版社，1987。

柯锦华、任平主编《马克思主义哲学研究范式：创新与转换》，社会科学文献出版社，2010。

岳梁：《幽灵学方法批判》，人民出版社，2008。

俞吾金：《重新理解马克思：对马克思哲学的基础理论和当代意义的反思》，北京师范大学出版社，2005。

冒从虎：《德国古典哲学——近代德国的哲学革命》，重庆出版社，1984。

聂锦芳：《清理与超越：重读马克思文本的意旨、基础与方法》，北京大学出版，2005。

俞可平主编《全球化时代的"马克思主义"》，中央编译出版社，1998。

王金福：《马克思的哲学在理解中的命运——对马克思主义哲学史的解释学考察》，苏州大学出版，2003。

中国社会科学院语言研究所词典编辑室编《现代汉语词典》，商务印书馆，2016。

陈嘉映：《简明语言哲学》，中国人民大学出版社，2013。

〔德〕弗雷格：《弗雷格哲学论著选辑》，王路译，商务印书馆，1994。

〔美〕布龙菲尔德：《语言论》，袁家骅、赵世开、甘世福译，商务印书馆，1980。

复旦大学当代国外马克思主义研究中心编《当代国外马克思主义评论》，人民出版社，2017。

樊岳红：《维特根斯坦与语境论》，科学出版社，2016。

赵敦华：《现代西方哲学新编》，北京大学出版社，2014。

尹树广主编《语言哲学——国外马克思主义、现代西方哲学》，人民出版社，2016。

〔美〕马尔康姆：《回忆维特根斯坦》，李步楼、贺绍甲译，商务印书馆，2012。

〔英〕蒙克：《维特根斯坦传：天才之责任》，王宇光译，浙江大学出版社，2011。

韩林合：《维特根斯坦〈哲学研究〉解读》，商务印书馆，2010。

赵汀阳：《第一哲学的支点》，生活·读书·新知三联书店，2012。

〔奥〕维特根斯坦：《蓝皮书和褐皮书》，涂纪亮译，北京大学出版社，2012。

〔英〕奥斯汀：《如何以言行事》，张洪芹译，知识产权出版社，2012。

〔美〕鲍斯玛（Bouwsma）：《维特根斯坦谈话录：1949—1951》，刘云卿译，漓江出版社，2012。

〔匈〕马尔库什：《语言与生产：范式批判》，李大强、李斌玉译，黑龙江大学出版社，2011。

〔英〕维特根斯坦：《维特根斯坦剑桥讲演录》，周晓亮、江怡译，浙江大学出版社，2010。

〔英〕安斯康姆：《意向》，张留华译，中国人民大学出版社，2008。

〔英〕维特根斯坦著，〔芬〕冯·赖特、海基·曼尼编《维特根斯坦笔记》，许志强译，复旦大学出版社，2008。

卫志强主编《马克思恩格斯列宁斯大林论语言》，中国社会科学出版社，2015。

王寅：《语言哲学研究：21世纪中国后语言哲学沉思录》，北京大学出版社，2014。

陈波主编《分析哲学：回顾与反省》，四川教育出版社，2001。

北京外国语学院俄语系语言学教研组编《马克思主义经典作家论语言》，商务印书馆，1959。

叶秀山、王树人总主编《西方哲学史》第四卷，凤凰出版社、江苏人民出版社，2004。

刘润清编著《西方语言学流派》，外语教学与研究出版社，1995。

〔古希腊〕亚里士多德：《范畴篇　解释篇》，方书春译，商务印书馆，1959。

〔英〕迈克尔·达米特：《分析哲学的起源》，王路译，上海译文出版社，2005。

王路：《走进分析哲学》，生活·读书·新知三联书店，1999。

王路：《弗雷格思想研究》，社会科学文献出版社，1996。

〔德〕埃德蒙德·胡塞尔：《逻辑研究》，倪梁康译，上海译文出版社，1999。

〔美〕赫伯特·施皮格伯格：《现象学运动》，王炳文、张金言译，商务印书馆，1995。

王天思：《微观认识论导论——一种描述论研究》，江西人民出版社，2003。

王天思：《在过去和未来之间——决定性与非决定性》，江西人民出版社，1993。

〔美〕蒯因：《从逻辑的观点看》，江天骥等译，上海译文出版社，1987。

〔奥〕维特根斯坦：《逻辑哲学论》，郭英译，商务印书馆，1962。

〔英〕尼古拉斯·布宁、余纪元编著《西方哲学英汉对照辞典》，人民出版社，2001。

何自然、冉永平主编《语用与认知：关联理论研究》，外语教学与研究出版社，2001。

熊学亮：《认知语用学概论》，上海外语教育出版社，1999。

王宾：《后现代在当代中国的命运：主体性的困惑》，广东人民出版社，1998。

〔美〕J. 卡勒：《索绪尔》，张景智译，中国社会科学出版社，1989。

〔德〕哈贝马斯：《交往与社会进化》，张博树译，重庆出版社，1989。

邓晓芒：《康德哲学讲演录》，广西师范大学出版社，2005。

〔德〕伊曼努尔·康德：《纯粹理性批判》，邓晓芒译，人民出版社，2004。

〔英〕路德维希·维特根斯坦：《哲学研究》，陈嘉映译，上海人民出版社，2005。

〔德〕马丁·海德格尔：《林中路》，孙周兴译，上海译文出版社，2004。

王晓升：《走出语言的迷宫：后期维特根斯坦哲学概述》，社会科学文献出版社，1999。

〔德〕海德格尔：《在通向语言的途中》，孙周兴译，商务印书馆，1997。

〔德〕海德格尔：《存在与时间》，陈嘉映、王庆节合译，生活·读书·新知三联书店，2006。

陈嘉映：《语言哲学》，北京大学出版社，2003。

何兆熊主编《语用学文献选读》，上海外语教育出版社，2003。

蔡曙山：《言语行为和语用逻辑》，中国社会科学出版社，1998。

徐友渔等：《语言与哲学——当代英美与德法传统比较研究》，生活·读书·新知三联书店，1996。

程琪龙编著《认知语言学概论——语言的神经认知基础》，外语教学与研究出版社，2001。

赵艳芳：《认知语言学概论》，上海外语教育出版社，2001。

〔美〕乔姆斯基：《乔姆斯基语言哲学文选》，徐烈炯、尹大贻、程雨民译，商务印书馆，1992。

殷杰、郭贵春：《哲学对话的新平台：科学语用学的元理论研究》，山西科学技术出版社，2003。

钱冠连：《语言全息论》，商务印书馆，2002。

涂纪亮：《现代西方语言哲学比较研究》，中国社会科学出版社，1996。

周昌忠：《西方现代语言哲学》，上海人民出版社，1992。

郭泽深：《弗雷格逻辑哲学与现代数理逻辑思潮》，中国社会科学出版社，2006。

〔美〕A. P. 马蒂尼奇编《语言哲学》，牟博等译，商务印书馆，1998。

〔德〕弗雷格：《弗雷格哲学论著选辑》，王路译，商务印书馆，1994。

〔德〕尤尔根·哈贝马斯：《在自然主义与宗教之间》，郁喆隽译，上海人民出版社，2020。

陈亚军：《实用主义：从皮尔士到布兰顿》，江苏人民出版社，2020。

王晓阳：《意识研究》，上海人民出版社，2019。

〔英〕伯特兰·罗素：《西方的智慧：从苏格拉底到维特根斯坦》，瞿铁鹏等译，上海人民出版社，2017。

王晓升：《走出现代性的困境：法兰克福学派现代性批判理论研究》，江苏人民出版社，2021。

张旭东：《幻想的秩序——批评理论与当代中国文学文化》，上海人民出版社，2020。

陈波：《对话、交往、参与——走进国际哲学共同体》，中国人民大学出版社，2020。

杨大春：《现代性与主体的命运》，中国人民大学出版社，2019。

李本洲：《西方科学哲学的演进逻辑与马克思科学论的当代意义》，中国政法大学出版社，2018。

陈波等：《分析哲学——批评与建构》，中国人民大学出版社，2018。

赵旭东：《结构与再生产：吉登斯的社会理论》，中国人民大学出版社，2016。

陈亚军：《超越经验主义与理性主义：实用主义叙事的当代转换及效应》，江苏人民出版社，2014。

陈开晟：《超越审美现代性的困境——缘起与转义：从康德到韦尔默》，南京大学出版社，2014。

Thomas Mobgar, *Death of Communism & Rebirth of Original Marxism*, Edwin Mellen Press, 1994.

Daniel Brudney, *Marx's Attempt to leave Philosophy*, Harvard University Press, 1998.

Antonio Negri, *Marx Beyond Marx*, Boulder, Col. : Westview Press, 1996.

Tom Rockermore, *Marx after Marxism*, Blackwell Publishers Ltd, 2002.

G. A. Cohen, *Karl Marx's Conception of Man in Capitalist Society*, Cambridge University Press, 2001。

Norman Levine, *Divergent paths: Hegel in Marxism and Engelsism*, University Press of America, 2005.

B. Russell, *A History of Western Philosophy*, Touchstone, 1945.

Garth L. Hallett, *Wittgenstein's Definition of Meaning as Use*, New York: Fordham University Press , 1967.

Wolfgang Kienzler, *Wittgenstein on Language*, Taylor and Francis, 2019.

John Fennell, *A Critical Introduction to the Philosophy of Language: Central Themes from Locke to Wittgenstein*, Taylor and Francis , 2019.

Kevin M. Cahill , Raleigh Thomas, *Wittgenstein and Naturalism*, Taylor and Francis, 2018.

Garry L. Hagberg, *Meaning and Interpretation: Wittgenstein, Henry James, and Literary Knowledge*, Cornell University Press, 2018.

Cressida Heyes, *The Grammar of Politics: Wittgenstein and Political Philosophy*, Cornell University Press, 2018.

G. L. Hagberg, *Art as Language: Wittgenstein, Meaning, and Aesthetic Theory*, Cornell University Press, 2018.

Roger Teichmann, *Wittgenstein on Thought and Will*, Taylor and Francis, 2015.

Alice Ambrose and Morris Lazerowtiz, *Ludwig Wittgenstein*, Taylor and Francis, 2014.

Gaivin Kitching and Nigel Pleasants, eds. , *Marx and Wittgenstein:*

Knowledge，*Morality and Politics*，London and New York：Routledge，2002.

L. Wittgenstein，*Tractatus Logico Philosophicus*，London：Routledge，1990.

David Pole，*The Later Philosophy of Wittgenstein*，Bloomsbury，1958.

二 报纸期刊论文

任平：《资本全球化与马克思——马克思哲学的出场语境与本真意义》，《哲学研究》2002 年第 12 期。

任平：《马克思之后的哲学革命：当代路向及其意义》，《学术月刊》2009 年第 10 期。

任平：《走向交往实践的唯物主义》，《中国社会科学》1999 年第 1 期。

任平：《论马克思主义哲学研究的出场学视域》，《中国社会科学》2008 年第 4 期。

刘放桐：《马克思在哲学上的革命变更对西方现当代哲学的超越》，《哲学研究》2001 年第 8 期。

孙正聿：《怎样理解马克思的哲学革命》，《吉林大学社会科学学报》2005 年第 3 期。

吴晓明：《重估马克思哲学革命的性质与意义》，《复旦学报》（社会科学版）2004 年第 6 期。

张汝伦：《马克思的哲学观和"哲学的终结"》，《中国社会科学》2003 年第 4 期。

江天骥：《知识、语言和行动——维特根斯坦与近代西方哲学的困境》，《哲学研究》1999 年第 3 期。

陈忠：《马克思哲学的"叙事方式"与"哲学叙事学"》，《学术研究》2006 年第 12 期。

杨思基：《马克思哲学思想方法、研究方法的革命变革》，《山东社会科学》2004 年第 1 期。

赵汀阳：《维特根斯坦的"思想传统"》，《开放时代》2001 年第 3 期。

王路：《分析哲学与哲学分析——从最新出版的两部分析哲学著作谈起》，《清华大学学报》（哲学社会科学版）2007 年第 1 期。

杨学功：《传统本体论哲学的终结和马克思哲学变革的实质》，《现代哲学》2002 年第 1 期。

韩林合：《维特根斯坦论"语言游戏"和"生活形式"》，《北京大学学报》（哲学社会科学版）1996 年第 1 期。

胡玻：《拒斥形而上学——论分析哲学对形而上学的批判》，《重庆社会科学》2003 年第 3 期。

阳小华：《西方哲学中语言学转向的哲学渊源演变》，《外语学刊》2005 年第 3 期。

吴倬、赵丽：《论马克思哲学革命的价值目标》，《清华大学学报》（哲学社会科学版）2005 年第 1 期。

张家龙：《评维特根斯坦的反本质主义纲领——"语言游戏"说和"家族相似"论》，《哲学研究》2001 年第 7 期。

王希勇：《维特根斯坦的"反本质主义"》，《哲学研究》1999 年第 8 期。

叶险明：《马克思哲学革命与经济学革命的内在逻辑及其启示》，《中国社会科学》2010 年第 3 期。

叶险明：《马克思哲学革命的文化逻辑及其现代启示》，《中国社会科学》2007 年第 4 期。

〔德〕石里克：《哲学的未来》，叶闯译，《哲学译丛》1990 年第 6 期。

陆杰荣：《马克思"新世界观"的现实性向度及其实质》，《中国社会科学》2007 年第 6 期。

张盾：《马克思的政治理论及其路径》，《中国社会科学》2006 年第 5 期。

赵学增：《马克思的廉价政府理论》，《中国社会科学院研究生院学报》2006 年第 6 期。

江怡：《分析哲学中的"分析"概念》，《云南大学学报》（社会科学版）2005 年第 5 期。

陈波：《分析哲学的价值》，《中国社会科学》1997年第4期。

杨学功：《超越哲学同质性神话——从哲学形态转变的视角看马克思的哲学革命》，《复旦学报》（社会科学版）2005年第2期。

王金福：《对马克思哲学的走近与远离——"西方马克思主义"哲学与马克思主义哲学关系之考察》，《学术研究》2004年第1期。

赵兴良：《马克思的哲学革命与革命哲学》，《求实》2004年第5期。

周茜蓉：《在何种意义上、以何种方式"马克思是一个革命家"——兼与赵兴良教授商榷》，《求实》2004年第9期。

陆杰荣：《从西方形而上学的内在逻辑看马克思哲学变革的实质》，《马克思主义研究》2004年第6期。

程彪：《超越实证与思辨——马克思哲学的历史思维方式》，《文史哲》2006年第5期。

孙伯鍨、刘怀玉：《"存在论转向"与方法论革命——关于马克思主义哲学本体论研究中的几个问题》，《中国社会科学》2002年第5期。

王东、林锋：《马克思哲学创新实质新探》，《北京行政学院学报》2006年第5期。

唐有伯：《评"康德哥白尼式革命的神话"》，《湛江师院学报》2001年第1期。

俞吾金：《对哲学危机的反思》，《学术月刊》1997年第5期。

管月飞：《叔本华和早期维特根斯坦关于"世界"观念之比较》，《中国社会科学院研究生院学报》2009年第6期。

赵亮：《从〈哲学研究〉看后期维特根斯坦语言哲学观》，《山东外语教学》2008年第6期。

焦卫华：《海德格尔和维特根斯坦语言哲学比较》，《广西大学学报》（哲学社会科学版）2009年第3期。

张蓬：《哲学主题的历史转换与哲学的当代性问题——试论马克思哲学的"存在论"意义》，《文史哲》2004年第6期。

衣俊卿：《理性向生活世界的回归——20世纪哲学的一个重要转向》，《中国社会科学》1994年第2期。

李红、韩东晖：《究竟什么是"不可说"的——对维特根斯坦〈逻辑哲学论〉的扩展性解读》，《哲学研究》2005 年第 8 期。

刘东英：《马克思的宗教批判及其对青年黑格尔派的超越——马克思科学宗教观的形成及启示》，《新疆师范大学学报》（哲学社会科学版）2005 年第 4 期。

王志军：《论马克思的宗教批判与哲学变革》，《哲学研究》2006 年第 7 期。

吴建华、许祥云：《从思辨正义到实践正义：马克思主义正义观的飞跃》，《江海学刊》2010 年第 1 期。

余治平：《全球化视野下的中西哲学对话》，《江海学刊》2004 年第 1 期。

白刚、卞绍斌：《体系的终结与马克思哲学的当代走向——对"教科书哲学"及"批判教科书哲学"的几点反思》，《南京社会科学》2002 年第 12 期。

王亚楠：《评述后期维特根斯坦的语义理论》，《太原师范学院学报》（社会科学版）2010 年第 1 期。

汪帆：《维特根斯坦思想的一致性》，《北京机械工业学院学报》2003 年第 1 期。

韩林合：《维特根斯坦的"哥白尼式革命"》，《云南大学学报》（社会科学版）2010 年第 2 期。

徐欣：《维特根斯坦前后期语言哲学流变发微》，《东岳论丛》2010 年第 5 期。

孔扬、马丽君：《简单性：理解维特根斯坦前后期哲学差别的切入点》，《天津大学学报》（社会科学版）2007 年第 3 期。

山育林：《维特根斯坦的哲学路向》，《西北成人教育学报》2010 年第 3 期。

寇爱林：《现代哲学的危机与出路——维特根斯坦关于哲学与科学的关系思想述论》，《理论导刊》2010 年第 8 期。

卢恋：《论维特根斯坦图像论的形而上学性》，《企业导报》2010 年第

9 期。

寇爱林：《终结与拯救——维特根斯坦论哲学的性质及出路》，《自然辩证法研究》2010 年第 9 期。

徐弢：《后期维特根斯坦哲学——日常语言分析视域下的语法研究》，《安徽大学学报》（哲学社会科学版）2010 年第 5 期。

黄敏：《维特根斯坦〈逻辑哲学论〉的入口》，《哲学研究》2008 年第 5 期。

郁振华：《怀疑之批判——论波兰尼和维特根斯坦的思想会聚》，《哲学研究》2008 年第 6 期。

董志强：《对维特根斯坦"家族相似"理论的批判》，《哲学研究》2003 年第 11 期。

王路：《世界、事实与个体：维特根斯坦的一种逻辑视野》，《哲学研究》2005 年第 8 期。

王希勇：《维特根斯坦的"反本质主义"》，《哲学研究》1999 年第 8 期。

王晓升：《唯我论产生的语言学根源剖析——后期维特根斯坦对唯我论的批判》，《哲学研究》1998 年第 6 期。

江天骥：《知识、语言和行动——维特根斯坦与近代西方哲学的困境》，《哲学研究》1999 年第 3 期。

张志伟：《从维特根斯坦的"语言游戏"说看哲学话语的困境》，《中国人民大学学报》2001 年第 1 期。

刘云卿：《维特根斯坦的悖论与反讽》，《哲学研究》2002 年第 12 期。

苏德超：《语言的意义与无意义——论维特根斯坦前后期语言哲学的转变》，《武汉大学学报》（人文科学版）2006 年第 6 期

覃修桂：《乔姆斯基的语言观及其唯理主义认识论基础》，《北京师范大学学报》（人文社会科学版）2002 年第 3 期。

王路：《弗雷格和维特根斯坦：一个常常被忽略的问题》，《开放时代》2001 年第 3 期。

汤兮：《维特根斯坦与哲学的终结》，《国外社会科学》1994 年第

3 期。

乔清举：《金岳霖的逻辑哲学观及其方法论研究——兼与维特根斯坦的逻辑哲学观比较》，《北京社会科学》1999 年第 3 期。

曲辰：《维特根斯坦后期哲学思想对当代语言学的影响》，《北方论丛》2001 年第 3 期。

李光程：《维特根斯坦的"语言的唯我论"和哲学的语言学转变》，《哲学研究》1986 年第 7 期。

陈锐：《论分析哲学与分析法学之间的内在关联》，《比较法研究》2010 年第 2 期。

陈波：《蒯因哲学的体系、特征和缺陷》（上），《自然辩证法研究》1993 年第 8 期。

尚志英：《家族相似与反本质主义》，《探索与争鸣》1992 年第 1 期。

江怡：《论蒯因的逻辑斯蒂主义》，《哲学动态》2005 年第 3 期。

程广云、夏年喜：《分析哲学的分析》，《世界哲学》2010 年第 6 期。

李国山：《分析哲学与形而上学》，《贵州社会科学》2009 年第 11 期。

江怡：《分析哲学在中国》，《中国社会科学》2000 年第 6 期。

涂纪亮：《分析哲学与后分析哲学》，《北京社会科学》1996 年第 4 期。

〔美〕R. 罗蒂：《分析哲学与变革的哲学》，杨富斌译，《世界哲学》2003 年第 3 期。

李树琦：《科学地对待分析哲学》，《云南社会科学》1987 年第 3 期。

张庆熊：《本体论研究的语言转向——以分析哲学为进路》，《复旦学报》（社会科学版）2008 年第 4 期。

陈嘉映：《谈谈维特根斯坦的"哲学语法"》，《世界哲学》2011 年第 3 期。

M. 穆尼茨：《当代分析哲学的研究课题和特征》，《哲学动态》1987 年第 12 期。

夏卫国：《分析哲学视域中的"存在"和"本质"》，《理论界》2008 年第 11 期。

张静：《分析哲学对现代语言学研究的影响》，《江西社会科学》2008

年第 11 期。

严世清、陈腾澜：《语义学与语用学的互补性》，《山东外语教学》1998 年第 1 期。

殷杰、郭贵春：《论语义学和语用学的界面》，《自然辩证法通讯》2002 年第 4 期。

陈伟：《在马克思主义和分析哲学之间——访 G. A. 柯亨教授》，《哲学动态》2007 年第 11 期。

张晓云：《分析马克思主义的方法论基础探析》，《安徽大学学报》（哲学社会科学版）2007 年第 5 期。

〔美〕T. 洛克莫尔：《分析哲学和向黑格尔的回归》，何新丽、吴春敏译，《世界哲学》2006 年第 1 期。

赵敦华：《中西形而上学的有无之辨》，《北京大学学报》（哲学社会科学版）1998 年第 2 期。

王德峰：《论异化劳动学说对于历史唯物主义的奠基意义》，《复旦学报》（社会科学版）1999 年第 5 期。

蔡曙山：《再论哲学的语言转向及其意义——兼论从分析哲学到语言哲学的发展》，《学术界》2006 年第 4 期。

谢萌：《海德格尔"此在"概念的语言哲学阐释》，《中国社会科学报》2019 年 10 月 29 日，第 2 版。

王敏光：《世界、历史、语言：海德格尔"存在追问"主题》，《中国社会科学报》2016 年 4 月 18 日，第 17 版。

吴冠军：《海德格尔的焦虑与坚决》，《社会科学报》2016 年 7 月 14 日，第 6 版。

胡平：《海德格尔的"共同体"概念》，《中国社会科学报》2019 年 10 月 15 日，第 2 版。

王宁宁：《以语言哲学二重视角阐释名称翻译》，《中国社会科学报》2019 年 7 月 15 日，第 6 版。

黄小洲：《走向生活世界的语言哲学》，《中国社会科学报》2019 年 7 月 9 日，第 2 版。

刘佳：《弗雷格涵义与指称理论再解读》，《宁波大学学报》（人文科学版）2019 年第 3 期。

王雨辰、张星萍：《马克思恩格斯的语言哲学思想及其对国外马克思主义的影响》，《哲学动态》2019 年第 1 期。

张学广：《维特根斯坦后期哲学中"理解"概念的三重语境》，《社会科学战线》2018 第 11 期。

郭贵春、崔帅：《模糊性知识的语境逻辑分析》，《哲学动态》2016 年第 8 期。

陈明益：《从逻辑哲学观点看含混性问题》，《逻辑学研究》2015 年第 3 期。

陈波：《模糊性：连锁悖论》，《哲学研究》2014 年第 1 期。

全明姬：《分析性语言哲学框架中的语言中心观》，《外语学刊》2015 年第 3 期。

蓝江：《语言哲学下的生命政治——当代马克思主义哲学与语言转向》，《哲学动态》2013 年第 12 期。

向达：《论西方哲学的三次转向》，《南华大学学报》（社会科学版）2010 年第 5 期。

李国山：《柏拉图语言哲学探析》，《南开学报》2005 年第 3 期。

黄玮杰：《语言哲学的激进潜能——当代左派哲学语境下的维特根斯坦》，《哲学研究》2017 年第 12 期。

刘思、黎巧儿：《语言哲学研究的最新焦点》，《中国社会科学报》2017 年 11 月 28 日，第 3 版。

王寅：《国外马克思语言哲学的特征探析》，《哲学动态》2017 年第 11 期。

江怡：《论分析哲学运动中的三大转变》，《中国社会科学》2016 年第 12 期。

〔英〕T. 威廉姆森：《近 40 年来分析哲学的转变》，徐召清译，《世界哲学》2015 年第 4 期。

强乃社：《语言哲学与马克思主义哲学的当代发展》，《社会科学战线》

2016 年第 8 期。

李国山、代海强：《通向〈逻辑哲学论〉神秘主义的双重路径》，《社会科学》2012 年第 3 期。

徐洧、徐弢：《马克思和维特根斯坦的"自然史"观比较》，《哲学研究》2016 年第 7 期。

黄玮杰：《马克思与维特根斯坦的相遇》，《世界哲学》2016 年第 3 期。

韩东晖：《马克思的语言观与现代西方哲学"语言的转向"》，《教学与研究》1997 年第 11 期。

蒋世强：《对后期维特根斯坦语境论的澄清》，《科学技术哲学研究》2017 年第 1 期。

卢骄杰：《现时代下语言哲学的模式探究——评〈后语言哲学之路〉》，《中国教育学刊》2019 年第 10 期。

代海强：《维特根斯坦的伦理学思想及其内在困境》，《武汉大学学报》（人文科学版）2016 年第 4 期。

张励耕：《霍布斯的语言观——从霍布斯对笛卡尔〈沉思〉的反驳谈起》，《世界哲学》2014 年第 3 期。

黄根生：《维特根斯坦日常语言概念的哲学分析理论》，《华南理工大学学报》（社会科学版）2014 年第 5 期。

范连义、周明芳：《从语言哲学角度论语言习得——对维特根斯坦后期哲学思想的一个思考》，《上海大学学报》（社会科学版）2014 年第 3 期。

邢福义：《语言哲学与文化土壤》，《光明日报》2014 年 5 月 6 日，第 16 版。

朱建平：《智者是语言哲学与修辞学的先驱》，《中国社会科学报》2017 年 7 月 18 日，第 2 版。

江怡：《语言与心灵：仲伯难辨》，《中国社会科学报》2014 年 10 月 20 日，第 A6 版。

江怡：《语言哲学与语言学难分难解》，《社会科学报》2014 年 7 月 31 日，第 5 版。

杨靓雯：《汇通中西，创新学术——评赵奎英〈语言、空间与艺术〉》，《文艺报》2019 年 8 月 16 日，第 2 版。

吴越：《“我们”是什么》，《语言文字周报》2019 年 7 月 24 日，第 3 版。

〔墨西哥〕施戴夫·甘德乐：《马克思对当代的哲学贡献——客观表象的辩证法》，强乃社译，《哲学动态》2018 年第 11 期。

强乃社：《马克思主义哲学研究中的新话语》，《吉林大学社会科学学报》2009 年第 1 期。

田海平：《前提批判：通往哲学的自由之境——孙正聿的哲学“四重奏”》，《哲学分析》2016 年第 1 期。

强乃社：《论当代社会哲学的语言学转向》，《华中科技大学学报》（社会科学版）2009 年第 1 期。

欧阳康：《简论社会信息的复杂性》，《哲学动态》2008 年第 9 期。

丁东红：《从社会哲学视角看米德符号互动论》，《中共中央党校学报》2008 年第 1 期。

吴晓明：《马克思对主体哲学的批判与当代哲学的语言学转向》，《复旦学报》（社会科学版）2006 年第 3 期。

李国山：《第三次语言学转向？——评杰罗德·卡茨的意义形而上学》，《世界哲学》2005 年第 6 期。

韩震、董立河：《论西方历史哲学的“语言学转向”》，《北京大学学报》（哲学社会科学版）2005 年第 5 期。

俞吾金：《西方马克思主义发展中的语言学转向》，《河北学刊》2003 年第 6 期。

欧阳康：《人文社会科学哲学论纲》，《江海学刊》2001 年第 4 期。

刘少杰：《社会学的语言学转向》，《社会学研究》1999 年第 4 期。

陈晏清、阎孟伟：《社会哲学研究的对象和任务》，《南开学报》1996 年第 6 期。

本刊记者：《社会哲学：哲学改革的一条新思路——访陈晏清教授》，《哲学动态》1995 年第 4 期。

尹树广：《语言哲学：马克思与本雅明》，《哲学动态》2016 年第 2 期。

尹树广：《国外马克思主义语言哲学发展概况》，《国外理论动态》2015 年第 9 期。

尹树广：《马克思与现代政治》，《哲学研究》2015 年第 2 期。

尹树广：《政治概念的实践哲学反思》，《马克思主义与现实》2010 年第 3 期。

尹树广：《解构、领导权与后马克思主义》，《国外理论动态》2004 年第 7 期。

〔英〕欧内斯特·拉克劳、尚塔尔·墨菲：《后马克思主义的理论和实践》，尹树广译，《马克思主义与现实》2003 年第 2 期。

尹树广：《西方马克思主义国家批判理论的历史与现状——从实践哲学到后马克思主义》，《哲学动态》2002 年第 7 期。

江怡：《维特根斯坦：非同寻常的思想家》，《中国社会科学报》2019 年 7 月 2 日，第 2 版。

张清俐：《深化对维特根斯坦哲学思想的研究》，《中国社会科学报》2019 年 9 月 17 日，第 8 版。

江怡：《"诠释"还是"阐释"：通向真理的不同道路》，《哲学研究》2018 年第 3 期。

〔英〕G. 西特鲁编《维特根斯坦与 R. 里斯的哲学谈话录（1939—1950）：出自 R. 里斯的笔记》（下），江怡等译，《世界哲学》2017 年第 2 期。

江怡：《论分析哲学运动的历史特征与现实意义》，《苏州大学学报》（哲学社会科学版）2017 年第 1 期。

江怡：《哲学研究当直面时代问题（学苑论衡）》，《人民日报》2016 年 10 月 24 日，第 20 版。

江怡：《中西哲学身体观之比较及其启示》，《现代哲学》2015 年第 6 期。

〔芬兰〕J. 欣提卡：《维特根斯坦论存在与时间》，江怡译，《世界哲学》2015 年第 6 期。

江怡、陈常燊：《分析哲学的自识与反思——江怡教授学术访谈录》，《哲学分析》2014 年第 6 期。

江怡：《分析哲学史：一个新的研究领域》，《中国社会科学报》2014 年 10 月 27 日，第 A6 版。

江怡：《论维特根斯坦的"哲学语法"概念》，《哲学研究》2012 年第 7 期。

江怡：《论语言现象》，《哲学研究》2010 年第 1 期。

冯莉：《"普遍词类范畴"问题的语言哲学视角》，《现代语文》（语言研究版）2012 年第 4 期。

喻敏：《证据学问题的语言哲学初步思考》，《北大法律评论》2001 年第 2 期。

冯贻联、张贻岱：《形式训练：另一种"工具论"》，《中学语文教学》2005 年第 10 期。

刘龙根、朱晓真：《解疑释惑的良师，指点迷津的益友——〈语言哲学：经典诠释〉述介》，《当代外语研究》2016 年第 3 期。

卢骄杰：《现时代下语言哲学的模式探究——评〈后语言哲学之路〉》，《中国教育学刊》2019 年第 10 期。

杨晓波：《语言、世界与超越——〈逻辑哲学论〉与道家语言哲学对比》，《浙江理工大学学报》（社会科学版）2017 年第 2 期。

郭继荣、车向前：《中国后语言哲学探索之路：诠释·反思·超越——兼述第 10 届中西语言哲学研讨会》，《西安外国语大学学报》2015 年第 4 期。

殷霞：《两种意义理论之比较——从胡塞尔与弗雷格的意义理论谈起》，《哲学动态》2008 年第 10 期。

鲁苓：《词义生成的两种阐释方式——维特根斯坦和利奇的一个比较》，《山东外语教学》2002 年第 3 期。

于明：《人生"言语"忧患始——〈语词的创造：霍布斯论语言、心智与政治〉译后》，《北京大学研究生学志》2009 年第 2 期。

皮德敏：《历史理性批判与语言的时间维度》，《外语学刊》2008 年第 6 期。

李洪儒：《意见命题意向谓词与命题的搭配——语言哲学系列探索之六》，《外语学刊》2007 年第 4 期。

王天思：《哲学研究中描述转向的语言哲学视域》，《江西社会科学》2005 年第 7 期。

李洪儒：《言语行为间接意向的语言哲学批判》，《中国俄语教学》2009 年第 2 期。

黄益民：《知觉经验与知觉内容》，《哲学动态》2008 年第 10 期。

隋然：《俄罗斯早期语言哲学的形成与发展》，《中国俄语教学》2006 年第 1 期。

李菊莉：《谈语言哲学认知学派的特点》，《剑南文学》（经典教苑）2012 年第 4 期。

马明：《语言哲学视野中的隐喻指称研究》，《西安外国语大学学报》2012 年第 1 期。

张汝伦：《西方现代性与哲学的危机》，《中国社会科学》2018 年第 5 期。

梁中和：《语言的问题还是人的问题——"语言"在康德学说中的位置初探》，《北京行政学院学报》2009 年第 2 期。

郑伟平：《罗素的替代理论》，《逻辑学研究》2016 年第 1 期。

丁子江：《罗素与早期人工语言学派》，《国内哲学动态》1983 年第 10 期。

贾可春：《罗素的摹状词理论》，《哲学研究》2004 年第 9 期。

钱伟量：《语言的实践基础》，《哲学研究》1993 年第 7 期。

王路：《语言哲学研究述评》（下），《国外社会科学》1998 年第 1 期。

王委艳：《建立一门"交流叙述学"：20 世纪语言哲学与广义叙述学》，《中外文化与文论》2015 年第 3 期。

袁文彬：《语言哲学的马克思主义之维》，《自然辩证法通讯》2007 年第 3 期。

邓伯军、谭培文：《马克思主义大众化的语言哲学解读》，《马克思主义研究》2012 年第 8 期。

方小年、曹根记：《毛泽东推进马克思主义大众化的语言艺术》，《思想教育研究》2010 年第 2 期。

张苗：《言、象、意关系新论——从海德格尔与维特根斯坦语言哲学思想解读》，《西北农林科技大学学报》（社会科学版）2009 年第 1 期。

张璐：《语言哲学的当代发展效应和理论价值探究（下）——评〈语言哲学研究（第三辑）〉》，《中国教育学刊》2017 年第 5 期。

张晓：《国外马克思主义研究的最新发展及其时代价值探索——第四届全国国外马克思主义研究论坛综述》，《马克思主义研究》2017 年第 8 期。

芮燕萍：《对语用行为的哲学思考》，《东北大学学报》（社会科学版）2010 年第 1 期。

蔡曙山：《20 世纪语言哲学和心智哲学的发展走向——以塞尔为例》，《河北学刊》2008 年第 1 期。

蔡曙山：《关于哲学、心理学和认知科学的 12 个问题——与约翰·塞尔教授的对话》，《学术界》2007 年第 3 期。

邱惠丽：《奥斯汀言语行为论的当代哲学意义》，《自然辩证法研究》2006 年第 7 期。

顾曰国：《John Searle 的言语行为理论与心智哲学》，《国外语言学》1994 年第 2 期。

韩玉国：《认知语言学与形式语言学的哲学冲突》，《广西民族学院学报》（哲学社会科学版）2003 年第 2 期。

刘瑾：《语言哲学问题探讨》，《贵州社会科学》2009 年第 4 期。

王喜平、孙馨月：《语言哲学革命与弗雷格涵义指称理论的价值》，《理论探索》2014 年第 2 期。

陈晓平：《论语句的涵义与指称——对弗雷格的涵义-指称理论的一些修正》，《自然辩证法研究》2013 年第 4 期。

王淑花：《解析弗雷格涵义与指称理论中的认知因素》，《大连海事大学学报》（社会科学版）2010 年第 5 期。

李弦、王让新：《现代哲学语境中历史唯物主义的"哲学革命"》，《广西社会科学》2019 年第 10 期。

郑忠耀：《涵义　指称　翻译》，《贵州工业大学学报》（社会科学版）2008 年第 6 期。

刘小涛：《〈逻辑哲学论〉的"思想"》，《逻辑学研究》2019 年第 5 期。

张世宁：《弗雷格涵义指称理论及其语言哲学》，《求索》2006 年第 11 期。

江晓红：《意义与指称论对语言学研究的启示》，《广西社会科学》2005 年第 12 期。

陈晓平：《符号的涵义与指称——简评弗雷格的意义理论》，《华南师范大学学报》（社会科学版）1997 年第 5 期。

甘莉：《维特根斯坦"语言游戏"的语用性释义》，《湖南社会科学》2014 年第 6 期。

范连义、周明芳：《从语言哲学角度论语言习得——对维特根斯坦后期哲学思想的一个思考》，《上海大学学报》（社会科学版）2014 年第 3 期。

漆思、王猛：《从理性批判的哲学思辨走向语言批判的生活世界——论康德到维特根斯坦的西方哲学观变革逻辑》，《江海学刊》2014 年第 3 期。

刘森林：《生活方式与语言意义：后期维特根斯坦语言哲学探讨》，《江西社会科学》2013 年第 11 期。

范波：《维特根斯坦语言游戏说反思》，《外语学刊》2013 年第 4 期。

梁艳华：《"语言游戏"与"生活形式"——论维特根斯坦〈哲学研究〉的语言思想及其地位》，《河南师范大学学报》（哲学社会科学版）2013 年第 2 期。

张学广、张启森：《马克思与维特根斯坦社会实践观比较》，《哲学动态》2019 年第 9 期。

张学广、赵欣源：《马克思与维特根斯坦在意识的社会性上宏观与微观的互补》，《江西社会科学》2017 年第 12 期。

楼巍：《马克思和维特根斯坦论"哲学语言"》，《哲学研究》2014 年第 7 期。

刘清平：《维特根斯坦"正确"概念的语义分析：认知、逻辑和言行》，《武汉大学学报》（哲学社会科学版）2022 年第 1 期。

〔美〕威尔弗里德·塞拉斯：《命名与言表》，马芳芳、王玮译，《国外社会科学前沿》2021 年第 12 期。

成静：《意义作为使用与圈内圈外之争——论维特根斯坦后期语言哲学对跨宗教和跨文化对话的意义》，《现代外国哲学》2021 年第 2 期。

江怡：《对〈逻辑哲学论〉的逆向式解读及其问题》，《哲学研究》2021 年第 11 期。

张学广：《超越〈逻辑哲学论〉"正统"之争的三条路径》，《哲学研究》2021 年第 11 期。

邵世恒：《存在、语法与容易论证——后期维特根斯坦的紧缩本体论》，《浙江社会科学》2021 年第 11 期。

林康廷：《语言哲学内部的转变——论后期维特根斯坦的语言意义观》，《理论界》2020 年第 12 期。

张琳：《对法律规范本质的探析——以哈特和后期维特根斯坦的思想为基础》，《理论界》2020 年第 12 期。

陈常燊：《遵守规则与"维特根斯坦式寂静主义"》，《中国社会科学院研究生院学报》2020 年第 4 期。

陈常燊：《实在论的多副面孔——对〈逻辑哲学论〉的寂静主义解读》，《国外社会科学前沿》2020 年第 4 期。

王亚南：《维特根斯坦"意义即使用"中的意义观探究》，《华北电力大学学报》（社会科学版）2020 年第 1 期。

赵汀阳：《关于形而上学的评论》，《社会科学战线》2021 年第 7 期。

祁涛：《后形而上学时代的思想命运——重思黑格尔与马克思的哲学关系》，《哲学分析》2021 年第 2 期。

王博医、丁雪枫：《"此在"与重提"存在"问题的必要性——海德格尔对传统"存在"学说的超越》，《理论界》2021 年第 1 期。

王伟：《马克思人化自然概念的内在生态逻辑》，《观察与思考》2021

年第 1 期。

李晓培：《逻辑实证主义与形而上学的悖论——基于霍克海默批判理论的视角》，《广西社会科学》2020 年第 5 期。

甄龙：《论柄谷行人对马克思的维特根斯坦式解读——兼论其康德主义转向》，《马克思主义与现实》2020 年第 1 期。

刘放桐：《对实用主义转向的马克思主义解读》，《学术月刊》2020 年第 1 期。

董山民：《马克思本体论的实践转向、维度与旨归》，《求是学刊》2019 年第 3 期。

张汝伦：《中国哲学如何在场》，《社会科学文摘》2018 年第 8 期。

张志丹：《马克思"虚假意识"思想新解》，《社会科学》2018 年第 3 期。

韩美群：《解构与重建：西方话语的理论逻辑与马克思主义的话语创新》，《马克思主义研究》2018 年第 2 期。

董彪：《从形而上学批判到资本批判——重新理解马克思的生活世界思想》，《山东社会科学》2017 年第 4 期。

张学广：《维特根斯坦哲学解释的必要张力》，《江西社会科学》2016 年第 9 期。

韩建夫：《维特根斯坦"不可言说"哲学的"疗救"意义》，《人民论坛》2015 年第 35 期。

王海东：《论维特根斯坦的语言宗教观》，《苏州大学学报》（哲学社会科学版）2013 年第 6 期。

丁璐璐：《维特根斯坦思想来源与前期思想概述》，《学理论》2013 年第 6 期。

张一兵：《意蕴：遭遇世界中的上手与在手——海德格尔早期思想构境》，《中国社会科学》2013 年第 1 期。

图书在版编目(CIP)数据

马克思和维特根斯坦语言观比较研究：基于哲学革命的视角 / 李包庚著 . --北京：社会科学文献出版社，2025.6. --ISBN 978-7-5228-5380-2

Ⅰ.A811.68；B561.59；H0

中国国家版本馆 CIP 数据核字第 20252YU186 号

马克思和维特根斯坦语言观比较研究
——基于哲学革命的视角

著　　者 / 李包庚

出 版 人 / 冀祥德
责任编辑 / 吕霞云
文稿编辑 / 周浩杰
责任印制 / 岳　阳

出　　版 / 社会科学文献出版社·马克思主义分社 (010) 59367126
　　　　　　地址：北京市北三环中路甲 29 号院华龙大厦　邮编：100029
　　　　　　网址：www.ssap.com.cn
发　　行 / 社会科学文献出版社 (010) 59367028
印　　装 / 三河市龙林印务有限公司

规　　格 / 开本：787mm×1092mm　1/16
　　　　　　印张：16.75　字数：255 千字
版　　次 / 2025 年 6 月第 1 版　2025 年 6 月第 1 次印刷
书　　号 / ISBN 978-7-5228-5380-2
定　　价 / 98.00 元